新・MINERVA
福祉ライブラリー
27

# 学校福祉とは何か

鈴木庸裕 編著

ミネルヴァ書房

# はじめに

## ──学校福祉とは何か──

　これからの学校が，子どもたちの福祉に本腰を入れて取り組んでいけるのかどうか。今日，その大きな転換期を迎えている。これは言い換えると，学校教育が福祉のみならず心理や医療，保健，司法などとの組織的なパートナーシップを高めていけるのかどうかである。

　学校や教育と子ども福祉とのつながりは，スクールソーシャルワーカーの活用事業や学校教育法施行規則の一部改正といった施策や法律によってなしえるものではなく，しかも近視眼的な施策動向に委ねられるものではない。なぜなら，学校と福祉のつながりはその担い手の主体性によるものだからである。これは，学校教育がソーシャルワークを子どもの問題行動への有効な対処や方法の一つとして理解したり，ソーシャルワークが学校教育を一つの職域として理解することだけではない。

　本書のタイトルにある学校福祉とは，これまであまり表記や認知のされなかった用語である。学校に福祉を従属させたり学校に限定するかのような福祉の狭さを印象づけるかもしれない。しかし，この学校福祉は，学校という実践現場が子どもの福祉（しあわせ）にとって実際的に責任をもち，具体的な担い手である教育職や社会福祉職（スクールソーシャルワーカー）の双方に求められる「コア」となる理論を構築するものである。家庭－学校－地域のつながりの中に存在する「学校」を基盤とし，学校（教育）の福祉的機能と福祉の教育的機能の結節点を明確にしようとする創造的な概念でもある。学校福祉は，こうした目的意識性と志向性をもつものである。

　学校福祉は，学校の構成員である子ども・教師・保護者，そして地域住民や専門職などの具体的な人々の存在を背景にする。近年，スクールソーシャルワーカーという職名が創出されてくる中で，ようやく学校福祉というワードが世に問えるようになったとも言える。学校教育と学校（スクール）ソーシャルワークを橋渡しする理論や教育実践と，ソーシャルワーク実践を串刺しする理

論への希求である。その理論があってはじめて学校教育における多職種協働の世界の中に，ソーシャルワークが周囲からの承認と理解を高めることになる。

　学校福祉の用語法について，その先行理論として，司法福祉や家族福祉がある。司法福祉からは「司法が人々の生活福祉やしあわせにいかに責任を負うのか」（山口 1987）という視点を学び，家族福祉からは，構成員全員の主体性への着目を学びうる。社会福祉の戦後改革の中で，社会福祉サービスの利用主体である家族の軽視により，子どもの貧困や非行問題や人権問題への無策が家族の自己責任に依存し，「家族員を家族集団との関係の中で成長発展させることを目的とし，同時に，家族を他の社会制度との関連に維持発展させることを援助するという2つの側面を持つ」という点が指摘された（黒川 1986：9）。

　さらに，学校福祉のポイントは，学校におけるソーシャルワークが子どもにどんな力を育てるのかを明らかにしようとする点である。ソーシャルワークが教育や教師の組織的文化的体質の改善やいじめ・不登校などの個別ニーズへの対応に終始しがちであっては，学校教育の外縁に位置づいたままになり，子ども（未成年）の生活世界に個別性の高い社会福祉的サービスが過度に入りこむことへの懸念も生まれてしまう。「学校のひさしを借りた社会福祉サービス」「外圧（黒船）による学校変革」ではなく，学校のもつ内在的発展に根ざした子どもの福祉がめざされねばならない。

　子どもたちにどんな力を育てるのかというこの問いは，学校の福祉的教育や権利主体の形成，家庭教育や社会教育と社会福祉の関係，ソーシャルワークと授業や学習指導，心理教育や安心・安全，健康教育，地域，子どもの発達と学習などを学校に改めて埋め戻し，その力をもとに学校改革に迫っていくことである。つまり，当事者性をもった福祉の主権者として育つ教育をいかに促していくのかである。

　この観点は，小川利夫氏（1985）をはじめ数多くの先人の願いや思いをもとに，1950年代や1970年代に復興し，教育と福祉のつながりをめぐる研究や実践の領域概念として生まれた「教育福祉論」の，単なる継承ではないが，明確に学校教育や教職員（スクールソーシャルワーカーもその一員）が責任をもつ専門分野である学校福祉論へと再定義し，そこから生まれる実践方法論を提案し

ていきたい。そういった願いをもった書である。

　本書の構成は，9つの章と補論からなる。「学校福祉論入門」といった理論的提示というよりも，全体として学校福祉の姿を浮かび上がらせようとする構成内容である。

　第1章では，21世紀型学力論・学校論と向き合うために学校福祉論がいかなるスタンスを取るべきなのか。第2章では，戦後教育における福祉教育やボランティア学習，福祉科教育の歴史とその変遷を通じた学校福祉の所在。第3章は，人権教育と学校における福祉との関係性について同和教育や子どもの自治的能力の文脈から問うものである。第4章は，学校でつくりあげる子どもの福祉とは何か，そして教育福祉論の再考から学校福祉の方法論的な基礎について。第5章では，日本の学校保健や健康教育の発展とソーシャルワークのつながりを模索した。第6章では，学校事故や学校安全，予防的教育やリスクマネジメントの知見から，学校福祉が予防的概念であることを提案。第7章は，合理的配慮や特別なニーズのある子どもとソーシャルワークの接点について。第8章では，学校におけるソーシャルワークの今日的な根拠となる「切れ目のない子ども支援」と学校福祉について。第9章は，社会的教育学（ソーシャル・ペタゴジー）や学校外教育に内在化している学校福祉の抽出を主題とした。最後に，補論として，学校における青年期課題やその後の若者支援に関わって，ユースワーク（ユースソーシャルワーク）といった新たに展開される政策への考察，そして ESD（持続可能な未来教育）に基づく社会福祉国家ノルウエーのコアカリキュラムの動向や学校支援者論から，学校福祉における未発の部分について論じた。

　なお，本書は，ミネルヴァ書房の『スクールソーシャルワーカーの学校理解』（2015年刊行）の姉妹書である。この『スクールソーシャルワーカーの学校理解』は，現任スクールソーシャルワーカーや初任者，スクールソーシャルワーカーを目指す社会福祉士などに向けて，近年の現状把握に即して執筆した。また，この『学校福祉とは何か』はその後継書であることのみならず，2020年から2030年に向けた教育界の変動を見通した理論的実践的提案をおこなった。前著が福祉職にとっての学校理解の実践的な啓発書であるとすれば，本著は理

論的な学術書である。両書をあわせ，スクールソーシャルワーカーの現任経験者やスーパーバイザー，教職員，研究者や院生学生の方々に読んでいただきたい。

**引用文献**

小川利夫（1985）『教育福祉の基本理論』勁草書房。
黒川昭登（1986）『家族福祉の理論と方法』誠信書房。
山口幸男（1987）『司法福祉論』ミネルヴァ書房。

2017年12月

編者　鈴木庸裕

学校福祉とはなにか　目　次


はじめに

## 第1章　21世紀型能力論と学校福祉……1
　1　21世紀型能力論と子どものしあわせ……1
　2　子どもの主体者形成と学校福祉……6
　3　教育支援をめぐる多文化社会……10
　4　学校と協働してソーシャルワークのすばらしさを伝えること……17

## 第2章　福祉教育の変遷と福祉科教育の展開から……24
　1　戦後の福祉教育の変遷……24
　2　道徳教育時代との関わりから……31
　3　高校福祉科教育の歴史，実践，展望から……35
　4　福祉教育の新たな展開——韓国の事例から……40

## 第3章　人権教育と学校における福祉……44
　1　人権教育とソーシャルワーク……44
　2　日本における人権教育としての同和教育……47
　3　小川太郎の同和教育論……49
　4　「教育革命」と呼ばれた教育実践……54
　5　学校における福祉実現に向けた同和教育運動の示唆……58

## 第4章　学校でつくりあげる子どもの福祉……63
　1　教育福祉論の再考から……63
　2　教育福祉から福祉教育へ……66
　3　地域と学校がつながりつづける……69
　4　スクールソーシャルワーカーによる地域活動実践事例……74

v

5　子どものしあわせをめざす学校援助技術……………………………78

## 第5章　学校保健・健康教育の発展とソーシャルワーク…………85
### ――健康格差を問う

1　「一校一名専任駐在制」学校看護婦（養護教諭の形成過程史）………85

2　安全教育とウェルビーイング，ヘルスプロモーションとの関係………90

3　養護教諭とスクールソーシャルワーカーのかさなりを問う…………96

4　学校保健委員会再考………………………………………………102

## 第6章　学校危機管理と学校福祉………………………………108

1　学校危機とは………………………………………………………108

2　学校危機への介入…………………………………………………111

3　心理教育と教職員の対応の基本…………………………………121

4　トラウマインフォームドという考え方…………………………122

5　学校危機対応とスクールソーシャルワーカー…………………126

## 第7章　特別ニーズのある子どもの授業づくりと
## 学校福祉論の視座……………………………………130
### ――「合理的配慮」と「補償」的アプローチを超えて

1　「特別支援」概念の再検討………………………………………130

2　日本の特別支援教育の発展と学校ソーシャルワークの課題………132

3　社会的な経験の差が学力差となる実相…………………………134

4　「ソーシャルワーク」を広くとらえる…………………………136

5　学習困難児の「学び」と「学校福祉」の接点…………………140

6　特別ニーズのある子どもたちを含めた学校福祉論の展望…………143

## 第8章　切れ目のない発達保障と学校福祉……………………147
### ――乳幼児期と学齢期のインターフェイス

1　子ども前期の教育とケアの変遷…………………………………147
### ――就学前教育と子ども家庭福祉の観点から

目　次

  2　保幼小連携の現状と課題 ……………………………………………… *155*
    ——接触面（インターフェイス）における円滑な接続（アーティキュレーション）
  3　子ども前期の学校福祉論 ……………………………………………… *164*


## 第9章　Sozialpädagogik／社会的教育学から
## 　　　　学校福祉論を再考する ………………………………………… *176*

  1　Sozialpädagogik の歴史と理論 ……………………………………… *176*
  2　日本における社会教育と教育福祉論 ………………………………… *180*
  3　日本における子どもの第三の居場所づくり活動の動向 …………… *183*
  4　社会的教育学の観点から学校福祉を問い直す……………………… *192*


## 補論1　青年期の課題と学校福祉 ………………………………………… *199*
## 　　　　——ユースソーシャルワークの今後

  1　「活用」の主体は誰なのか …………………………………………… *199*
  2　青年期を取り巻く根本的な課題への理解 ………………………… *200*
  3　ユースソーシャルワーカーの創出 ………………………………… *201*
  4　「自立支援チーム」の施策化 ………………………………………… *201*
  5　ユースソーシャルワーカーの職務パターン ……………………… *202*
  6　「校内ユースワーク」の実践事例 …………………………………… *204*
  7　「主権者形成」と「探索期」——ユースソーシャルワーカーのめざすもの … *205*


## 補論2　包摂でデザインする平和な社会 ……………………………… *208*
## 　　　　——ノルウェーからの学びを通じて

  1　子どもがつくる今日という日………………………………………… *208*
  2　福祉（しあわせ）に基づく「形成」の保障 ………………………… *210*
  3　支援職としての教師 …………………………………………………… *213*
  4　市民参加のカリキュラム改訂で社会問題を予防・改善 ………… *215*
  5　共通項を見出し，違いから学び合う「包摂」の学校……………… *216*


索　引

# 第1章

# 21世紀型能力論と学校福祉

鈴木庸裕

　学校は子どもと社会をつなぐ地域のソーシャルセンターである。その学校の機能には，文化価値・教養の伝達，社会的統制，職業的訓練，福祉的機能がある。学校福祉は，家庭 – 学校 – 地域の結びつきを基盤とし，学校教育の福祉的機能と子ども福祉の教育的機能の結節点を探求する概念である。そこで培われるものは，子どもたちの主権者としての諸能力である。学校福祉は，学校の構成員である子ども・教師・保護者，そして地域住民，専門職という人の存在と相互の営みを通じ，学校という「場」が子どもたちの「しあわせ」を実現する実践的概念である。

　子どもの能力・発達は，21世紀型能力論をいかにとらえるのかという点で，学校に関わるだれもが求められる共通の課題である。本章では，その課題が多職種協働の目標になるために，学校が子どもの福祉の宝庫であることを見つめ直したい。

## 1　21世紀型能力論と子どものしあわせ

### （1）改訂学習指導要領と多職種協働

　近視眼的に見ると，2020年には，小学校からはじまる改訂学習指導要領の施行実施があり，2016年12月の中央教育審議会答申を受けた諸施策の実質化がある。その特徴は，図1 - 1「改訂学習指導要領の概要」のように，21世紀型能力の育成と「次世代の学校・地域創生」であり，「社会に開かれた教育課程」がそれらを統合するものである。地域住民や関係機関の多職種が教師らと共に，グローバル化時代を生きる子どもにとって大切な能力や資質を形成していく担い手となる。ゆえに，「チーム学校」や地域学校協働本部，コミュニティ・スクール，部活動の外部支援，教育支援者，学校と地域をつなぐ支援の担い手，

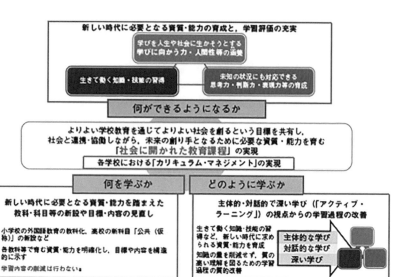

図1-1 改訂学習指導要領の概要

（出所）　文部科学省HP。

子どもの最善の利益を育む一員になれるのかが課題の焦点になる。その中にスクールソーシャルワーカーもいる。

　しかしながら，今日，教師が授業やその準備に専念するために，部活指導や学級事務，生徒指導の一部をアウトソーシング（外注化）し，教師の職務を分担（負担軽減）するかのような議論と現実とのせめぎ合いがはじまっている。「学校が子どもにとって最善の場になる」ために，21世紀型能力の形成が，さまざまな教育支援のネットワークといかに結合すべきなのか——。そして学校と福祉のつながりは，この問いを推進する最善の場（時空間）づくりを広めるチームアプローチと多職種協働の道標（ヴェーク・バイザー）をめざさねばならない。学校での学びと地域社会での学びをつなぎ，そのズレが生じていないかを公平に調整し補正する機能が求められる。

　「子どもたちにどんな力を育てるのか」。この問いは，学校（教職員）のみに課せられたものではない。子どもたちの人格形成や生活能力の発達（乳幼児から青年期までの切れ目のない育ち）は，その実現に関わる多職種協働を具体化する人材がいてはじめて成立する。

第1章　21世紀型能力論と学校福祉

多職種協働とは，ソーシャルワークの基本であり，人びとのニーズに応えるために多職種の専門的な知見を駆使して，問題の解決や軽減のためのアセスメントをおこない，関係者の具体的な支援力を高め合うことを指す。

### （2）「社会に開かれた教育課程」と学校福祉

前述の学習指導要領の改訂の特徴は，「社会に開かれた教育課程」である。そこには次の3つの留意点がある（中教審答申 2016）。

① 社会や世界の状況を幅広く視野に入れ，よりよい学校教育を通じてよりよい社会を創るという目標を持ち，教育課程を介してその目標を社会と共有していくこと。
② これからの社会を創り出していく子供たちが，社会や世界に向き合い関わり合い，自らの人生を切り拓（ひら）いていくために求められる資質・能力とは何かを，教育課程において明確化し育んでいくこと。
③ 教育課程の実施に当たって，地域の人的・物的資源を活用したり，放課後や土曜日等を活用した社会教育との連携を図ったりし，学校教育を学校内に閉じずに，その目指すところを社会と共有・連携しながら実現させること。

図1-1が示す「カリキュラム・マネジメント」と「主体的・対話的で深い学び」（「アクティブ・ラーニング」）にも，この「よりよい学校教育を通じてよりよい社会を創る」目標を学校と地域が共有し，子どもたちのために新しい時代に求められる資質・能力を育むとある。しかし，この学校教育や社会をめぐる「よりよい」とは誰にとってのものなのか。真の意味で，「社会に開かれた教育課程」が，「学ぶ意味と自分の人生や社会の在り方を主体的に結びつけていく学び」（文科省中央教育審議会「教育課程企画特別部会論点整理」2010）になるには，子どもの主体性が媒介となる。

子どもの発達段階を配慮しつつも，学習上の判断の根拠や理由を示し自分の考えを表明するには，物事の背景を知らなければならない。みずから社会に分け入り，社会の現実に参画することが子どもたちに保障されていないと，「主体的・対称的で深い学び」は絵に描いた餅になる。ゆえにかつての「詰め込み教育VSゆとり教育」が示した知識重視か思考力重視かという二項対立的な話

*3*

題を乗り越え，さらには社会に開かれたときに子どもたちが社会に参加することを受けとめる社会をつくるという視座が欠かせない。

子どもたちが貧困や格差，震災後の復興，人口減少などの地域課題に心を寄せ，身近な課題として自分ができることを考え行動する学びは，地球規模の課題解決の手掛かりとなる。「社会に開かれた教育課程」がその中核になるには何を埋め込んでいけばよいのか。

そもそも教育課程とは，学校で子どもが学ぶ事柄を体系的に示し，育もうとする資質とその方法を定め，その編成主体は各学校自身とするものである。学校の授業の単元やその内容，時間数，学校行事の時程などを「教え込ませる」方法であってはいけない。教科や教科外を問わず，子どもたちも編成主体となり生活のドラマをつくるものである。何を教えるのか，なぜ教えるのかの問いを発する主体は子どもたちである。

改訂学習指導要領や「社会に開かれた教育課程」は，「政策課題を具体化していく研究や現場で日常業務として求められる技術を訓練する教育実践に傾斜」（山﨑 2016：191）してしまう。その是正が福祉の役割に求められるのは自明である。


## （3）基礎力・思考力・実践力の構造

この21世紀型能力やスキルは，図1-2「21世紀型能力」のように，基礎力，思考力，実践力から構成される。こうした能力論やスキル向上論は学校の授業や教科学習の指導論にとどまるものではない。

基礎力とは，言語，数，情報を目的に応じて使いこなし，昔から言われる「読み書き算」とともに今はICT化社会に参加できる情報スキルも指す。思考力とは，自分で判断し他者と話し合い折り合いを付けて答えを出したり知識を創出するものとされる。実践力は，日常生活や環境のなかでものごとを考え，コミュニティや社会にとって有意義なあり方を導き，発信できる記憶や理解，分析，応用，評価を身につけ，論理的思考や批判的思考力，問題発見・問題解決能力を個やグループで達成していこうとするものである。総じて，何を知っているのかにとどまらず，それを使って何ができるかという能力観（国立教育

第1章 21世紀型能力論と学校福祉

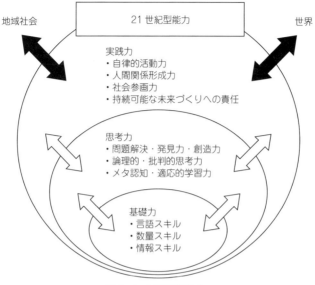

図1-2 21世紀型能力
（出所）国立教育政策研究所（2013：26）をもとに筆者が作成。

政策研究所 2016：12）である。その目的は，多様な言語や習慣，文化，価値観の交流と協働によってものごとを解いていくことそのものに価値を見いだすことである。

　資質・能力には，「知識・技能」，「思考力・判断力・表現力のスキル」「主体的に学習に取り組む態度（情意）」の3要素があるとされる。子どもたちが何を理解し何ができるか，理解したことやできることをどう使うのか。それをどのような社会・世界との関わりにおいて追求し，誰とともに「よりよい人生を送るのか」である。ここでも「よりよい人生」に数多くの人権としての選択肢が求められることは言うまでもない。

　私たちが育てたいのは，さまざまな困難を経験している子どもたちの最善の利益を優先し，個々人の可能性を十分に発揮できる条件づくりとその方法を批判的に「使える」子どもたちである。いじめや不登校，養育困難，ネグレクト，貧困への問題解決が，ある専門家（大人）の一つの方法援助技術によって突き進められがちである。しかし，子どもの貧困が，人びとや社会の諸事象との関

5

係性の貧困として理解されつつある今日だからこそ，子どもの力を借りる方法
技術が求められる。

## 2　子どもの主体者形成と学校福祉

### （1）福祉を学校にとりもどす

　教育福祉論の再考（鈴木 2015）は，図1‐2の三重の円自体の内側にある資
質や能力にも立ち入るものである。「福祉」はこの円の内部にある円とその外
側になる境界線の，図中の矢印（◆➡や◁⇒）のように内外の交互作用に存在
すると考える。ソーシャルワークの人類的英知が子どもたちの学習と生活をつ
なぎ合わせる。この構想は，能力やスキルの習得が子どもの社会認識や社会的
能力とそれらの発達にかかわり，子どもの主体者形成に社会福祉も大きく寄与
するという教育によるものである。もっとも外側になる円の境界線には，福祉
を学校という「場」にとりもどす橋渡し機能がある。

　ひきこもりにある子どもが医療機関への受診を促され診断名につなげられる。
いじめ対策が，教育活動による加害性の立証や学校の安全義務違反という法
規・法令の場に移される。不登校が学校の働きかけから親のしつけや家庭の資
力の有無・強弱問題として「家族」に移される。問題が，個人（家族）の自己
責任に帰されてしまい，子どもたちが「主体的な生活」から出て行ってしまう。
転校や進路が学校浄化やゼロトレランスに働く世の中で，不登校の増加は，し
あわせが感受できる学校から子どもや保護者を切り離してしまう。これが子ど
もの「生きづらさ」の実像だといえよう。

　生活保護の手続きや療育手帳の取得を薦められた保護者が，「もう私の手で
は対応できません」という宣言を学校から受けたかのごとく感じる。対人関係
や生活困難への苦悩が社会福祉的サービスの活用に切り替えられる。なんらか
の手続きの声かけをされた側が自己過失を想起してしまい，自身と学校との無
縁化や自己喪失を引き起こしてしまい，ペナルティかのような思いを抱いてし
まう。専門職がその専門性によって人と人とのつながりを分断することもある。
こうした古くからの内省に舞い戻らせてしまう。

6

学校は，これまで経済成長を担う人材育成を旨としてきた。しかし，その成長が限りなく終焉を迎える時代，それを担う人材育成とはなにかを考えたとき，子どもたちに「どんな人間になりたいのか」を子どもの希望と幸福のために社会福祉が問うことは大切な責務である。「人生前半の社会保障」という指摘（広井 2016：66）は，この希望と夢と密接につながっている。そして「人生前半」には子どもの人生前半とその保護者の人生中盤とのクロスオーバーがある。登校しぶりの中学生の家族には，思春期課題をもつ中学生と思秋期課題にある親との合い並ぶ悩みの姿がある。

学校にとって社会福祉学は，予防の人間科学である。ふだんからの子ども理解や家族理解，状況の事実把握（ソーシャルワーク）を大切にし，学校という場に子どもや親のしあわせ（幸福追求）を取り戻す。学校の外部に求めることだけでは人びとのマイノリティ化や孤立化を促進しかねない。先に挙げた学力論も，子どもの福祉と響き共鳴しうることを発見する力量が大切になる。

## （2）OECD や「持続可能な開発のための教育」による人類的課題への接近

その着眼点に OECD のコンピテンシーの定義や，「持続可能な開発のための教育」（Education for Sustainable Development，以下 ESD と略す）がある。

OECD はその著書『子どもの福祉を改善する』において，最大限の教育機会の均等，子どもの人格，才能，精神的身体的能力の発達，学習到達度の保障の義務を教育的福祉と呼ぶ。学習到達度調査（PISA）は，その達成を確認するために読解力や数学的リテラシー，科学的リテラシーの 3 点を評価する（OECD 2011：46）。その国際比較は，もともとその総合的な達成度の不平等不均等やニート（Not in Employment, Education or Training：NEET）の構成比率を検証するものであった。だが，日本の教育現場や政府，マスメディアはこの 3 つのリテラシーの国別習熟度順位に関心を向け，その指標が，自治体間，学校間の点数獲得競争と「学力向上」施策の根拠に使用されている。

OECD は，21世紀に求められる資質や能力について，図 1-3 のような 3 つのカテゴリーを示している。これは21世紀型スキルの発展・伝承の世界的な運動を通じて，1990年の「万人のための教育世界会議」で決議された「教育宣

```
┌─────────────────────────────────────────────────────────────┐
│           コンピテンシーの3つのカテゴリー                        │
│ カテゴリー1　相互作用的に道具を用いる。                          │
│  1A：言語，シンボル，テキストを相互作用的に用いる能力            │
│  1B：知識や情報を相互作用的に用いる能力                         │
│  1C：技術を相互作用的に用いる能力                              │
│ カテゴリー2　異質な集団で交流する。                             │
│  2A：他人と良い関係を作る能力                                 │
│  2B：協力する能力                                            │
│  2C：争いを処理し，解決する能力                               │
│ カテゴリー3　自律的に活動する。                                │
│  3A：大きな展望のなかで活動する能力                           │
│  3B：人生計画や個人的プロジェクトを設計し実行する能力           │
│  3C：自らの権利，利害，限界やニーズを説明する能力               │
└─────────────────────────────────────────────────────────────┘
```

**図1-3　コンピテンシーの定義と選択**

(出所)　OECD（2005）。

言」による「コンピテンシーの定義と選択」プロジェクト指標である。相互作用に着目した能力や異質な集団＝多様性の積極面，社会的な自律（自治）はソーシャルワークの原理と共鳴する。

　相互作用的に関係性に着目したり，異質共同，自己の生活世界を自律的に成し得ようとする視点は，生活福祉の基本的な能力である。

　ESDは，持続可能な未来教育と呼ばれ，環境，貧困，人権，平和，開発といった現代社会の課題を自らの問題として捉えることを示している。身近なところから取り組む（think globally, act locally）ことにより，それらの課題の解決につながる新たな価値観や行動を生み出し，それによって持続可能な社会を創造する担い手を育む教育である。「人格の発達や，自律心，判断力，責任感などの人間性を育むこと」「他人との関係性，社会との関係性，自然環境との関係性を認識し，関わり，つながりを尊重できる個人を育むこと」（日本ユネスコ国内委員会 2013）という2つの観点を重視する。環境，平和や人権等をベースにしつつ，非識字や貧困，感染症，飢餓，完全修学，ジェンダーなどに取り組むものである。

　ESDについて日本では社会教育やNPO，市民活動の分野で，参加体験型の活動が重視され先行してきたが，一般的に学校教育ではこれからの課題である。

## （3）すべての子どもの主体形成を生み出す道

ESD は経済的な開発に優先権を与え，経済成長こそが社会開発の前提条件であるという考え方には賛同しない。ただ，ESD の発想には，「危機感の共有」や世界経済の危機が根底にある。資質や能力が子どもに固有なしあわせや願いに即すには，内容知から方法知に移行するような資質・能力論にかたよらず，学ぶ内容の価値が抜けてはならない。その点で，これからの福祉教育や人権教育は，社会福祉の倫理綱領のグローバル定義を教育内容として準用する道を拓いていかねばならない。

> ソーシャルワークは，社会変革と社会開発，社会的結束，および人々のエンパワメントと解放を促進する，実践に基づいた専門職であり学問である。社会正義，人権，集団的責任，および多様性尊重の諸原理は，ソーシャルワークの中核をなす。ソーシャルワークの理論，社会科学，人文学，および地域・民族固有の知を基盤として，ソーシャルワークは，生活課題に取り組みウェルビーイングを高めるよう，人々やさまざまな構造に働きかける。　　　（日本社会福祉士会 2014）

ソーシャルワークとは，人間の内在的価値と尊厳の尊重，他者に危害を加えないこと，多様性の尊重，人権と社会正義を支持するものである。言い換えると，教育においては誰一人として置き去りにしない学校づくりである。子どもたちへの「合理的配慮」や LGBT，外国籍，子どもの貧困などを考える根本原理となる。格差から生じる課題から思考がはじまるのではなく，何がその格差を生み出しているのかという部分に肉迫する。

福祉は，誰かが解答を出してくれるのを待つことではなく，一人ひとりが考えや知識を持ち寄って主体的に解答を出そうとする力と，その勇気づけに責任を負う。学校福祉がめざす学力観は，地域を育てる主体と同様の意味をもつ。福祉が子どもの主体形成をめぐる下支えや「環境」に位置づくだけでなく，直接結びつく。その根拠は，生活の全体性への着目であり，どんな生活経験をしてきたのか，どんな学習経験をしてきたのかにこだわる理由である。

本書で取り上げる学校保健も「生活の質を高める健康」，「心身を守る」，「健康」も，人から言われるものではなく，なりたい自分への実現に向けた健康で

あり，こんな人間になりたいという発露である。ソーシャルワークでは，直接的に働きかけるよりも，環境要因として間接的に支援する側に立つことをエンパワメントと呼んできてはいないか。その反省を検討の際，個の自己実現や心理的情緒的解放だけではなく，社会の改変をともなう視点が必要となる。

## 3　教育支援をめぐる多文化社会

### （1）教師の仕事をめぐる今日的課題

専門職としての教師，「学びの専門家としての教師」（佐藤 2016）が大きな「ゆらぎ」の時代にある。その背景には，今日の教育が学校の主体者・参画協働者である，子ども・教職員・保護者の声や願いから出発するのではなく，政治や経済，マスメディアなどの外在的な声によって突き動かされていることが挙げられる。

「教育は人なり」という言葉がある。これは他の職種においても同様であろう。学校教育は教師の資質能力に頼るところがある反面，教師には使命感や子どもへの愛情が重たくのしかかる。中央教育審議会「今後の教員養成・免許制度の在り方について」は，以下の6点を教員の資質向上への問い直しとして，今日的現状を示してきた（文科省 2006）。

第一に，「社会構造の急激な変化への対応」（高度消費社会やグローバル化による社会構造の大きな変化）に即応し，臨機応変に高度な専門的知識や技能を修得することが「教員に求められる資質能力」と見なされがちであること。

第二に，「学校や教員に対する期待の高まり」が，子ども本人や保護者や地域の意向をもとに配慮して職務にあたることを強く求めていること。

第三に，「学校教育における課題の複雑・多様化と新たな研究の進展」として，子どもの学習意欲の低下やいじめ，非行，不登校，校内暴力，発達特性のある子どもへの対応とその自己評価の努力義務や取り組みの説明責任が強く求められること。

第四に，「教員に対する信頼の揺らぎ」になるような一部の教員の指導力不足や不祥事に対し，保護者や地域住民からの信頼を取り戻すこと。

第1章　21世紀型能力論と学校福祉

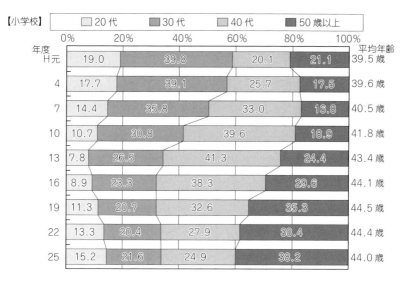

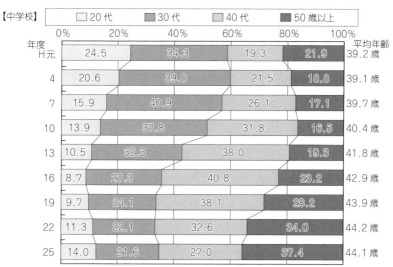

図1-4　公立小学校・中学校の教師の世代動向

(出所)　学校教員統計調査より筆者が作成。

第五に，「教員の多忙化と同僚性の希薄化」として，昨今話題に挙がる教師の長時間超過勤務や「学びの共同体としての学校の機能（同僚性）が十分発揮されていない」という指摘である。

　第六に，「退職者の増加に伴う量及び質の確保」がある。教員の年齢構成が図1-4のように，かつての大量採用時代の50歳代層が多く，中堅層以下の世代が極端に少なくなり，教育技術の伝承性の課題や優れた教員の養成や確保が厳しいという。

　特に6つめの教員の年齢構成は，2000年代半ばから大きく話題とされ，危惧されていた。

　スクールカウンセラーの派遣事業がはじまったのは1995（平成7）年であった。スクールソーシャルワーカーの活用事業は2008（平成20）年である。10年以上の開きがある。この図に見るように，平成7年と平成19年の教員の年齢構成の相違は，50歳以上のベテラン層と30代前の層に大きな変化が見られる。40代の中堅層はそもそも薄い世代になる傾向がある。スクールカウンセラーとスクールソーシャルワーカーそれぞれの導入時期の時代背景を見比べると，年齢層の差異が顕著である。決して，若い教師たちが指導力で劣るということではないが，保護者との信頼関係づくりや対応の面で，当時の学校管理者からは厳しさが指摘されていた。1990年代から教師の同僚性やチームワークが大きく提起されてきたのも，この変動をあらかじめ見込んでのものであった。

## （2）協働・チームアプローチへの模索

　本章の冒頭で述べたように，「教育福祉」の語感からすると，学校福祉は，狭さや特定性を感じられるかもしれない。この表現は，家庭・学校・地域のつながりを基盤とし，学校の構成員である子ども，教職員，保護者，および地域関係者の具体的な協働の領域である。学校が子どものしあわせ（福祉）にいかに責任をもつのか，学校が地域のソーシャルセンターになる。そのためには教育行政の改革や学校の組織文化の変容の中で，人びとがバラバラにならず，子どもたちに寄り添ったコーディネーターが必要となる。

　今日，流布している「チーム学校」とは，教師相互の同僚性ではない。異な

る職種によって構築される多職種協働をもとにする。したがって，従来のように学校管理者が1人で統括できる対象ではない。チームは単なるグループではない。目的を同じくするが，アプローチは個々に独自性がある。要するにこれまでのソロ・アプローチの課題であった抱え込みの克服である。先に述べた次期学習指導要領の改善（答申）が本当に多職種のチームアプローチや多様な学校支援職による協力や補助，連携を打ち出していけるのかどうか。その裏付けとなる理論的な構築は脆弱なままである。

　職場でチームや協力，パートナーシップといわれると，ある事柄を依頼されると拒否できないこころ模様が生まれる。協力，補佐（ある人の任務達成を支えること），補助といった言葉がある。協力は，相手の要請を拒否できないものである。児童虐待防止法が教職員の情報提供や見守りなどの協力をめぐり網をかけ，児童福祉機関への報告や通告を求めている。協働はややもするとこの言葉を使って管理的側面（統制）を学校組織の深部につきつける危険がある。

　協働とは，自身にとって相手は自分を映し出す鏡であり，自身の支援のあり方に内省を求める行為である。しかもそのチームが指導する際にアセスメント（事前の情報収集や評価）がなされていることを前提とする行為であり，専門職のチームとしての目的を合議で確認し実践の中で振り返る装置をもつ。

　「学校教育法施行規則の一部を改正する省令」文科省（2017）において，「スクールカウンセラーは，児童の心理に関する支援に従事する，スクールソーシャルワーカーは，児童の福祉に関する支援に従事する，とそれぞれの職務内容を規定する」ことが，2017年4月1日から施行された。この「児童の福祉」に関する支援に従事するという「支援職」になったわけである。まさに，学校の多文化化に道を拓いたことになる。職務とは，担任を年度途中で安易に変更できないなど1年間責任をもち，自己の業務に責任をもち他者評価や処分の対象になりうることや矢面に立つことを示す。その他方で，学校組織の多文化主義や多様性が生まれてくる。

### （3）福祉職による子どもの学習活動への参画
　この多様性を適切に活かすには，学習活動を通じたソーシャルワークが求め

られる。ソーシャルワークが子どもの諸能力の形成に携わる上で，重大な切り口をもつ。ところが，「スクールソーシャルワーカー活用事業」の現状は生徒指導の領域に限定されがちである。この事業が最善の学習機会の保障を目的とするためには，授業やその運営にも関与すべきことは当然である。ソーシャルワーカーにとって，授業は子どもの行動観察の場としてのみ見るものではない。子どもの学習意欲にコミットし，子どもと生活環境とを媒介する場として，「学習活動（授業）を通じたソーシャルワーク」が業務の1項目に求められるべきである。これは学校福祉の根源的な発想に近い。

　スクールソーシャルワーカーの専門職性と専門性を切り分けて考えてみると，専門職性としては，学校教育におけるソーシャルワーク・サービスの担い手である。専門性という観点では，スクールソーシャルワーカーは社会福祉教育である。教師の専門性である学習指導・生活指導・教科教育やスクールカウンセラーの専門性である心理教育と，「ともにある」ものである。

　教科教育や社会福祉教育，心理教育ともどもに，異なる学習観がある。

　臨床心理士などによる心理教育は，精神疾患といった病理的側面への心理教育的家族療法としてクライエントに伝える技法であり，情報共有の場や対処を工夫する場，支えあう相互作用の場である。学校では，子どもの心の問題に対処し，傾聴スキルや自己主張スキル，攻撃性対処スキル等の対人関係スキルを伝える教育上のフレームをもつ。

　学校福祉に近いフレームをもつ概念として，学校心理がある。学校心理学では「心理教育的なサービス」は子どもの教育ニーズ全般をカバーし，学校教育活動の全体を通して行われる。学校心理学は生徒指導と学習指導の2領域をつなぐ実践を志向してきた歴史がある。社会福祉の法規や価値，社会的サービスも，教育的ニーズ全般に応え，学校でおこなわれる心や対人関係のあり方と理解すると，学校心理学のように，学校福祉（学）の特徴は環境調整教育と呼べる。

　日本の生徒指導は，「どの子どもにもさらによりよき発達を図る積極的な意味の指導」と「ある特定な困難，欠陥，問題を持つ子どもに必要な助力を与える消極的な意味の指導」を2大別してきた。スクールソーシャルワーカーやス

第 1 章　21世紀型能力論と学校福祉

表 1 - 1

| 教　　師 | 学習指導・生活指導 | 教科活動<br>教科外活動 |
| --- | --- | --- |
| スクールソーシャルワーカー | 社会福祉教育 | |
| スクールカウンセラー | 心理教育 | |

（出所）　筆者作成。

クールカウンセラーの活用は後者にあたる。不適応への対応や治療的措置は学校教育では消極的なものであり，「すべての子ども」を対象とするものが積極的とされる。その点で学校や公的な教育機関の教育課程（領域）にソーシャルワークが根ざすには，子どもにとって最善の教育環境を創出する役割を明確に堅持すべきであろう（鈴木 2016）。表 1 - 1 の「教科外活動」の表記は極めて大きな問題提起である。

　不登校の増加について，高学歴が人生設計のセーフティネットにならずに学業意欲が低下したり，学校で身につける知識や勤勉性さよりも社会では異なる社会性やコミュニケーション能力が重視されるなど，学びの空洞化や「いつかは報われる」という意識からの解放がある（滝川 2017）。学校福祉はこうした指摘に甘んじるものではない。


（４）授業への参画

　夏休みの宿題で，「自分が赤ちゃんの時の話を親に聞いて感想文を書いてきましょう」。図工の時間に「お父さんの似顔絵を描こう」。罵声とも聞こえる声が教室から聞こえてくる。授業も「お客様」で居場所をなくしている子どもがいる。こうした事柄を人権意識の欠いた光景として見過ごすことなくその感性を一歩進め，他の職種が授業をやりたいといった場合もあるかと思われるが，そこには一つのネックがある。学校での「授業」は評価をともなう行為である。したがってスクールソーシャルワーカーによる授業は，評価権をもつ教諭が同行する（ティームティーチング）条件のもとに成立する（学校教育法施行規則）。

　しかし，学校外に目を向けると，ソーシャルワーカーや地域の社会福祉職が教壇に立つ実践は数多くある。社会福祉事務所の職員が子どもの学習支援にあたったり，地域包括支援センターの社会福祉士が地域の高齢者の姿や認知症，

表1-2 社会福祉職が参画する授業例

| ○小学校・中学校での特別活動や総合的学習の時間 |
| --- |
| 　人間関係スキル（SST），自己肯定感情，多文化理解，課題解決，社会参加・自立生活，国際理解教育，福祉教育，障害者理解。 |
| ○中学校や高校の社会科や家庭科 |
| 　家族論や訴訟，人権，市民性，ブラックバイト，若年妊娠，幼児保育と児童虐待，高齢者問題，介護支援，貧困学習，消費者教育などをテーマとした問題解決学習。 |
| ○高校の総合学科や福祉科 |
| 　精神福祉，障害者自立支援，労働法規，高齢者福祉や介護体験・演習，ボランティア学習。 |
| ○就職・進路指導 |
| 　就労，社会参加，自己肯定感情の形成，ソーシャルスキルトレーニング，履歴書の書き方。 |
| ○市民（シチズンシップ）教育，地球市民教育 |
| 　18歳選挙権時代においていかに選挙に行くかをめざすというよりも，選挙権とともに被選挙権に目を向け，将来いかに選挙に立候補するのかという力を育てる。 |
| ○教科化する道徳教育 |
| 　実践的道徳と批判的精神の涵養，市民的な目で見直す。 |

（出所）　筆者作成。

　介護について小学生向け講座をおこなうなどもある。下校の時に徘徊をして道に迷っているおじいさんを，「このおじいちゃん，あそこのおうちの人だよ」と数名の子どもが家に送り，お礼におばあさんからお菓子を出してもらい一緒にお話をしてきたというエピソードが生まれる。

　すでにさまざまな工夫や努力を通じて，正規の授業で数多くの授業実践がある。学習内容をキーワードとして列記すると以下のようなものがある（表1-2）。

　その他に，子ども向け講座やPTA教養委員会の事業など年1回から数回シリーズによる学習機会があったり，学校通信やニュースレターといった広報誌などによる情報発信型もある。

　職能団体である弁護士会の子ども人権委員会では，法教育やいじめ予防の出前授業が意欲的になされている。法教育とは「法律専門家ではない人びとを対象に，法，法過程，法制度，これらを基礎づける基本原則と価値に関する知己史と技能・意欲を身につけさせる教育」と定義される（関東弁護士連合会 2016）。前回（2012年）の学習指導要領改訂でも，中学校社会科の公民的分野で「きま

第 1 章　21世紀型能力論と学校福祉

りをつくる目的と方法」「社会における私たちのきまりの意義」「人と人がつな
がる社会ルールがもつ意味」といった項目ができたり，高校でも「模擬裁判」
「裁判員制度」や模擬裁判の項目が設けられた。いじめ防止対策推進法の施行
以来，再発防止を子どもたちに刻み込むような，法による統制力や抑止力を働
かせるのではなく，「対立する存在があること」を学んだり，「解答はあらかじ
めあるものではない」という学習観が大切になる。

　学校において社会福祉職による学習観を体系的に整序する作業は未知である。
しかし，教師と一緒に授業をつくる時代は目の前にある。いかなる形で授業や
学習活動に携わろうとも，子どもの生活背景に根ざした発問（問い）を子ども
と共有する学習方法の実現が大切になる。既存の学習指導要領の「項目」にし
がみつき，学習内容のキーワードをつぎはぎで使うようなものであってはいけ
ない。

## 4　学校と協働してソーシャルワークのすばらしさを伝えること

### （1）教職経験のあるスクールソーシャルワーカー

　海外の話であるが，2007年当時，カナダのオンタリオ州トロント市教育委員
会のスクールソーシャルワーカーは90数名おり，その中で10名くらいが元教師
で教員免許と社会福祉資格をもつ人たちであった。この90数名を統括するスー
パーバイザーの一人も教師から社会福祉職に転じた方であった（鈴木 2007：
13-14）。

　「私は子どもも好きでしゃべるのが好きだから先生になりたいと思い長く教
師をしていた。しかし行き詰まりがあった。教師は授業の内容に焦点をおき，
子どもの家庭や子ども自身に問題があっても何かあっても授業に集中すること
をもとめる形態に物足りなさを感じた。そのジレンマは，子どもたちが教育の
現場をしっかりと活用しきれていない，自分自身や生活環境の問題により学校
生活が謳歌できていないという点であった。その気づきから，既存の教科や教
材ではなく，自分は子どものグループをつくり，生き方について話し合う場を
活用し応用できる環境の必要とその際に欠かせないスキルを習得しようとした。

*17*

それを考えたときに SW の勉強をしようと思った」。

　この人は 4 年ほど子ども援護協会（CAS・児童相談所と児童養護施設，里親事業を総合的に行う NGO）で働いた職歴をもち，要保護児童の一時保護やコミュニティワーカーに従事していた。「この職歴や経験は，社会福祉の勉強を深めるというだけでなく，子どもの見方や社会と家族を見る力を養えた」という。学校で子どもと関わるというのはほんの一部である。「どういう家族環境をもち，どんなところから学校に通ってくるのか。学校で見る子どもの姿だけでは足りないものに気づくことができる。家族にどんな苦しさがあり，何に直面して苦労しているのか。これらがわかってくることで，子どものことをより理解できる」。

　「親が子どもをたたいたとして，この親を悪い親だと結論づけることは簡単だが，その親自身もどのように育てられたか，とんでもない育てられ方をした親かもしれない。経済的にすごく貧困だったかもしれない。子育ての中でプレッシャーがあった家庭だったかもしれない」。家族や社会の影響を理解することにより子ども理解が変わり，子どもの成長の背景にある生活の全体を見ることから子どものポジティブな点の奥行き（ストレングス）を広げ，それが子どもの権利擁護に結びつけていくという。

　現在，教員を退職したり定年した後，家庭児童相談員などの児童福祉や子育て支援に携わる人は少なくない。教師経験者のあるスクールソーシャルワーカーから，「現役時代，もしあのときスクールソーシャルワーカーがいてくれたらよかった」，「あのとき社会福祉の法的な知識や技術をもっていればよかった」というふり返りの声がよく聞かれる。同様に，児童相談所で働いた経験のある人が，「あの相談室で会わなくてよいようにしてあげたい」「児童福祉司が関わらないで済む社会をつくりたい」「もっと近くに SOS の出せる社会資源があればよかった」。障害者施設で働いていた人が「障害者差別の問題や地域支援に一緒に向き合ってくれる子どもを育てたい」。高齢者事業所で働いていた人が，「高齢社会を支えるためにすべての子どもに託していきたい」。この思いは，学校教育や社会福祉の制度や法規の知識や手続き，援助技術を単に習得することだけでは達成できない。ある価値の転換が介在する。「最後は人の問

題」という人材論や性格論に帰するものではない。

今日，スクールソーシャルワーカーに従事する人の所持資格を見ると，教員免許が３割にあたる。今後，教職歴の後に，社会福祉士や精神保健福祉士の資格を取得してスクールソーシャルワーカーに従事している人も増えていくであろう。こうした自然発生的な採用現象をいかに社会的に承認される資格やシステムにまで高めていくのか。大きなチャレンジははじまったばかりである。

教員経験者からスクールソーシャルワーカーになった人のライフコース研究は，学校福祉の本質的な課題を可視化することにつながる。福祉職にあった人が学校教育に携わる場合にも同様であろう。特に教員経験者にとって，他者理解と自己理解，自己の経験に刻みこまれた市民性や共生社会観や多様性観などの「断層」を埋めることは，慣れ親しんだ職場感の活用とは別物である

### （２）学校教育と社会福祉の結節点を社会的制度に変える

教育学の学習方法や専門職養成・育成と社会福祉学のそれには，大きな隔たりがある。しかし，そのパラレルやクロスオーバーというミラクルな課題への志向を提示しようとするのが本章のテーマである。他の認識や資質・能力のレベル（ミクロ）から組織・集団のレベル（メゾ），政策・社会のレベル（マクロ）にわたる課題であるが，以下では，その実現に向けて学校教育と社会福祉の制度的な結合について考える。

学校教育と社会福祉の結節点には，ソーシャルワークの価値や倫理綱領と教師経験や職業文化の化学変化が求められる。表１-３は，筆者がスクールソーシャルワーカーをめざす人への大学での実習指導を通じて考察した社会福祉と学校教育の結節点の指標である（鈴木 2008：37）。

この結節点の指標は，社会福祉が学校教育に閉じこもらずに，しかも社会福祉と学校教育の結節点を社会的な制度に高めていく内容である。子どもたちは，学校教育での子ども理解の前に，家庭や地域における当事者である。したがって，私たちは子どもたちに当事者性をめぐる問いを発していくことが大切になる。子どもがみずからのストレングスを発見するために，どんな問いかけをしているのか。その問いや会話（対話）が，批判的思考や問題解決，意思決定，

表1-3 社会福祉と学校教育の結節点

| 社会福祉 | 結節点の指標 | 学校教育 |
|---|---|---|
| 人権擁護<br>社会正義　アドボカシー | 当事者主体性の発展・維持<br>倫理 | 子ども理解<br>個の尊厳 |
| ケースマネジメント | 目的・計画・方法・評価への指導助言<br>計画作成と技術，結果・効果の確認手法 | 個別指導計画 |
| ケース会議 | 役割分担の確認方法，相互尊厳<br>専門用語の共有化，組織力改革 | 学校経営，校内委員会体制<br>校務分掌の改変 |
| 対人剪除技術　実践モデルの推進 | 相互補足関係の発見<br>（関連法規・適性手続・職業的慣習を含む） | 教育技術 |
| 地域資源開発　社会資源との連携 | 地域資源・地域診断の共有化<br>心理・保健・医療・司法・看護との結合<br>児童健全育成関係 | 関係機関連携<br>学校づくり　地域づくり |
| 実習指導担当者<br>カンファレンス<br>スーパージョン体制・巡回指導 | 信頼関係の基盤整理，社会資源の開発<br>資質管理，教育委員会・地域への説明責任 | 校長・教頭・実習指導者　指導助言<br>校内支援体制 |

（出所）　鈴木（2008：37）。

市民であること（シチズンシップ），人生とキャリア発達，異文化理解や多様性理解につながっているのかどうか。これは，福祉の教育的機能の再定義であろう。そのことを再考するには，多くの点で既存の社会的制度をつくりかえていくことに帰着する。教育と福祉の人材養成制度が１つの生活圏であいまみえることを前提とし，文科省と厚労省にわかれた養成課程やカリキュラムの融合もその一つである。自助努力的に教員免許と社会福祉士・精神保健福祉士という２つのライセンスを意図的にもつことも，本書で学校福祉を標榜する意図として，養成や資格制度によって分離されてきた子ども観を統合する独自な実践領域への志向となる。社会福祉士などがスクールソーシャルワーカーの業務を独占してよいかどうかの議論は別にしても，人のいのちとくらしは一つの人材養成原理で左右され，社会統制的な制度からはじまるものではない。付け加えるならば，ソーシャルワークはチームである（リッチモンド 1999）。スクール

ソーシャルワークとは，学校における多職種チームの総称である。

### （3）「自力解決」からの解放

　学校福祉は，多職種協働を志向する。その根底には「自力解決」からの解放がある。これは子どもや当事者による自己責任論を克服しようとする専門職の側においても大切なことである。学校福祉は，自力解決の抑圧からの解放を一つの行動原理とするものでありたい。たとえば民事法において「自力救済」という言葉がある。これは，訴訟などの公的な手続きによらずに自分の力だけで問題の解決を図ろうとするもので，公的に禁じられている。中世の仇討ちの禁止がその例である。

　たとえとして違和感もあるが，「自力解決」からの解放は学校に集う者が相応に責任を分かち合い，協業へと向かわせるものである。子どものことで面談や話し合いに応じない保護者に対し，「あの親は波があり，うつや精神疾患だ」とレッテルを貼ることは，結局不登校などを子どもや親の自己責任にしあげる。教室で落ち着きがないという情報が入ると，直ちに家庭での様子や家庭支援への環境に着目することも同様である。教師の授業の進め方によって勉強がわからなくて周囲にちょっかいをかけているかもしれない。家庭の環境要因への関心は正しいが，教師の授業の運びに着目する機会をもたないことにより生じているかもしれない。では，自力解決から自己を解放する視点はどこに存在するのか。その答えは子どもを中心に考えるという点にある。

　一つの例として，いじめ防止対策推進法が求める基本方針の校内の「いじめ対策委員会の設置」を見る。この組織は通例の学校における校務分掌の編成にあたる組織ではない。なぜなら，この組織が誰のための組織であるかを考えるとわかるからである。この組織は，苦悩を抱えた（経験してきた）子ども当事者のものである。こうした理解になれば，事態の初動や事後対応など，保護者（家族）対応にも全体的な活動として大きなブレは生じにくい。いじめをめぐり何があったのか，真実を知りたいという家族（遺族）や教師，他の子どもたちにとって，子ども本人を中心に考える視座では，誰もが第三者にあたり，調査の実施者（調査委員会など）からみて調査の協力者のひとりとなる。

さらに，校内のいじめ対策委員会は，教師にとっても，困ったときに助けてもらえるチーム，失敗しても支えてもらえるチーム，そして学校の外部に開かれたチームである。このことが子どもを中心に考える環境づくりになる。「子どもが中心」であることは，学校の力を借りないと達成できないソーシャルワークの本義とつながり，子どもの力を借りる営みとなる。子どもたちは教育においても福祉においてもその客体ではなく主体である。今日の子ども家庭福祉施策にある「子ども食堂」や「学習支援・無料塾」などもその教育的機能が問われる時期に来ている。同様に，若者・ひきこもり支援や高大連携，ユースワーカー事業への検討も同様である。

　学校福祉への志向は，「学力向上」志向の肥大化によって学校の福祉的機能が薄らいでいることや子どもの福祉（しあわせ）の根拠や拠点が，どんどん学校（教育）から離れていくことをいかに食い止めるのかという意味ではない。個別の職種が子どもたちを学校の外へ引き出すのではなく，多職種のチームが学校とともに子どもたちを支援する，その原理を明らかにするものである。

　今日，「学校を社会資源につないでいくこと」と「学校や教職員の主体的力量を高めていくこと」を両立する実践ははじまったばかりである。社会福祉職が学校教育職の力を借りて家庭や地域でのソーシャルワークを遂行していく視野も徐々に高まりつつある。今後，学校には子どものしあわせにとって宝物が数多くあることを，子どもたちとともに見つけていく。ベールをはいでいく。そして，子どもたちとともに夢を語り合い，ソーシャルワークの仕事を楽しくなしていく，そういったちからをもつことである。

### 参考文献

OECD（2005）The Definition and Selection of Key Competencies, Executive Summary.

OECD（2011）『子どもの福祉を改善する』明石書店。

関東弁護士会連合会編（2016）『わたしたちの社会と法』商事法務。

国立教育政策研究所（2013）『21世紀型能力　教育課程の編成に関する基礎的研究報告5　社会の変化に対応する資質や能力を育成する教育課程編成の基本原理（研究代表者勝野頼彦）』。

国立教育政策研究所（2016）『資質・能力──理論編』東洋館出版社。

佐藤学他編（2016）『岩波講座教育変革への展望4　学びの専門家としての教師』岩波書店。

鈴木庸裕（2007）「スクールソーシャルワーカーの養成」『学校ソーシャルワーク』日本学校ソーシャルワーク学会，第2号。

鈴木庸裕（2008）「学校ソーシャルワーク専門職の養成をめぐる実習カリキュラムの一考察」『学校ソーシャルワーク研究』，日本学校ソーシャルワーク学会，第3号。

鈴木庸裕（2015）『スクールソーシャルワーカーの学校理解』ミネルヴァ書房。

鈴木庸裕（2016）「生徒指導とスクールソーシャルワーク」『子どもにえらばれるためのスクールソーシャルワーク』学苑社。

鈴木庸裕（2017）『学校福祉のデザイン──すべての子どものために多職種協働の世界をつくる』かもがわ出版。

滝川一廣（2017）『子どものための精神医学』医学書院。

日本ユネスコ国内委員会（2013）http://www.mext.go.jp/unesco/004/1339970.htm

広井良典編（2016）『福祉の哲学とは何か』ミネルヴァ書房。

文科省中央教育審議会（2016）「幼稚園，小学校，中学校，高等学校及び特別支援学校の学習指導要領等の改善及び必要な方策等について（答申）」（12月21日）http://www.mext.go.jp/b_menu/shingi/chukyo/chukyo0/toushin/__icsFiles/afieldfile/2017/01/10/1380902_0.pdf（「チームとしての学校の在り方と今後の改善方策について」及び「新しい時代の教育や地方創生の実現に向けた学校と地域の連携・協働の在り方と今後の推進方策について」）

文科省中央教育審議会教育課程企画特別部会（2016）平成28年8月1日。

文科省中央教育審議会（2006）「今後の教員養成・免許制度の在り方について（答申）」。http://www.mext.go.jp/b_menu/shingi/chukyo/chukyo0/toushin/1212707.htm

文部科学省（2015）『教師の世代動向』参照。http://www.mext.go.jp/component/b_menu/shingi/toushin/__icsFiles/afieldfile/2016/01/13/1365896_05.pdf http://www.mext.go.jp/unesco/004/1339970.htm

山﨑準一（2016）「教師教育の多元化システムの構築」『岩波講座教育変革への展望4　学びの専門家としての教師』（佐藤学編）岩波書店。

M. E. リッチモンド，小松源助訳（1991）『What is Social Case Work?』中央法規。

# 第2章

# 福祉教育の変遷と福祉科教育の展開から

大門俊樹

　学校福祉の再定義にあたって，不可欠な観点がある。それは，学習環境や生活環境の客体ではなく，学校内外のさまざまな「反福祉的状況」を子どもたちが自らつくりかえていく主体者になるうえで必要な指導や援助という点からの福祉教育への再評価の必要性である。福祉教育は，学校内外のさまざまな「反福祉的状況」を子どもたちが自らつくりかえていく主体者になる必要な指導や援助となっているのだろうか。ソーシャルワーカーは福祉教育の担い手として社会変革の教育にあたっているのだろうか。

　かつて高等学校教諭として福祉教育の推進をし，現在は大学で福祉科教諭やスクールソーシャルワーカー（以下 SSWer）を目指す学生を指導する筆者の経験も踏まえながら，本章では，戦後の福祉教育の変遷について整理するところから始めたい。

## 1　戦後の福祉教育の変遷

### （1）福祉教育とは

　一番ヶ瀬康子は，「福祉は，広義には幸福，しあわせと同義」とはしながらも，「日本語の幸福とは，英語の happy にあたり，どちらかというと個人の主観的，心情的状況を示す言葉である」（一番ヶ瀬 1987）としている。それに対し，福祉（英語でいう Welfare）は，幸福を各自が求めるにあたってその前提となり，条件となる日常生活の状況を指している。また，福祉とは，幸福をとどめる努力ともいわれる。福祉を，「幸福を目指す日常生活上の努力」ととらえるならば，そこには，その努力過程の原則ともいうべき自立という概念があらわれてくる。そして，一番ヶ瀬は，「人間は，まったく孤立していては，自

立することもできない，他者との関わりのなかでこそ，自分が明らかになってくる」と，福祉における自立の展開には，連帯を条件とするとしている。

一番ヶ瀬の「福祉論」に基づくと，福祉教育の目指すものが自ずと明らかになってくるのではないか。すなわち，幸福を目指す日常生活の努力を自ら行いうる子どもたちを育てるための実践教育であり，そこには，他者との関わりのなかで，自立をしていくという具体的目標が据えられるのではないだろうか。

結論として，一番ヶ瀬は，「福祉教育とは，さまざまな価値観を前提としながらも，人権をまもるものとして，日常生活における不断の努力を媒介にし，社会福祉を焦点とした実践教育」，構造的には，「人権教育を基軸にすえ，共に生きぬくための生活教育を媒介とした社会福祉をめぐる実践教育」としている。

そもそも旧教育基本法の前文には，「われらは，さきに，日本国憲法を確定し，民主的で文化的な国家を建設して，世界の平和と人類の福祉に貢献しようとする決意を示した。この理想の実現は，根本において教育の力にまつべきものである」と記されていた。この記述から，平和教育とともに，福祉教育は，本来的に教育の中心であるといえる。また，あえて福祉教育といわなくても，学校教育そのものが，「世界の平和と人類の福祉」への貢献を目指して実践されるべきものである。しかし，現実の学校においては，不登校やいじめ，自殺，非行など，福祉や平和とは全く逆の状況，すなわち，「反福祉的状況」がうずまいている。その背景にあるものは，子どもが学ぶ学校という場だけの問題ではない。家庭，地域，そして教職員が働く職場としての学校もまた，反福祉的状況に満ちている。ここに，学校教育において，自発的に福祉教育を進めていく意味があり，鈴木の言うように，学校内外のさまざまな「反福祉的状況」を子どもたちが自らつくりかえていく主体者になる必要な指導や援助となりうる福祉教育を進めていく必要性があると考える（鈴木 2015）。

大橋謙策の区分によると，福祉教育は，① 子ども・青年に対しての学校教育の一環として行われるもの，② 地域住民の社会福祉への関心と理解と参加を促すもの，③ 大学等において社会福祉有資格者になるための専門教育とされる（大橋 2002）。本章においては学校福祉論との関連から，主に第一の「学校教育の一環としての福祉教育」について考えていくこととしたい。

## （2）戦後の福祉教育の変遷

　福祉教育という用語が初めて登場したのは，1968（昭和43）年，全国社会福祉協議会（全社協）による「市町村社協当面の振興方策」であるといわれる。そこでは，その当時の当面の活動目標とその推進方策の一つとして，「自らの実践活動を通じて，地域住民の福祉思想の高揚，福祉知識の普及につとめるとともに，地域内の関係機関団体と提携して，福祉教育の推進をはかること」と，福祉教育という用語が登場している（原田 1998）。しかし，福祉教育という用語が使用される前から，福祉教育の源流といえる実践が行われていたことが明らかになっている。

　ここでは，戦後の福祉教育の変遷を，第一期（終戦直後の昭和20年代），第二期（1970（昭和45）年頃から1980年頃），第三期（1990（平成2）年頃から2010年頃），第四期（2010年以降）の4つに区分し概観したい。

### ① 第一期（終戦直後の昭和20年代）の福祉教育

　終戦直後のこの時期，現在の福祉教育の源流といえる実践が展開された。

　その1つとして，1947（昭和22）年に，戦後の民間社会福祉事業の窮乏対策と外地引揚者をはじめとした困窮者救済のために国民たすけあい精神のもと，共同募金が始まった。1948（昭和23）年に，共同募金会は，教師用参考書『共同募金学習指導の手引』を刊行した（唐木 1998）。

　次に，戦後の学校教育において，日本国憲法，教育基本法の精神に則り新設された社会科の教科活動の一環として取り組まれた実践として，大阪市民生局が刊行した中学校社会科副読本『明るい市民生活へ——社会事業の話』がある。

　この頃，教科教育以外にも，学校教育における組織的な福祉教育の源流といえる実践例として，神奈川県が1950（昭和25）年に始めた「社会事業教育実施校」制度がある。この制度は，「国民の相互扶助精神の徹底化を図るためには，将来国民の中堅となる中・高等学校生徒に対し社会福祉教育を実施するのが最も効果的である」との考えのもと発足し，県教育委員会が実施校を指定した。

　最後に，学校外の福祉教育実践の源流として，徳島県の「子ども民生委員」活動がある。1947（昭和22）年，徳島駅前や闇市での浮浪児の姿を目の当たり

にした徳島県民生委員事務局（徳島県社協の前身のひとつ）の平岡国市によって創設された。平岡は，「すべてのお友達を幸福にしましょう」をスローガンとした子どもの組織を育て，子どもたちが主体となり地域課題と取り組んでいけば，やがて平和と福祉の心が根付いてくると確信した。彼は，大人の民生委員の支援で町内会単位に子ども民生委員会を組織することを提案し，学校教員の理解と協力のもとで小・中学校の教育力をも期待した。

「子ども民生委員」活動は，地域において，「反福祉的状況」を子どもたちが自らつくりかえていく主体者たろうとした活動であったといえよう。

しかし，この活動は，昭和35年以降の受験戦争の激化に伴い，昭和40年代に次々と消滅していくこととなる。

この時期の教育の大きな動きとしては，1956（昭和31）年に高等学校の学習指導要領のみ改訂され，教科以外の教育活動として，特別教育活動が設けられた。1958（昭和33）年には小中学校の学習指導要領が改訂され，教科以外の教育活動として，小中学校で道徳が，中学校で特別教育活動が新設された。これ以降，小中学校においては，道徳が各教科，特別教育活動，学校行事と並ぶひとつの領域として位置づけられることとなった。

## ② 第二期（1970年頃から1980年頃）の福祉教育

1950年代後半（昭和30年以降）には，高度経済成長が進展するなかで，福祉教育の実践はいったん下火となっていった。また，教育の問題としては，受験戦争の激化がみられ，学校教育においては，受験のための大量の学習をこなすのに精一杯となり，福祉教育を行う余裕などなかったという実態であった。

しかし，高度経済成長に伴う社会的ひずみが次第に表面化し，「新しい貧困」をもたらした。こうした時代背景のなか，1970年代前後から福祉教育をめぐる動きが再び活発となっていく。

この時期には，先駆的な県社協で社会福祉普及協力校が指定され，これが国庫補助事業である「学童・生徒のボランティア活動普及事業」に展開していく。

1971（昭和46）年の学習指導要領では，中学校の教科以外の活動のなかの特別教育活動が特別活動となった。高等学校においては，特別教育活動がホーム

ルーム，生徒会活動，クラブ活動，学校行事へと変更された。小学校の教科以外の活動は従来通り道徳のみであった。

1980（昭和55）年には新学習指導要領がスタートしたが，そこでは，小学校の教科以外の教育活動が，道徳，特別活動，学校行事，学級指導に変更された。高等学校においても，ホームルーム，生徒会活動，クラブ活動，学校行事を特別活動と呼ぶことになり，小中高とも特別活動に統一された。

ここで，この特別活動と福祉教育との関連について確認しておきたい。1977（昭和52）年に厚生省（当時）が学童・生徒のボランティア活動普及事業をはじめるにあたって，厚生省（当時）から文部省（当時）に提出された「福祉教育のあり方について（要望）」には，小・中学校における福祉教育の改善に当たり，特別活動における福祉教育として，活動内容を例示した記述がある。

たとえば，小学校では，学級会活動などで福祉事象を取り上げ，児童館等との連携などにより，福祉への理解を進めるとしている。学級指導では高学年で「福祉指導」（仮称）を設定し，地域の福祉関係行事と連携したり，学校行事で，「敬老の日」等の福祉関係の祝日についての理解を深めることを提案している。

1984（昭和59）年には，臨時教育審議会に対して，全社協は「教育改革に関する提案について」を提出し，「義務教育および高等教育に福祉教育を位置づけること」などの具体的提言が盛り込まれた。1987（昭和62）年5月には，介護福祉士国家試験受験資格取得のルートの一つとして福祉系高校ルートが位置づけられた。

この第二期は，1970年前後から福祉教育をめぐる動きが再び活発となるなかで，先駆的な県社協主導の実践が国庫補助事業へと発展していった。そして，特別活動の登場により，福祉教育の実践内容の幅が広がるとともに，学年の枠を超えたり，地域や社会に活動の場を広げていった時期であるといえる。

③ 第三期（1990年頃から2010年頃まで）の福祉教育

1990年代には，福祉と教育両分野で大きな動きが見られるようになった。福祉分野においては，1990（平成2）年，本格的な高齢化社会に対応するため，福祉八法の改正が行われ，住民にもっとも身近な市町村での地域福祉体制づく

りが進められた。大橋謙策はこの動きを，「子ども・青年に対する福祉教育の必要性が強調されるだけではなく，全国民的に，生涯学習の視点から福祉教育・ボランティア学習を展開する時代となった」（大橋 2002）としている。

　教育分野では，1989（平成元）年に，「心豊かな人間の育成を図る」ことを基本的ねらいとし，幼稚園から高等学校までの教育要領，学習指導要領の大幅改訂が行われた。「学校行事」の「勤労・生産的行事」が「勤労生産・奉仕的行事」となり，中・高等学校の「特別活動」の中の「クラブ活動」に「奉仕的な活動」が加えられた。学校週5日制の導入で生じる時間をどう活用するかという議論のなかで，福祉教育の活用が検討された。また，「生きる力」を育てるために，教育のなかでどのように福祉を活用するかという点についての関心も高まっていった。

　この時期の教育分野においては，福祉教育というよりも，ボランティア活動を積極的に推進するという動きが見られ，その経験を評価の材料として使用するという動きも見られた時期であった。1998（平成10）年告示の学習指導要領では，「総合的な学習の時間」，教科「福祉」が新設された。この背景には，1998年の教育課程審議会において，変化の激しいこれからの社会において，「ゆとり」の中で「生きる力」をはぐくむことを重視することを提言したことにある。この指導要領には，授業時間数を削減するなか，ボランティア体験や自然体験などの体験活動を生かした学習を充実させること，各学校が創意工夫を生かした特色ある学習を展開し，横断的・総合的な学習などを実施するため，「総合的な学習の時間」を創設することが明記された。福祉教育は，「総合的な学習の時間」を展開する際の重要な領域の一つと考えられ，新指導要領へ移行する際には，福祉教育活用をめぐる議論が学校側，福祉関係者，福祉教育の研究者の間で盛んに交わされた。これ以降，「総合的な学習の時間」を活動の枠として福祉教育を行う学校が増加し，各種施設訪問や交流，高齢者疑似体験，車イス・アイマスク体験等，多様なプログラムが展開されている。

④ 第四期（2010年以降）の福祉教育

　ここでは，2010年代以降を福祉教育変遷の第四期と捉え，今日的課題ととも

に，これからの福祉教育についても見通してみたい。

2008（平成20）年に幼稚園教育要領，小学校学習指導要領，中学校学習指導要領が，2009（平成21）年には，高等学校学習指導要領が改訂され，知識・道徳・体力のバランスのとれた力である生きる力の育成を目指し，前指導要領との比較から，「脱ゆとり教育」とも呼ばれている。1980（昭和55）年の改訂以来減り続けてきた授業時間はおよそ30年ぶりに増加した。2015（平成27）年にも学習指導要領は一部改訂され，教科外活動であった小中学校の道徳が「特別の教科 道徳」として教科に格上げされた。「特別の教科 道徳」は，小学校では2018（平成30）年度から，中学校では2019（平成31）年度から完全実施される。

また，第四期は，高校福祉科や教科「福祉」が定着し，地域への展開がされ，進路指導やキャリア教育への活用も広がっていった時期と捉えることができる。福祉科については第3節で詳しく述べるが，介護福祉士養成課程としての福祉科のみならず，普通科や総合学科に設けられた福祉コースを含めると，現在，福祉を学べる高等学校は増加し，多様な実践が行われている。筆者が在住する千葉県では，12校が広い県内に満遍なく配置されている（2017年現在）。たとえば，千葉県高等学校教育研究会福祉教育部会では，専門学科における介護福祉士の養成，福祉関連学科やコースにおける将来福祉分野で活躍できる人材の育成，普通科における豊かな人間性の育成と福祉意識の醸成を目指した教育活動を行っている。同部会では，通常の授業研究はもちろん，福祉教育PR誌「高校で福祉を学ぼう」の作成や生徒と保護者が福祉体験を行う学校開放講座など，福祉学習の裾野を広げる豊かな実践を行っている。こうした取り組みに福祉科生徒自身も関わり，学校における福祉教育が地域に開かれた福祉教育へとつながると考える。

福祉系高等学校の進路状況を見ると，就職者に占める福祉関係の就職者は80％を越え，進学者に占める福祉関係進学者は50％を越えている。高校で関心をもって福祉を学ぶことにより専門性が高まり，福祉関係への就職への道が開かれたり，高校での学習を土台とし，社会福祉士などのより高度で専門的なステップアップを目指して福祉関係の進学をする傾向がみられるといえる。普通科や総合学科の福祉コースでは，介護職員初任者研修を行っている学校も多く，

介護福祉士までは取得できないものの，高校卒業後に社会福祉士などを目指して福祉系大学への進学を志す者も多い。小中学校で福祉教育に出会い，高校の福祉科や福祉コースで地域と結びあい，そうした経験を進路選択につなげていくことにより，一番ヶ瀬のいうように，継続した他者との関わりのなかで自分が明らかになってくるのではないだろうか。

## 2 道徳教育時代との関わりから

### （1）福祉教育と道徳教育との関わり

　次に，福祉教育と道徳教育との関わりについて考えてみたい。大橋謙策は，福祉教育と道徳教育との関係について，次のように整理している（大橋 1987）。戦後の道徳教育の出発点となった1951（昭和26）年1月の教育課程審議会の「道徳教育に関する答申」では，道徳教育は，① 全教科，全領域で展開する。また，実践の過程において体験させていく方法をとるべきである。② 学校教育全体の責任ですすめること，③ 学校と家庭・地域とを結びつけて行うこと等を挙げている。大橋は，「このように位置づけられた道徳教育は，まさに福祉教育の位置づけやねらいとほぼ同じといってよい」としている。また，大橋は，福祉教育を，「教育基本法第1条の教育の目的を達成するために，いまや全国民的課題であり，生涯にわたってかかわりの深い社会福祉問題を素材として学習し，それらと切り結ぶ体験をとおして，人権尊重，ともに生きる感覚を身につけていくところに特色のある教育実践であり，今日の教育活動の基本となりうる活動」としている。道徳教育についても，教育基本法および学校教育法に定められた教育の根本精神に基づくものとされており，この意味でも，道徳教育と福祉教育のねらいは共通したものであるといえる。1957（昭和32）年9月には教育課程審議会「小中学校における道徳時間の特設時間について」で，独立教科として位置づけられた道徳教育であったが，もともとは福祉教育と深く関わりつつ実践されてきたと言ってもよい。

（2）福祉教育と道徳教育との関わりの実際（学童・生徒のボランティア活動
　　普及事業から）

　1977（昭和52）年に厚生省（当時）が「学童・生徒のボランティア活動普及
事業」をはじめるにあたって，文部省（当時）に提出した「福祉教育のあり方
について（要望）」には，小・中学校における福祉教育の改善にあたり，道徳
における福祉教育として，次のような記述がある（抜粋）。

　小・中学校の道徳教育においては，公民として不可欠な心情と態度を学習さ
せる場として，次の事項の実現を図る必要がある。

　　① 老人，心身障害者，母子等の社会的なハンディキャップのある者に対
　　　する正しい理解と思いやりの態度を身につけるようにするとともに，こ
　　　れらハンディキャップのある者は，必用な給付を受けるべきときはこれ
　　　を受けるとともに，一方で依存的立場に陥ることなく自らの困難に打ち
　　　勝とうとする努力が必要なこと。

　　② 社会福祉関係の仕事，無償の奉仕等，ボランティア的な活動も指向す
　　　るような態度を養うこと。

　　③ 家族については，核家族化の進行，人口の高齢化等の傾向にかんがみ，
　　　家族相互，家庭内における老人，父母，子供等の各次元における立場を
　　　お互いに理解すること等の要素を十分に盛り込むようにすること。

　　④ 社会全体の利益や他人の権利を守ることが自己の権利を守ることにつ
　　　ながることを認識させ，社会連帯意識によって結ばれた住みよい地域社
　　　会を作るための活動に国民が主体的に参加することができるような実践
　　　的な生活態度を育てること。

　このように，当時の厚生省は，文部省に対して，小・中学校の道徳教育にお
いて，公民としての不可欠な心情や態度を学習させるために，高齢者や障害者
を含めた他者理解，ボランティア的な活動に対する奨励，権利擁護や社会連帯
意識に関する学習といった，福祉教育の内容を取り上げるよう要望していた。


（3）道徳授業における福祉教育の取り組み

　現行学習指導要領の「道徳の内容」に「福祉」という言葉が登場するのは，

32

中学校の内容の「4　主として集団や社会とのかかわりに関すること」の中の「(5)勤労の尊さや意義を理解し，奉仕の精神をもって，公共の福祉と社会の発展に努める」の箇所だけである。小学校でこの内容に関わるのは，第5学年及び第6学年の「道徳の内容」で，「(4)働くことの意義を理解し，社会に奉仕する喜びを知って公共のために役に立つことをする」という箇所である。人間尊重や人間理解といった点から，道徳教育と福祉教育は密接な関係にある。

　道徳教育で福祉の内容を取り扱う場合，人の痛みを理解し共感する力を身につけるという意図で行われることが多いといえる。福祉に関わる道徳授業はこれまでにも多く行われているが，教師自身が福祉についての理解を深めておくことが必要であると指摘される。

　次に，福祉に関わる道徳授業においてこれまで実践されてきた内容について見てみたい。福祉に関する内容はたいへんに幅広く，道徳授業のなかでは，「生徒に伝えたいこと」を絞り込んだ授業展開が心がけられている。福祉に関わる道徳授業のねらいの例として，中学校では次のような内容が挙げられる。

- 少子高齢社会の危機
- 人が人として生きる権利を尊重することの大切さ
- ノーマライゼーション
- 心のバリアフリー
- ボランティア活動への積極的な参加

　実際の授業展開例を見ると，小学校では，副読本や資料を用いて，「自分はもちろん，他人のことも考える」ことにより福祉の心を育てていくという内容が多く見られる。中学校では加えて，「勤労の尊さ」や「社会奉仕」「公共の福祉」といった観点が加わり，校内の福祉委員会や校外でのボランティア活動など，体験学習が増えてくるのも特徴といえる。また，小中学校とも，障害者やボランティア活動で活躍する方など，地域の人材を迎えた授業も展開し，講話と体験を組み合わせている例もある。これらの授業に共通しているのは，「人間尊重を基本に，公共の福祉と社会の発展に努める」というねらいにあるといえる。

（4）道徳教育と福祉教育のこれから（道徳の教科化や教育勅語との関連から）

　2008（平成20）年の学習指導要領が2015（平成27）年に一部改訂され，これまで教科以外の教育活動であった道徳が教科へと格上げされた。「特別の教科　道徳」は，小学校では2018（平成30）年度から，中学校では2019（平成31）年度から開始される。これは，2013（平成25）年2月の教育再生実行会議の「いじめの問題等への対応について」（第1次提言）で，「道徳を新たな枠組みによって教科化し，人間性に深く迫る教育を行う」とされたことが契機となった。今後，学校における道徳教育は，特別の教科である道徳（道徳科）を要として学校の教育活動全体を通じて行うこととなり，検定済の教科書を用いた指導が行われる。初めての教科書検定で，「わが国と郷土を愛する態度」の視点から，パン屋を和菓子屋に変更するという修正が行われたが，「物事を多面的・多角的に考え，自己の生き方についての考えを深める」（指導要領の目標にある）方向とは真逆であり，国家から「こうあるべき」論を押しつけられ，伝統や文化の尊重，国や郷土を愛する態度の涵養ばかりが強調されるのではないかと懸念している。戦後失効した教育勅語容認論の先には，戦前教育勅語の趣旨に基づき実践された修身の復興も見え隠れする。道徳の教科化がそのはじめの一歩でないことを願いたい。

　1951（昭和26）年1月，教育課程審議会から出された「道徳教育振興に関する答申」では，「道徳教育の方法は，児童，生徒に一定の教説を上から与えて行くやり方よりは，むしろそれを児童，生徒に自ら考えさせ，実践の過程において体得させて行くやり方をとるべきである」とある。先述した福祉に関わる道徳授業では，地域と取り結び，体験や他者との関わりのなかで自分を見つめていく豊かな実践があった。教科書検定も行われ，評価の課題も山積するなか，道徳の授業づくりはまさにこれからである。道徳授業をつくりあげる学級担任と道徳教育推進教師のこれからの苦労は察するにあまりある。こうした状況を逆手にとり，今こそ，教科としての道徳で福祉教育がどう展開していくかという実践による検証が必要ではないだろうか。一番ヶ瀬のいう「他者との関わりのなかでこそ，自分が明らかになってくる」ことを子どもたちだけに求めるの

ではなく，学校や教師も他者との関わりを深めながらの実践が必要なのではないか。これからの福祉に関する道徳授業の実践には，これまでの地域人材，社協などに加え，たとえば，各地の福祉科教諭や地域で働く SSWer との連携も必要となろう。そこに，一番ヶ瀬のいう主体性形成や市民教育復活の鍵があるのではなかろうか。

## 3 高校福祉科教育の歴史，実践，展望から

### （1）高等学校福祉科の誕生

　高等学校に福祉科が設置され始めた背景としては，1985（昭和60）年2月の「理科教育及び産業教育審議会」答申「高等学校における今後の職業教育の在り方について」において，「国民の福祉に対する多様なニーズにこたえるため，福祉関連業務に従事する人材を育成する『福祉科』などの設置について，地域の実情等も踏まえながら検討を行っていく必要がある」とされ，福祉科設置の必要性についての議論が始まったことがきっかけであった。1987（昭和62）年6月には，「福祉科について――産業教育の改善に関する調査研究――」が報告され，そこには，社会福祉に関する職業教育の必要性とともに，人命尊重や福祉への関心，理解を養う人間教育としての意義が述べられている。さらに，同報告書では，「福祉科」のタイプを，専門的な職業人の養成タイプ」と，「社会福祉関係の高等教育機関への進学タイプ」の2つを想定していた。

　時を同じくして，1987年5月には，社会福祉士及び介護福祉士法が制定され，介護福祉士国家試験受験資格取得ルートの1つとして福祉系高校ルートが位置づけられたことから，高校福祉科の設置が活発化する。この年，公立1校，私立2校の計3校に設置され，その後増加の一途をたどっていく。1998（平成10）年には，公立63校，私立41校の計104校で設置された。教科「福祉」の設置前に高校福祉科設置はピークを迎え，いいかえると，高校福祉科での教育実践の積み上げが，教科「福祉」のベースとなったともいえよう。

## （2）教科「福祉」の誕生

　1998（平成10）年7月23日の理科教育及び産業教育審議会答申（「今後の専門高校における教育の在り方等について」）を受け，専門教育に関する教科として，教科「福祉」が登場する。そして，同年7月29日，教育課程審議会答申において，教科「福祉」の設置が決定した。時を同じくして，戦後7度目の学習指導要領の改訂が行われた。この改訂では，教育内容の厳選，「総合的な学習の時間の新設」により，基礎・基本を確実に身につけさせ，「生きる力」の育成を宣言するとともに，学校完全週5日制が実施された。高等学校の学習指導要領は1999（平成11）年に告示され，学年進行で実施された2003（平成15）年4月1日から教科「福祉」が実施されるようになった。

　学習指導要領には，教科「福祉」の目標は，次のように示されている。

　　　社会福祉に関する基礎的・基本的な知識と技術を総合的，体験的に習得
　　　させ，社会福祉の理念と意義を理解させるとともに，社会福祉に関する諸
　　　課題を主体的に解決し，社会福祉の増進に寄与する創造的な能力と態度を
　　　育てる。

　教科の目標は，次の3つで構成されている。

　　（1）社会福祉に関する基礎的・基本的な知識と技術を総合的，体験的に
　　　　習得させること

　　（2）社会福祉の理念と意義を理解させること

　　（3）社会福祉に関する諸課題を主体的に解決し，社会福祉の増進に寄与
　　　　する創造的な能力と態度を育てること

　こうした目標を掲げた教科「福祉」は，「社会福祉基礎」「社会福祉制度」「社会福祉援助技術」「基礎介護」「社会福祉実習」「社会福祉演習」「福祉情報処理」の7科目でスタートした。

　田村真広は，教科「福祉」は単なる福祉マンパワーの養成のためのみに誕生したのではなかったとしている（田村 2008）。1つには，すべての子ども・青年の国民的教養としての福祉教育，2つには，未来の福祉社会を担う専門的職業人を養成するため，3つには，社会福祉系の高等教育機関への接続を企図して設置された教科であったと指摘している。こうした設置経緯から考えると，

第2章　福祉教育の変遷と福祉科教育の展開から

国民的教養としての福祉教育がベースとなっている教科「福祉」は，高校生に
対する教養教育として，より一般的な教科として定着させることが必要である
と考える。

## （3）学習指導要領の改訂と福祉科新カリキュラム

　2009（平成21）年3月に，高等学校学習指導要領及び特別支援学校の学習指
導要領が公示された。高等学校では2013（平成25）年度の第1学年から学年進
行で実施され，特別支援学校では，幼・小・中・高等学校の実施スケジュール
に準拠して実施された。「改訂の経緯」では，21世紀を，新しい知識・情報・
技術が政治・経済・文化をはじめ社会のあらゆる領域での活動の基盤として飛
躍的に重要性を増す，いわゆる「知識基盤社会」の時代であるとしており，こ
うした社会的状況のもと，確かな学力，豊かな心，健やかな体の調和を重視す
る「生きる力」を育むことの重要性を指摘している。前指導要領との比較から，
「脱ゆとり教育」と呼ばれることもある。

　指導要領の改訂を受けて，高等学校福祉科についても改訂された。福祉科の
教科としての目標は従前通りとしながらも，急速に進展する高齢化に伴う介護
分野における多様で質の高い福祉サービスを提供できる人材の育成や介護福祉
士に係る制度改正への対応などを考慮し，福祉に関する基礎的・基本的な知識
と技術を確実に習得させるため，科目編成を見直すことなどの改善が図られた。

　改訂前と改訂後の科目編成と科目名称を比較してみると，改訂後9科目には，
介護という名称を前面に出している科目が増加したことが大きな特徴といえる
（9科目中4科目）。「改訂の趣旨」によると，新カリキュラムは，社会福祉士
及び介護福祉士法等の一部が改正され，介護福祉士にかかわる教育時間の増加
と教育内容の再編を踏まえて，改訂された。旧カリキュラム以上にケアワーク
に重点が置かれるようになったといえるが，そのなかでソーシャルワークをど
う位置づけていくかは，これからの大きな課題であると思われる。

## （4）福祉科教育におけるソーシャルワークの位置づけ

　高等学校福祉科創設に関わった経緯から，大橋は，「高等学校福祉科は，専

表 2 - 1　福祉科新旧対照表

| 改訂 | 改訂前 | 備考 |
|---|---|---|
| 社会福祉基礎 | 社会福祉基礎 社会福祉制度 | 整理統合 |
| 介護福祉基礎 | 基礎介護 | 名称変更 |
| コミュニケーション技術 | 社会福祉援助技術 | 名称変更 |
| 生活支援技術 | | 新設 |
| 介護過程 | | 新設 |
| 介護総合演習 | 社会福祉演習 | 名称変更 |
| 介護実習 | 社会福祉実習 | 名称変更 |
| こころとからだの理解 | | 新設 |
| 福祉情報活用 | 福祉情報処理 | 名称変更 |

（出所）　『高等学校学習指導要領解説　福祉編』「福祉科の科目編成」より。

門的職業人の養成を目指すにしても，後の可能性を考え，ソーシャルワークの視点，技術，ケアワークの視点，技術の両方が学べるように考えられている。このことは，大学や短大，専門学校でソーシャルワーク教育（社会福祉士教育）とケアワーク教育（介護福祉士教育）とが事実上分離し，その相互関連性が十分でない状況の中では，たとえ高等学校福祉科で学ぶ水準・範囲が狭く，浅い面があったとしても大きな特色であるといわざるを得ない」と述べている（大橋 2002）。

　旧カリキュラムの社会福祉実習は，ソーシャルワーク系の科目「社会福祉援助技術」とケアワーク系の科目「基礎介護」を統合的に現場で体得する科目として位置づけられ，「社会福祉援助技術」という科目を通して，ソーシャルワークの基本である人権擁護や社会正義を学ぶこととができるようになっていた。

　新カリキュラムでは，介護サービスを提供する実践力を習得する科目として内容が整理され，「社会福祉実習」が「介護実習」に名称変更された。「介護実習」の内容に，「サービス利用者の自己表現を適切に受け止めるとともに，サービス利用者の状況や心身の状態に応じたコミュニケーションの技法を習得させる」とある。実習は高齢者関係施設だけでなく，障害者関係施設，児童関係施設でも行われる。多様な介護の場での実習を想定して，介護を必要とする人や援助的関係を理解する科目として内容を整理し「社会福祉援助技術」が

*38*

「コミュニケーション技術」に名称変更された。この科目は，介護福祉援助活動に活用する能力と態度を育成することを目的とし，ケアワークを展開するためのコミュニケーションを学ぶことが想定されており，「介護におけるコミュニケーション」「サービス利用者や家族とのコミュニケーション」などの内容を取り扱う。しかし，教科「福祉」を学ぶすべての生徒にとっての基礎科目である「社会福祉基礎」でも，「人間関係とコミュニケーション」として，自己覚知や他者理解，コミュニケーションの基礎，社会福祉援助活動の基礎など，ソーシャルワークの基礎について，入門期に一通り学ぶこととなっている。

### （5）大学における福祉科教員養成の実情と課題

　近藤（2006）は，福祉科教員の役割として，次の３つを挙げている。「① 高度な社会福祉専門職を目指す人材の基礎教育を育成するため，社会福祉の知識だけでなく，現実の場面での問題解決能力を伴う実践力が必要であり，社会福祉現場で援助活動の実際を体験しておくこと，研修会などに積極的に参加する機会をもつこと，② 介護福祉士としての人材養成も含んでいるため，できれば介護福祉士や介護支援専門員（ケアマネージャー）の資格を取得していること，③ 専門高校と地域との双方向の協力関係の確立を目指しているため，地域の社会資源の活用や地域の人々との連携を常に念頭に置く必要がある」。

　筆者は現在，首都圏の大学において，高校福祉科教員免許取得のための科目「福祉科指導法」を担当している。同科目の履修者は多くはなく，履修者ゼロの年もある。福祉科教員としての採用が限られているという背景があり，公民など，他の免許と併せて取得するよう指導もしている。また，勤務校のような社会福祉系の大学では，特別支援学校教諭免許取得を希望する学生が一定数いるが，同免許は単独で取得することはできず，他の免許を基礎免許として取得することになっている。したがって，特別支援学校教諭免許取得希望者が基礎免許として福祉科教員免許を取得することが多い。その結果，福祉科よりむしろ，特別支援学校教諭として教壇に立つ選択をする者の方が多い。

　また，社会福祉系大学において，現行の高校福祉科カリキュラムにおいて求められる介護に関する知識や技術が十分得られてはいないのではないかという

課題も残る。福祉科指導法の指導においては，内容的にもソーシャルワーク，あるいは福祉教育全般になることが多い。しかし，高校福祉科の指導をするためには，ケアワークに関する豊富な経験も必要となる。そのため，勤務校においても，高校福祉科への着任が決まった学生に対しては，卒業までに介護職員初任者研修の受講を勧めるなどの指導もしている。今後，福祉科教員の養成において，早期からケアワークを学ぶ機会を多くもつことが必要であると考える。

## 4　福祉教育の新たな展開——韓国の事例から

　最後に，教育と福祉の両分野を経験してきた立場から，提案をしてみたい。

　まず，教師自身が福祉について学ぶ機会を多くもつべきではないかということである。前述のように，旧教育基本法の前文には，「世界の平和と人類の福祉に貢献するために，教育の力が必要である」とある。平和と福祉に貢献するために教育があると考えられるのであるが，はたしてそうなっているのであろうか。教師による体罰や心ない言動により，生徒を不登校や自殺に追いやるというケースも出ている。高い人権意識を常に保っていくためにも，教師を目指す段階から，人権や社会正義，人と環境といった視点を身につけていく必要があるのではないだろうか。教職課程に福祉系科目を位置付け履修を推奨したり，社会福祉施設での実習科目を単位化することも必要ではないだろうか。

　次に，教育課程に福祉教育をより明確に位置づける検討も必要ではないだろうか。新しい学習指導要領は，小学校では2020（平成32）年度から，中学校では2021（平成33）年度から完全実施される。教科内か，教科としての道徳か，特別活動で位置づけるのかについては，それぞれの学校現場で任されてきた経緯もあるが，今後は，福祉と教育両面から広く議論していく必要がある。

　最後に，SSWer が教師とともに，校内で福祉教育を担っていくことを提案してみたい。これは，派遣型ではなく，学校配置型あるいは学校常駐型であることが前提となろう。筆者は2006年頃から，韓国における学校社会福祉士（韓国では，学校常駐型の SSWer をこのように呼んでいる）の研究を行ってきた。韓国ではこれまで，学校社会福祉士による福祉教育実践の例がある。たとえば，

2010年に韓国学校社会福祉士協会の主催，太平洋福祉財団の支援で行われた「私たちがつくる幸せな世界」という事業があった。同事業では，ソウル女子大学社会福祉学科教授（教育福祉研究センター長）の指導・監督のもと，P小学校学校社会福祉士が企画・運営をし，担任教師の協力のもと，各種プログラムを実施している。韓国学校社会福祉士協会が組織的に関与し，「子ども社会福祉教室」という教科書も作成している。教科書には事例なども扱われ，社会福祉，障害者および高齢者理解，自願奉仕（ボランティアのこと）の推奨のみならず，自我尊重感，家族関係，学級共同体といった内容も取り扱っている。

　同事業ではボランティアサークルプログラムと福祉教育プログラムが実施された。ボランティアサークルプログラムでは，4〜6年生の中から希望者24名が「先生の日」のイベントの企画，校内環境整備活動（週2回），学校暴力予防キャンペーンの計画・運営，後輩の面倒を見る活動（筆者訳）などを学校社会福祉士の指導で行った。福祉教育プログラム（私たちがつくる幸せな世界）では，小学校4年生の全7クラスで創意裁量の時間（日本の総合的な学習の時間にあたる）の全4時間を使い，① 社会福祉全般についての理解，② 障害者理解，③ 高齢者理解，④ ボランティア活動の理解と計画という内容を，学校社会福祉士が教壇で指導し，担任教師は生徒の積極的な参加を促すという形で実施された。韓国においては，1995年から中高生に自願奉仕（ボランティア）活動が義務化されているため，同事業では，中学入学後に行う自願奉仕活動の計画で終了している。それぞれの内容は，前述の「子ども社会福祉教室」に準拠している。同書は社会福祉の概念，障害理解，高齢者理解，ボランティア活動の勧めという4部構成で，脳性まひによる障害のあるチエと祖母の介護を通して福祉に関心のあるキジュンという小学生のストーリーを中心に展開され，読み物としての要素や当事者性があり，たいへんにわかりやすい構成となっている。

　学校社会福祉士が行う福祉教育実践の特徴として，① 常駐型のため学校教育に直接的な関わりをもつことができる，② 社会福祉士1級（国家資格）をもつソーシャルワーク専門職のため，福祉教育を展開しやすい，といった点が挙げられている。同事業報告書によると，生徒に対するアンケートでも，プロ

グラムの満足度評価として,「とても満足」が56.9％,「どちらかというと満足」が29.3％となっており,満足度は概して高い。また,こうしたプログラムを行うことで,教員の間にも学校社会福祉士に対する理解が大きく広がったことも指摘されている。校務分掌として福祉部を設け,そこに学校社会福祉士を位置付けて担当教師と連携した実践を行っている学校もある。

　このような韓国の事例から,日本においても,市民教育あるいは主体者形成を目指した福祉教育の展開のために,日常の学校現場のなかで教師とSSWerあるいは地域に点在する福祉科教諭が,ともに協働して福祉教育実践を行う場面を増やしていく必要があるのではないかと考える。そのためには,韓国のように学校常駐型SSWをスタンダードにすることや,福祉科教諭を所属校だけではなく,県内広域に活用することが必要ではないかと考える。


**参考文献**

一番ケ瀬康子・小川利夫・木谷宣弘・大橋謙策編著（1987）『福祉教育の理論と展開』光生館。

江頭顕一（2016）『日本道徳教育の歴史――近代から現代まで』ミネルヴァ書房。

大橋謙策（2007）『福祉科指導法入門』中央法規。

岡多枝子（2015）『青年期に福祉を学ぶ　福祉系高校の職業的及び教育的レリバンス』学文社。

唐木清（1998）「福祉教育への視点――福祉教育における知的認識の位置」『児童文化研究所所報』14-16。

木谷宣弘（1996）「福祉教育・ボランティア学習の歴史的変遷」『日本福祉教育・ボランティア学習学会年報　創刊号』。

韓国学校社会福祉士協会（2010）『私たちがつくる幸せな世界　事業報告書』。

近藤久史・二文字理明・山根祥雄・山本昌邦編著（2006）『福祉科教育学』明石書店。

齋藤真弓他（2000）『道徳教育2000年10月号　福祉の道徳授業にチャレンジしよう』明治図書。

阪野貢編著（2005）『福祉教育の理論と実践――新たな展開を求めて』相川書房。

阪野貢監修（2006）『福祉教育のすすめ――理論・歴史・実践』ミネルヴァ書房。

鈴木庸裕（2015）『スクールソーシャルワーカーの学校理解――子ども福祉の発展を目指して』ミネルヴァ書房。

高橋福太郎（2014）「第3回福祉人材確保対策検討会発表資料」。

田村真広（2008）「高校福祉科教育に関する研究の課題と展望『日本福祉教育・ボランティア学習学会年俸 Vol. 13』10-24。

田村真広監修（2013）「福祉人材確保広報誌　高校で福祉を学ぼう〜人と人をつなぐ〜Part Ⅱ」千葉県高等学校教育研究会福祉教育部会。

千葉県高等学校教育研究会福祉教育部会（2016）『福祉教育部会報　第8号』

チョ・ジュヨン，キム・ヘレ（2013）『小学生福祉教育教科書　福祉旅行』済州特別自治道社会福祉協議会。

東京ボランティア・市民活動センター（2014）『学校における福祉教育・ボランティア学習・市民学習等に関する実態調査　報告書（委員長　池田幸也）』。

原田正樹（1998）「福祉教育研究の動向と課題に関する考察」『福祉教育・ボランティア学習の歴史と理念』東洋堂企画出版社。

文部科学省（2016）『高等学校学習指導要領解説　福祉編』。
　　http://www.mext.go.jp/a_menu/shotou/youryou/main4_a2.htm

# 第3章

# 人権教育と学校における福祉

渡邊充佳

　　学校におけるソーシャルワークは，いかにして「社会変革と社会開発，社会的結束，および人々のエンパワメントと解放を促進する」（ソーシャルワーク専門職のグローバル定義）のか。本章では，人権教育への関与を通じた学校における福祉（well-being）の実現という観点からスクールソーシャルワークの役割機能を論じる。まず，人権教育が「人権について教える」だけでなく，子どもの人権が尊重される学校・学級づくりへの射程を含むものであることを確認する。その上で，日本における人権教育の原点としての同和教育の理論および実践が，子どもの生活背景と教育課題をいかに切り結んできたのかを検討する。そこから，子どものエンパワメントという営みが子ども集団における自治的活動を通した学習の過程であることが改めて浮き彫りとなる。この事実こそ，教育実践とソーシャルワークの結節点であり，「福祉の教育的機能」の内実を示している。

## 1　人権教育とソーシャルワーク

### （1）スクールソーシャルワークと学習権保障をめぐって

　国際ソーシャルワーカー連盟（IFSW）による「ソーシャルワーク専門職のグローバル定義」において，ソーシャルワークは「社会変革と社会開発，社会的結束，および人々のエンパワメントと解放を促進する，実践に基づいた専門職であり学問」であり，その中核をなすのは「社会正義，人権，集団的責任，および多様性尊重の諸原理」だとされている。いわゆる「チーム学校」構想により，日本におけるスクールソーシャルワーカーの制度的位置づけが整えられつつあるなかで，いよいよ，学校におけるソーシャルワークがいかにして「社

*44*

会変革と社会開発，社会的結束，および人々のエンパワメントと解放を促進する」のかが本格的に問われる局面に入ったと言えよう。

公教育制度の一翼を担う専門職としてのスクールソーシャルワーカーには，子どもの学習権保障に寄与することが求められる。それは単に，子どもの学業達成の妨げとなる家庭生活上の問題を軽減・除去するといった間接的なレベルでの関与にとどまるものではない。アメリカやカナダにおけるスクールソーシャルワーカーは，子どもの学習活動，学校・学級づくりに直接関与していることが示されている（馬場 2007；鈴木 2007；半羽 2009）。メアリー・E・リッチモンド（Mary E. Richmond）によるかの有名なケースワークの定義──「ソーシャル・ケース・ワークは人間と社会環境との間を個別に，意識的に調整することを通してパーソナリティを発達させる諸過程からなり立っている」（リッチモンド 1991：57）──にもみられるように，ソーシャルワークはその初発から個人の人格の成長・発達および変化の可能性に関心をもち，今日に至るまでその関心を受け継いでいるのである（ジョンソン／ヤンカ 2004）。現代の子どもは，子ども期の大半の時間を学校で過ごす。その実態をふまえて，学校の「生活の場」としての側面に光を当て，学校生活における福祉（well-being）の実現を目指すことが，スクールソーシャルワーカーの使命である。

### （2）学校変革の営みとしての人権教育

近代公教育をめぐる思想・運動・実践において，学校生活における福祉を追求してきたのが，人権教育の取り組みである。人権教育とは「人権という普遍的文化を構築するために行うあらゆる学習，教育，研修及び情報に関する取組み」（国連人権高等弁務官事務所 2014）を指す。国際的には，第2次世界大戦後に創設されたユネスコ（国連教育科学文化機構）と欧州評議会が，世界各国における人権教育推進の旗振り役となってきた（福田 2008）。冷戦構造の崩壊以降，人権思想の普遍的価値を再確認し，いっそうの普及を図る観点から，「国連人権教育のための10年」（1995〜2004年）が定められ，国連加盟国においては人権教育推進のための国内行動計画を策定・実施することとされた。2005年以降も今日に至るまで，「人権教育のための世界計画」が継続的に実施されてい

表 3 - 1　初等中等教育における人権教育の構成要素

| 構成要素 | 内容 |
|---|---|
| (a)　政策 | 参加型の方法で開発し，カリキュラムの向上並びに教員及びその他関係者に対する研修政策を含む，人権に基づいた一貫した教育政策，法律及び戦略を採用する。 |
| (b)　政策の実施 | 適切な組織の手段を採り，全ての関係者の関与を促進することで，教育政策の実施を計画する。 |
| (c)　学習環境 | 学習環境は，全ての学校関係者（生徒，教職員，経営者及び保護者）に，実際の生活行動において人権の実践機会を提供する。また，児童が自由に意見を述べ，学校生活に参加することを可能にする。 |
| (d)　指導及び学習 | すべての指導及び学習のプロセス及びツールは，人権に基づいたものとする（例：カリキュラムの内容及び目的，参加型かつ民主的な実践及び方法論，並ぶに既存の教科書の見直し及び改定を含む適切な教材等）。 |
| (e)　教員及びその他関係者の能力開発 | 着任前及び着任中の研修を通じ，学校における人権の学習及び実践を促進するために必要な知識，理解，技術及び技能を，適切な労働環境及び地位と共に提供する。 |

（出所）　国連人権高等弁務官事務所（2005：5）の記述をもとに筆者作成。

る。とりわけ『人権教育のための世界計画　第 1 フェーズ（2005-2007）』は，初等中等教育における人権教育に焦点を当てており，その構成要素を表の通り整理している（表 3 - 1 ）。

　日本では人権教育について，個人の「思いやり」「やさしさ」を強調する抽象的・心情主義的教育が連想されがちである（国民教育文化総合研究所 2014）。また，「権利」「人権」という言葉が自己中心的な願望や欲求に基づく行為を正当化するものとして用いられ，人権教育が規範意識の低下をもたらしたかのような誤解・曲解を生みだしているとの指摘もある（福田 2008）。しかし，もともと人権教育は，二度の世界大戦における惨禍への反省に立ち，世界各地における民族・人種間の対立・紛争，ジェンダー・階級・障害の有無による差別など，すべての人々の人権が等しく尊重されているとは言い難い社会の現実を認識した上で，社会変革を促進する主体の形成を目的としてきた。それゆえ，その射程も，「人権について教える」という学習内容のレベルにとどまらず，学習環境における基本的人権の保障と子どもの参加，そしてその実現に向けた政

策・法・戦略の立案・実施というマクロ・レベルの制度変革を含むものとして構想されるべきものである。とりわけ初等中等教育における人権教育では，子どもの日常的な生活の場としての学校・学級が，すべての子どもの意見表明・参加（子どもの権利条約第12条）の尊重を通じて「子どもの最善の利益」（同第3条）を確保する場となりうるよう，その民主的変革を促す実践的・政策的アプローチが求められる。国際的に確認・共有されてきた人権教育の目的および射程は，「社会変革と社会開発，社会的結束，および人々のエンパワメントと解放を促進する」ために「生活課題に取り組みウェルビーイングを高めるよう，人々やさまざまな構造に働きかける」（ソーシャルワーク専門職のグローバル定義）実践としてのソーシャルワークとも重なり合う。

## 2　日本における人権教育としての同和教育

### （1）部落問題と同和教育

　社会変革をめざす人権教育に連なる日本での代表的な取り組みとして，被差別部落の子どもたちに対する差別・不平等の是正を目的とした同和教育運動が挙げられる。被差別部落住民ならびに出身者に対する社会的差別および社会生活上のさまざまな不利益に関する問題は，日本社会の成立・展開の根幹に深くかかわるものである。中世からの被差別民衆に対する近世武家社会での身分差別政策の強化をルーツにもちながら，封建的身分制度が形式上は廃止された明治維新以降の近代資本主義化の過程においても，身分に付随してきた生業等の経済的特権の剝奪と，一般民衆の慣習的な差別意識が相まって，職業選択や結婚に際しての忌避的態度，公教育からの排除，経済的困窮，劣悪な生活環境などが固定化する状況が生みだされた。

　このような状況に対して，戦前より，被差別部落の子どもたちにも等しく公教育を受ける機会を保障しようとする教育実践の試みはみられた（解放教育史研究会 1986）。しかし，基本的人権としての学習権保障の視点に基づく同和教育運動が本格的に展開されるようになるのは1950年代以降である。

## （2）戦後同和教育運動の展開

　戦後の同和教育運動は，「教育の機会均等」の理念に基づいて新たに整備された義務教育制度下における多数の長期欠席・不就学児童生徒への対応からはじまった。1950年代初頭より，長期欠席・不就学児童生徒への家庭訪問を繰り返すなかで，その背景にある生活困窮，さらには家族の生活に影を落とす部落差別の現実を認識した教師が，家庭生活の立て直しのための関係機関との連携，校内での受け入れ態勢の整備，教育行政との交渉，さらには被差別部落住民の社会教育の推進を通した運動団体の組織化にも関与するという取り組みが各地で進められた。

　1960年代に入ると，被差別部落の子どもたちの長期欠席・不就学は，ほぼ解消した。しかし，学業達成の困難に直面し，義務教育終了後の進路展望も見いだせない（明らかな就職差別の実例も多数存在した）状況に置かれた子どもたちが学校の内外で「非行」を繰り返すという問題が浮上し，こうした子どもたちの姿にどう向き合うかが実践課題となった。同和教育運動は，子どもたちの「非行」を，学力不振の子どもを切り捨てる学校教育への異議申し立てであり，かつ教育要求の表現であると捉え返し，被差別部落の子ども・保護者・地域住民との協力関係のもと学校改革の試みがなされるようになった。また，高校への進学指導に偏重しがちな進路指導と，就職差別の壁を打ち破れない就職指導をともに問い直す観点から「進路保障」という実践課題を提起し，中学校卒業後の追跡指導の体制整備，企業による差別的な採用選考への対抗措置としての「統一応募書類」の作成・普及等にも取り組んだ。

　なお，1970年代以降の同和教育運動は，部落解放運動のあり方をめぐる1960年代後半からの路線対立の影響を受けて，「解放教育」派と「自主的・民主的同和教育」派に分裂し，双方の実践者・研究者のあいだでの建設的な対話，相互交流も困難な事態へと陥った。しかしながら，その深刻な対立にもかかわらず，具体的な教育実践の展開において，学級における子ども集団づくりを重視する姿勢は共通している[1]。その基本的なモチーフは，分裂以前の1960年代の同和教育運動において形成されたものである。

　本稿では以下，1960年代の同和教育運動を牽引した教育学者・小川太郎の理

論と，当時の代表的な実践事例として今日でもしばしば言及される大阪府東部・八尾中学校の「教育革命」と呼ばれる実践を取り上げ，学校における福祉の実現という観点からの再評価を試みる。

## 3　小川太郎の同和教育論

### （1）「生活と教育の結合」の必要性

　小川太郎は，戦前期から民間教育運動において取り組まれてきた生活綴方，集団主義を基調とするソビエト教育学の日本的展開，教科指導と生活指導の関係などのテーマに関する，戦後日本を代表する教育学者の一人である。小川は，生活綴方教育運動への関与を通じて，1950年代初頭に同和教育運動と接点をもつことになる。当時から，同和教育に取り組む教師の多くが，生活綴方の手法を学級集団づくりに活用していたからである。

　生活綴方から同和教育運動に至るまで，小川がその研究において一貫して追求してきたのは，「生活と教育の結合」という問題意識であった。小川が「生活と教育の結合」の必要性を訴えた前提には，資本主義社会における近代学校教育が，子どもの生活実態とは切り離されて組織されているとの認識がある。

　　　資本主義の学校の「進歩」は，学校教育を生活から切り離し，学校を「詰めこみ学校」と化する方向に進んだ。それは，現実には続いている生活と教育の矛盾を，あたかも存在しないかのごとく扱い，学校を詰めこみとしつけの場とすることによって，学校を支配と搾取の体制に順応する安くて従順な労働者・人民を形成するための手段としてきた過程であった。

　　　　　　　　　　　　　　　　　　　　　　　　（小川　1968：192-193）

　こうした認識のもと，小川は，「人民の生活の要求に教育が服務する」（小川1968：220）ことを「生活と教育の結合」の基本に据える。被差別部落の子どもと向き合った教師は，家庭訪問を通して「現実の生活が学校教育と絶対的に矛盾している姿」（同：191）にふれ，「子どもの学習意欲と学力が，教師の教授技

術への改善や子どもの努力への期待をこえて，生活そのものによって規定されるという事実」（同：192）をつかむ。そして，進学・就職をめぐっては，「差別と貧困の結果としての教育と学力の低さが，差別と貧困の中に子どもを追いおとし，それに加えて貧困の原因としての差別そのものが，子どもを近代産業からしめ出しさえする」（同：192）ことへの気づきを得る。

　かくして同和教育の実践者は，「民主的で合理的だとされている教育の原則や形態や方法が，現実にはいかに差別的なものであるかをいやおうなしに認識させられる。差別を受けているのは，部落の子どもだけでなく，貧しい勤労人民の子ども全体であり，そもそも学校教育そのものが差別的な選別による階級制度の再生産の機関にほかならないことを知らされる」（同：191）。そして，「生活と教育の矛盾を生活と教育の積極的な結合に転化させるという，民主主義教育の基本的な課題」（同：192）に取り組むことになる。とりわけ学校生活においては，「豊かな子どもと貧しい子ども，一般の子どもと部落の子どもが，そうした不平等の事実のために，たがいに人間の仲間ではありにくくなるということ，そこに国民の分裂の芽が培われるということが，教育上の問題とされる必要がある」（小川 1964：270）とする。

　　　差別される側から言えば，貧しい子どもが，人なみな成長の願いをもちながらそれが満たされない不満を，敗北と挫折の意識の方向に定着させていき，部落の子どもが，差別の中にいることの苦しみと怒りを，絶望感にもとづく個人的な復讐と破壊的な行動という形でしか表現することができないでいるとき，解放を目ざす国民教育と同和教育は，これらの不満をどう組織し，絶望をどう積極的な生き方に転換するかということを，教育の主要な任務としてとらえざるを得ないのである。　　　（小川 1964：271）

　同和教育における「生活と教育の結合」とは，学級のなかに，現に「人なみな成長の願いをもちながらそれが満たされない不満」や「差別の中にいることの苦しみと怒り」を抱えている子どもがいるという前提に立ち，「これらの不満をどう組織し，絶望をどう積極的な生き方に転換するか」という目的のもと

に教育の原則・形態・方法を再編することを指すのである。

## （3）子どもの要求の組織化

　小川は，「生活と教育の結合」の具体化においては，「近代社会の発展の過程
で，資本の搾取から自らを守る生き方として労働者階級が生み出したもの」
（小川 1968：156-157）としての集団主義の原理に基づき，一人ひとりの子ども
の要求を集団の要求として組織する必要があると説く。それは，「差別のもと
で苦しむ子どもたちの中にある，差別の廃止の要求，平等への要求に注目し，
この要求の正当性を自覚させ，それを集団的な要求として組織し，それを集団
で実現させていく」（小川 1964：281）ことであり，「子どもたちの人間的・民
主的な声を，学校の民主的改革の一つのエネルギーとして評価し，位置づけ
る」（小川 1968：158）ことである。またそうした過程を通じてこそ，「差別に
よって引きさかれている子どもたちを人間の仲間として結合する」（小川
1968：157）ことが可能になるとする。

　子どもの要求の組織化の出発点として小川が強調するのは，学級において，
「要求を率直に出し会えるようにするための言論の自由を保証すること」（小川
1964：282）である。この点に関して，同和教育の実践者が依拠してきた生活綴
方の手法は，「クラスの中にさえ反映しているさまざまな差別を，お互いが同
じ願いをもつ人間であることを生活の事実の相互理解を通して確認し合う上で
克服させてきた」（小川 1968：157）と高く評価している。「コミュニケーショ
ンの自由の保証は，自己の見解をもつ自由と，他人の見解を尊重する態度を育
て，ひいては，他人をその外見においてではなくその生活全体の中での人間と
して理解する力を育てる。これが，仲間づくりと呼ばれてきた，人間的な願い
の一致の理解にもとづく集団づくりに導く」（小川 1964：282）。

　加えて小川は，学級における言論の自由の保証と並んで，「子どもたち自身
を夢中にさせる力を備えている，遊び・文化活動・スポーツなど」（小川
1965：266），必ずしも学級・学校の枠にとらわれない自発的・創造的・集団的
活動を重視する。「そうした自主的な集団的活動が，多様に豊富に組織され指
導される中で，子どもたちは自分たちの目的の実現の必要に応じて，集団の機

関をつくり，役割を定め，責任を分ち，協力して，自主的に行動する力を身に
つけていく」（小川 1964：283）。子どもたちの自主的な活動における規律の態
度と習慣が，学校における規律を子どもたち自身で創造する「学校自治」（同：
283）への基盤になるものと位置づけられる。

### （4）教育集団——子ども・教師・保護者の連帯

　「生活と教育の結合」の具体化のための子どもの要求の組織化は，学校・学
級の枠組みを超える広がりをもつ。学校内外での子どもの自主的活動を支える
ためには，教師と保護者・地域住民との間での協力関係が必要となる。小川は，
同和教育運動の推進には，子どものみならず，教師，保護者もまたそれぞれ集
団主義の原理に基づいて自らの要求を組織化し，「三者が人間としての要求の
一致を確認し合いながら働きかけ合う」なかで「統一的な教育集団へと成長し
ていく」（小川 1968：164）ことが重要だと述べる。

　小川によれば，「学校で子どもたちを集団として組織し，集団の一員として
の行動や意識をかれらの中に形成していくしごとは，教師が集団としてしごと
を分担し協力し合っていくことによって果たされる」（小川 1964：273）。しか
し，権威主義・出世主義に順応する学校では，「校長の『指導』のままに，あ
るいはその意図に迎合して，さまざまな管理的な規則をつくってそれを子ども
たちの集団に押しつける指導，ひんぴんとしてテストを行ってその成績順位を
公表するという指導，そのような学校の指導体制に反抗して秩序を破るものに
対しては，訓戒，家庭訪問，処罰，警察との連絡などの方法でこれを押しつぶ
すという指導」（同：273）が教師集団によって行われる。同和教育における教
師集団は，こうした権威主義・出世主義の教育に抵抗する立場から，「はじめ
はある教師の実践としてはじまり，しだいに，他の教師をとらえていき，やが
て学校全体の教育を変革していく」（同：274）過程を通じて形成される。その
原動力となるのは，「教師自身が，その生活と勤務の条件においていちじるし
く権利を犯されている事実に対する認識と，それを改善するために団結してた
たかわなければならないことへの自覚の成長」（同：274），そして「現実の生活
と教育のもとでの子どもたちの悩み，絶望，怒り，それらの現象を自己の権利

第 3 章　人権教育と学校における福祉

の要求とたたかいの原則に照らして見なおす」（同：274-275）視点の獲得である。

　さらに小川は，同和教育運動においては，「ふだんは学級の PTA の集会にも出てこられないような父母と，膝をつき合せて率直に語り合える場をつくること，そこで子どもの学力や品行について語るだけでなく，生活の困難についても実情を出し合い，学校への苦情をきき，教師の苦労を語りなどする中から，生活と教育の真実の願いにおける一致を相互に認め合うようになること」（同：278）が，教師と保護者の民主的結合の出発点になると述べている。こうした民主的結合により，「あきらめていた父母も学校への要求を出すようになるし，教師もこれらの父母の要求にこたえて，教育を行い学校を改革する道に進むようになるという，相互の変革の展望が開かれる」（同：278）。さらに，このような教師と保護者の相互作用によって，保護者の側にも「自らも団結して生活の困難を打開しようとする人民として成長していく」（同：279）といった変化が促され，保護者の教育要求の組織化へとつながる。またそうした保護者の変化が「子どもたちの成長にとって望ましい親の生き方と教育のしかたをととのえることであり，そこに，学校教育は一だんと顕著な結果を生む」（同：279）ことにつながるとする。

　　　子どもこそが教育の主体なのである。その子どもが民主的・人間的な要
　　求を組織し実現する集団として立ちあらわれてきたときに，学校は主人を
　　もったということができる。この子ども集団が，学校の生活と学習の目的
　　意識をしだいに確立していく集団的な行動と学習の過程は，かれらを指導
　　する教師の集団が国民教育の課題の自覚を自己の中に確立していく過程と
　　かかわり合い，また，父母が自己の素朴な生活と教育の要求を国民的な課
　　題と国民教育の課題の自覚にまで深めていく過程ともかかわり合っている。

　　　　　　　　　　　　　　　　　　　　　　　　　　　（小川　1968：164）

　小川の同和教育論は，権利主体としての子どもの育ちを保障するうえで，子どもにとって最も身近なおとなである教師・保護者もまた，基本的人権の享有

53

主体としての自己認識を獲得し，行動する市民として変化することの必要性を
示唆するものである。

## 4 「教育革命」と呼ばれた教育実践

### (1)「教育革命」前史

　1960年代までの同和教育運動における代表的実践として語りつがれているの
が，1961年10月から大阪府の八尾中学校で勃発した被差別部落の子どもたちを
中心とした集団的な学校破壊行動と，その破壊行動の裏にある子どもたちの教
育要求をくみ取り対話を積み重ねた教師たちによる学校改革運動である。その
一連の過程は，同和教育関係者の間で「教育革命」と呼ばれた（東上 1963；鈴
木・横田・村越 1976)。当時，被差別部落を校区に有するいくつかの中学校でも
同様に集団的破壊行動が勃発していたものの，それが「集団反抗」にのみとど
まらず，保護者・地域住民も巻き込んだ学校改革の試みにまで高められた事例
はきわめて稀であったからである。

　なぜ八尾中学校においてそのような展開が可能となったのか。一連の過程に
ついて現地調査を行ってきた東上は，そうした「集団反抗」の勃発以前から
「教育の本来の役割，いいかえれば民主々義教育の原則を守り，貫ぬいていく
教育の実践があったか，なかったかによるのではないか」（東上 1963：91）と
評価する。じっさい，八尾中学校においては，主として川内俊彦・内藤義道と
いう二人の教師が，事件勃発以前から被差別部落の生徒の生活実態を把握し，
集団主義に基づく学級運営や校外での自主的活動の支援に取り組んできた素地
があった。そして事件の勃発に際しても，川内・内藤が生徒たちの「集団反
抗」を契機として，その要求の組織化に主要な役割を果たしたのである。[2]

　川内が赴任した1953年10月時点，八尾中学校は大阪府東部において隋一の高
校進学率を誇る「名門校」であり，近隣市町村からの「越境入学」の受け入れ
校にもなっていたという。

　　　この学校では特定少数の優等生と，多くの劣等生がいてもそれは当然の

第3章　人権教育と学校における福祉

ことであったし，できの悪いのは生まれつきであり，本人の怠惰であり，親の責任であった。クラブ活動にしても選手養成主義であり優勝の回数だけが話題の中心になった。学業成績も一番から五十番まで，あるいは百番までという様式で各学年の廊下などに掲示されていた。成績の順位序列をはりだすということで示される優勝劣敗，弱肉強食の排他的競争主義がこの学校の教育原理のすべてであった。　　　　　　　（川内 1962：125-126）

　一方で，有名進学校としての全盛期には，不就学・長期欠席生徒数も最高値を示していたという。「百数十名に及ぶ長欠，不就学生には一顧だに与えず，三カ年の期間さえ経過すれば法定の学令超過という名で次々と除籍処分にしていく」（川内 1962：126）実態があった。長期欠席・不就学生徒のほとんどは，校区内の被差別部落出身者であった。この実態を，「憲法と教育基本法の不在」（川内 1962：127）と受けとめた川内は，職員会議の場でただ一人，成績順位上位者氏名の廊下への張り出しに異議を唱え，その廃止に消極的な姿勢を示す同僚教師と徹底的な論議を行った。また，当時，社会科の教科書に被差別部落の歴史や部落問題の現状が取り上げられていないなかで，被差別部落の子どもたちに声をかけ，放課後に「部落史学習会」を組織した。そこには，「部落の歴史を通して差別のいわれのないことを教え生徒達が卑屈にならず堂々と生きていけるようにしよう，そして差別の実態を明らかにすることによって解放の展望をもたせよう。そうすれば生徒達の粗暴なふるまいも，なげやりな態度もなくなってくる」（川内 1962：161）との考えがあった。川内自身が校区内の被差別部落に出かけて実施した学習会には，数十名が参加することもあったという。そして，学習会を続けるうち，子どもたちの側から，国語・英語・数学の勉強も教えてほしいという要求が出される局面もあった。

　川内がはじめて学級担任を受けもった1955年には，学級運営の方針として，一人ひとりの子どもが抱えた課題を子ども同士で話し合わせて解決のためには集団で動くよう促す指導を続けた。上級生からの理不尽な暴力行為には集団で抗議する。経済的困窮にもかかわらず生活保護を打ち切られたという家庭事情を背景に長期欠席となっている同級生の実情を共有し，憲法・教育基本法・生

活保護法の学習を行い，学級全体で福祉事務所に直接訪問し，同級生への支援を要望する。成績優等生にしか文化祭への参加を認めないことが慣例になっていた学校の従来の方針に対して異議を唱え，全員参加を要求する。このようなかたちで，子どもたちが権利主体として日常生活で直面する不公正に対して集団で声をあげることを川内は積極的に支援してきた。また，学級で確認した学校環境改善の方策について提起するため，毎年複数名の生徒会役員を学級から輩出するなど，子どもの学校自治への参画を強く促してきた。遅れて1957年から八尾中学校に赴任した内藤も，学級の子ども同士の話し合いを重視した学級運営を行い，川内とともに被差別部落の子どもたちの教育要求を引き出す努力を続けてきた。そのなかで，内藤の学級に属する被差別部落の子どもたちが，「教育革命」の端緒となる行動を起こすことになる。

### （2）破壊行動から対話へ

　1961年10月に破壊行動を起こしたのは内藤が受けもつ3年1組の子どもたちであった。内藤学級の約半数は被差別部落の出身であり，事実上，教師から見た学年の「厄介者」を内藤に引き受けさせる構造がつくられていた。破壊行動の背景には，多くの教師が成績優秀者の進路指導にのみ関心をもち，自分たちの学力不振の現状や将来展望の厳しさに対して手を差し伸べてくれないという不満があり，加えて，第二室戸台風によって校舎に甚大な被害が生じ，その復旧が進まないなかでの学校生活へのストレスも重なっていた。当初は個々の子どもたちによる破壊作業であり，それを教師が頭ごなしに押さえつけるという指導を繰り返していたが，しだいに集団でのゲリラ的破壊行動にエスカレートしはじめ，教師の指導が機能不全に陥った。

　そうした中，同年11月14日，内藤学級に在籍する女子生徒14名が，授業がまともに成立しない状態への抗議として集団登校拒否を行った。これを契機に，内藤学級では子ども同士の徹底的な話し合いが実施された。この話し合いが，破壊行動を「教育革命」へと転化させていく契機となった。

　　　話し合いが深められるなかで，さわいだ子も，さわぎをきらって登校拒

否をした子も，同じ要求をもっていることが，しだいにあきらかになって
いった。それは，〈授業はみんなきちんと受けたいのだ。授業中やかまし
くなるのは，教師の授業のしかたが，一部のものだけがわかるようになっ
ているためではないか。授業をふくめて八尾中の教師たちは進学する子を
中心にした差別教育をやっている。そのために部落の子どもはとり残され
ていく。八尾中の教育は差別教育であり，教師は差別者だ。八尾中の教育
をよくするために，教師は生徒と話し合わなければならない〉というもの
だった。
(東上 1962：16-17)

　翌11月15日には，内藤学級の生徒の総意としてこの問題提起が３年の教師集
団に対して投げかけられ，以降，３日間にわたり生徒集団と教師集団の話し合
いが行われるに至った。この話し合いにおいて規律と統制をつくりだしていた
のは，それまで破壊行動を行っていた子どもたち自身であったという。教師集
団の側も，それまでの自らの指導のあり方について反省の弁を述べ，部落差別
をなくすための教育に取り組むとの決意を述べた。この話し合いを皮切りに，
子どもたちは自主的に破壊行動をとりやめた。学力不振の子どもへの補習や，
子ども同士での教え合いの時間の確保，職員室の開放といった取り組みが進め
られるなかで，学校の秩序も回復に向かっていった。

## （3）教育集団としての要求行動への発展

　生徒集団と教師集団の話し合いを契機に，校内秩序は回復の方向に進んで
いったが，教師集団は地域住民・保護者からのさまざまな立場からの批判にも
応えなければならなかった。部落解放同盟からは，それまでの差別教育につい
ての総括を求められ，一方では，「暴力学校に子どもはやれない」といった他
地域の保護者からの不信の目も向けられた。学年別懇談会，小学校区での懇談
会などを重ねて保護者に理解を求めるよう働きかけながら，教師集団の間では
教育条件の改善に向けた機運が高まっていった。そして，教師集団の討議によ
り八尾中学校の総意としての教育条件改善の「要求書」が作成され，12月８日
付で八尾市教育委員会宛に提出された。これに対する市教育委員会の回答には，

具体的な改善策が何ら示されていなかったことから，12月23日には団体交渉が行われた。団体交渉には，八尾中学校の全教師，部落解放同盟，教職員組合，PTA の各代表が臨み，加えて自発的に参加を申し出た生徒も百数十名にのぼったとされる。参加した子どもたちも，学級内での話し合いの結果をまとめて発言し，校舎の改修が進まず，学習環境が劣悪なまま放置されていることの問題性を指摘した。教師・保護者・子どもの三者からなる教育集団としての要求行動を受けてようやく，① 各教室への暖房器具の設置，② 校舎の完全な補修，③ 便所の整備，④ 更衣室の設置，⑤ 八尾中学校で発生した破壊行動の背景とその経過に関する市民への説明について実施が確認された。

## 5　学校における福祉実現に向けた同和教育運動の示唆

### （1）困難を抱える子ども自身が変革主体となること

　小川の同和教育論，そして八尾中学校の「教育革命」は，今から半世紀以上前に提起されたものであり，その理論・方法のすべてを現代に適用できるわけではない。それでもなお，今日の学校における福祉の実現に向けて受け継ぐべき視座が明確に示されている。同和教育運動は，困難を抱える（同和教育の視点に立てば，社会的な差別・不平等により困難を背負わされている）子ども自身が変革主体として意見を表明し，行動することによってはじめて，民主的な学校変革への道筋が開かれうることを示してきた。

　今日の学校においても，かねてより同和教育実践が向き合ってきた対教師暴力などのいわゆる「反社会的行動」を通じて自らの生きづらさを表現する子どもたちが存在する。加えて私たちは，引きこもり，自傷行為，心身症状などを通して，安心感をもって他者とつながることの困難を表現する子どもたちとも出会う。さらには，周囲のおとなからの期待に沿う行動を取り続けることによってしか自らの居場所を確保できないという思いの只中で学校生活を過ごしている子どもたちの存在にも目を向ける必要がある。重要なのは，個々の子どもの表現が多様であるとしても，その生きづらさの表現の基底に横たわる反福祉的状況を明確にとらえることである。国連子どもの権利委員会第3回総括所

見（2010年）における「高度に競争的な学校環境が就学年齢層のいじめ，精神障がい，不登校，中途退学及び自殺を助長している可能性がある[3]」との懸念は，この反福祉的状況を端的に指摘したものといえよう。八尾中学校における子ども同士の話し合いが，「さわいだ子も，さわぎをきらって登校拒否をした子も，同じ要求をもっていること」（東上 1962：16-17）を明らかにしたように，子どもたちの生きづらさの表現から「同じ要求」をくみとり，その要求を子ども同士で共有し，学校の日常を子どもと共につくりかえていくことができるかどうかが問われているのである。

### （2）対話的関係における学習過程としてのエンパワメント

　困難を抱える子ども自身が学校変革の主体となることは，今日でいう「エンパワメント」そのものである。ソーシャルワークにおけるエンパワメントの過程は，「当事者と援助者との対等でバランスのとれたパートナーシップを媒介にしながら，社会構造的に生み出された問題によって無力感を抱いている当事者自身が，(1) 問題の社会構造的な特質を理解し，(2) パワーレスネスからの脱却が可能であると自覚し，(3) 問題解決に必要な知識やスキルを習得し，(4) それらを用いて資源を効果的に活用・想像して問題（個人的・対人関係的・社会的）の解決を図る一連のプロセス」（和気 2005：205）と整理されている。その初発において，当事者の自己認識・社会認識の変容が据えられていることにあらためて注目する必要がある。

　同和教育運動において，被差別部落の子どもたちに部落の歴史・現状を学ぶ機会を設けたり，子どもたちの生活経験を綴らせ，学級の子ども同士で共有し合ったりすることは，まさに「問題の社会構造的な特質を理解」し，「パワーレスネスからの脱却が可能であると自覚」できるよう促すことを目的としていた。成育過程で無力感や絶望感を身につけてきた子どもたちに必要なのは，無力感や絶望感から脱するための新たな自己認識・社会認識の獲得であり，そのための学習の機会なのである。そしてその学習は，小川が「コミュニケーションの自由の保証」と述べたような集団における対話的・受容的な人間関係を基盤としてはじめて可能となる。同和教育運動ではこのことを「社会的立場の自

覚」と呼び，とりわけ被抑圧状況に置かれた子どもの肯定的なアイデンティティ形成における不可欠の要件としてきた（森 1990：193-217）。さらに，子どもたちにそのような学習の機会を与えるためには，子どもの身近にいるおとなもまた，「問題の社会構造的な特質を理解」し，「パワーレスネスからの脱却が可能であると自覚」し，「問題解決に必要な知識やスキルを習得」し，「資源を効果的に活用・想像して問題（個人的・対人関係的・社会的）の解決を図る」という経験をわがものとしていなければならないことも，同和教育運動の経験が教えることである。小川の「教育集団」という概念は，子ども・教職員・保護者それぞれが対話的関係のもとでエンパワメントにつながる学習の過程をへて，学校変革に向けて協働するさまを捉えたものと言えよう。

　エンパワメントが権利主体の形成に至る学習の過程であることを再確認することで，教育実践とソーシャルワークは一つに結びつく。その拠り所となるのは，「選択と決定を自由に行使できるときにのみ，社会的に責任をもち，情緒的に適応しながら，パーソナリティを発達させてゆく」（バイステック 2006：166）存在としての人間観である。この人間観に拠って立つならば，学校生活において「生徒指導上の問題」というカテゴリーによって括られる不適応行動を示す子どもに対し，「子どものために」という善意でもって既存の学校秩序への適応を「援助」しようとする働きかけは，「かれらを抑圧構造に統合すること」（フレイレ 1979：70）そのものであると認識せざるを得ない。もし，スクールソーシャルワーカーが学校不適応を示す子どもたちへの対症療法的「解決」を期待されるまま，自らその期待に甘んじて任に服するならば，結果として，子どもたちの抑圧構造への統合に加担することになるだろう。スクールソーシャルワーカーが果たすべき役割は，子どもを抑圧構造に統合することではなく，「かれらが自分自身のための存在になれるようその構造を変革すること」（同：70）である。学校に関わるすべての関係者——子どももおとなも——が生活主体として「選択と決定を自由に行使できる」ための条件とは何であるのか。子ども・教職員・保護者との対話を通じて，また子ども・教職員・保護者の対話的関係の形成を通じて，学校における福祉の実現への解法を模索する過程そのもののうちに，その過程に参加する子どもとおとな各々の生活主体

としての学習が生起する。一人ひとりが自らの人生の主人公として，生活の場における当事者性を獲得ないしは回復していく触媒となること。それが「福祉の教育的機能」の意味するところであり，ソーシャルワークという営為の本質なのである。


注
1) 「解放教育」の流れをくむ学級集団づくりの実践としては，新保（2007）。一方，「自主的民主的同和教育」の代表的実践者の記録としては，河瀬（1983）。
2) 「教育革命」の経過については，下記の文献をもとに論述する。東上（1962：11-63），川内（1962：121-181），内藤（1962：183-221）。
3) 日本語訳については，「ARC 平野裕二の子どもの権利・国際情報サイト」内の該当箇所を参照されたい。（https://www26.atwiki.jp/childrights/pages/14.html）


**参考文献**

小川太郎（1968）『増補　同和教育の研究』部落問題研究所。

小川太郎（1964）「集団主義教育の課題と展望」小川太郎・中村拡三編『講座部落解放の教育3　解放への集団主義教育』汐文社，265-286。

小川太郎（1965）「人権と民族の教育について」小川太郎・中村拡三編『講座部落解放の教育4　解放の学力——人権と労働・民族・平和』汐文社，243-271。

解放教育史研究会編（1986）『被差別部落と教員』明石書店。

川内俊彦（1962）「『教育革命』の十年間」東上高志編『教育革命』部落問題研究所，121-181。

河瀬哲也（1983）『人間になるんだ　上巻（生活指導）』『人間になるんだ　下巻（教科指導・行事）』部落問題研究所。

国民教育文化総合研究所編（2014）『これからの道徳教育・人権教育——「おもいやり・やさしさ」教育を越えて』アドバンテージサーバー。

国連人権高等弁務官事務所／外務省仮訳（2005）『人権教育のための世界計画第1フェーズ（2005-2007）行動計画』。

国連人権高等弁務官事務所／外務省仮訳（2014）『人権教育のための世界計画第3フェーズ（2015-2019）行動計画』。

ルイーズ・C・ジョンソン／ステファン・J・ヤンカ，山辺朗子・岩間伸之訳（2004）『ジェネラリスト・ソーシャルワーク』ミネルヴァ書房。

新保真紀子（2007）『子どもがつながる学級集団づくり入門——若いせんせいに送る

ラブレター』明治図書。

鈴木祥蔵・横田三郎・村越末男編（1976）『戦後同和教育の歴史』解放出版社。

鈴木庸裕（2007）「カナダにおける子どもの教育機会の保障とスクールソーシャル
ワーク」山野則子・峯本耕治編著『スクールソーシャルワークの可能性——学校
と福祉の協働・大阪からの発信』ミネルヴァ書房，229-241。

東上高志（1962）「『教育革命』の全貌」東上高志編『教育革命』部落問題研究所，
11-63。

東上高志（1963）『差別はごめんだ——中学生の集団反抗』明治図書。

内藤義道（1962）「教育革命の展開」東上高志編『教育革命』部落問題研究所，
183-221。

フェリックス・P・バイステック，尾崎新・福田俊子・原田和幸訳（2006）『ケース
ワークの原則——援助関係を形成する技法（新訳改訂版）』誠信書房。

馬場幸子（2007）「アメリカのスクールソーシャルワーク」山野則子・峯本耕治編著
『スクールソーシャルワークの可能性——学校と福祉の協働・大阪からの発信』
ミネルヴァ書房，218-228。

半羽利美佳（2009）「アメリカにおけるスクールソーシャルワークの動向」『学校ソー
シャルワーク研究』第5号：78-86。

パウロ・フレイレ，小沢有作・楠原彰・柿沼秀雄・伊藤周訳（1979）『被抑圧者の教
育学』亜紀書房。

福田弘（2008）『なぜ今，人権教育が必要なのか？』千葉県人権啓発センター。

森実（1990）「社会的立場の自覚と学校——部落問題からの視点」長尾彰夫・池田寛
編『学校文化——深層へのパースペクティブ』東信堂，193-217。

メアリー・E・リッチモンド，小松源助訳（1991）『ソーシャル・ケース・ワークと
は何か』中央法規。

和気純子（2005）「エンパワーメント・アプローチ」久保紘章・副田あけみ編著
『ソーシャルワークの実践モデル——心理社会的アプローチからナラティブまで』
川島書店，205-226。

# 第4章

# 学校でつくりあげる子どもの福祉

野尻紀恵

　2016年6月3日，「児童福祉法の一部を改正する法律」が制定・施行（一部は同年10月1日，また一部は2017年4月1日に施行）された。この改正では，法の理念を明確にし，「子ども」を「児童福祉」の「権利主体」として位置付けるという，大きな視点の転換があった。では，「子ども」が「権利主体」として，どのように生まれ，育ち，自立に向かうのか，ということを軸に据え，子どもを総合的・包括的に支えるというのは，どのような実践なのだろうか。

　本章では，教育福祉論を再考することから，教育福祉という概念を学校福祉というキーワードでもって実践に変換するのが，スクールソーシャルワーク実践であると捉える。さらに，その具体的方法として，学校福祉の基盤づくりと，学校を基盤としたソーシャルワークとが相互に関係性をもって一体的に展開される「学校福祉援助」について考えていく。

## 1　教育福祉論の再考から

### （1）教育と福祉はどのように関連し揺さぶられてきたのか

　大正デモクラシー期，社会事業と近代思想である自由主義的な思想が出会い，社会連帯理論思想が生まれている。社会連帯理論思想は，日本における近代社会事業の中心的な思想である。

　小川利夫は，当時の社会事業雑誌の論調を構造的にとらえる研究を行っている。小川は，「『感化』または『風化』のうえに，ある種の『教育』的方法を加味する必要に当面した」ことを指摘するとともに，「『児童保護』をめぐる問題」「Settlement をめぐる問題」「Community organization をめぐる問題」が

社会教育研究にとって重要であると述べている（小川（1962）に詳しい）。その後，小川は社会教育行政の成立過程を明らかにし，社会教育思想史を5つの側面からまとめたのであるが，その中でも「社会政策的あるいは社会事業的社会教育論」および「官僚的社会教育行政論」にある，「教育的救済」の思想が注目される。

　社会教育が社会事業や労働行政，自治行政の課題であると同時に，学校教育の課題としても重視されることで，文部省普通学校局第四課によって「社会事業的社会教育」，「教育的救済」が設定された。大正デモクラシーの影響を受けたかたちでの教育的デモクラシーとしての「教育の機会均等」に注目が集まっていたことが背景にあると言える。

　教育的救済は，児童問題に関心が向けられた。その一つは，児童保護・育成としての感化教育であり，今日の児童自立支援施設に引き継がれている。もう一つは，「教育的デモクラシー」を基にした就学督促と特別学級であり，今日の支援学級や支援学校に発展している。さらにいま一つは，児童文化とかかわるところの「校外教育」であり，今日における学校外教育を成立させた。

## （2）小川利夫教育福祉論を中心に

　戦後，小川利夫らによる「教育福祉論」が「教育」と「福祉」の結合を試みた。そこでは，人間生活における普遍的な価値の追求という点から，子ども・青年の福祉の発展に向け，必要な諸サービスの統合化，学習と発達の権利のあり方が追求されていたのである。

　小川は，「教育福祉」問題を「社会福祉とりわけ児童福祉サービスそのものの性格と機能の中に，いわば未分化のままに包摂され埋没されている教育的機能ならびに教育的条件整備の諸問題」（小川（1972）等で何度も繰り返し述べている）の総称と述べている。教育福祉の端的な課題は，戦後教育の基本理念の一つ「教育の機会均等」の実現である。「教育の機会均等」は，義務教育や男女共学，就学援助などの制度によって担われてきたが，小川は「教育と福祉の谷間」の問題として社会に問うた。

　小川は「福祉なくして教育はなく，教育のない福祉はない」という見地に立

ち，「学校教育および社会教育における社会福祉問題の位置づけ，とりわけ，その教育内容としての社会福祉のとらえ方，その教え方には大いに問題がある」と述べている（小川 1985：2）。さらに小川は「子どもを守るとは，子どもの人権としての福祉と教育の権利を守ることである。しかし，実際には福祉の名において子どもの学習と教育への権利は軽視ないし無視され，教育の名において子どもの福祉は忘れ去られている。いいかえるなら，今日なお一般に子どもの福祉と教育の権利は統一的にとらえられていないといわざるをえない。」（小川 1985：ⅰ-ⅱ）と指摘した。

### （3）概念を実践に変換するスクールソーシャルワーク

　小川は，「教育と生活との結合の問題が，その権利の全面的保障の見地から今日もっとも直接的かつ具体的に問われているのは，学校教育や家庭教育さらに社会教育からさえも一般的に疎外されているいわゆる恵まれない子どもや青年たちにおいてである。」（小川 1985：31）と述べている。これが，「教育と福祉の谷間の問題」である。さらに小川は，教育と福祉において「人権」と言う時，そのとらえ方，実現の方法に「ズレ」や「対立」があるのではないか，と投げかけた。

　このように，教育と福祉の「谷間」と呼ばれてきた問題は，教育観および福祉観のみならず，児童観にも課題を提起している。つまり，これまでの教育観・福祉観・児童観を批判的に顧み，新たに統合を試みるような見地からの実践が必要とされているのではないか，と筆者は考えている。

　教育と福祉の谷間をどう捉えるのかという視点から，実践のありようを吟味するのに，「学校福祉＝学校社会事業としての教育福祉論」は重要である。「教育福祉」の「教育」を，学校教育と位置づける「教育福祉論」である。高橋（1992）によれば，学校教育の諸活動のなかに埋もれてきた局面に光を当て，その意義をとらえかえすのが学校福祉である。小川（1985）は，「教育福祉」を単に操作的概念や目的的概念と見ず，実践的な実体概念ととらえている。しかし，実践的な実体概念は，実は不明確であった。その「教育福祉論」を，学校福祉というキーワードでもって対象概念を明確化することで，方法的概念が

導き出される。つまり概念を実践に変換する具体的な方法としてスクールソーシャルワークを捉えることができる，と筆者は考えている（スクールソーシャルワーカーの具体的な支援方法は，野尻ら（2016）を参照されたい）。

## 2　教育福祉から福祉教育へ

### （1）地域福祉の主体形成

　住民の主体形成を担う社会教育と，地域の生活における課題の解決を担う地域福祉を結びつけ，福祉教育との関連の中で教育福祉を捉える事の重要性を指摘したのは大橋謙策である。

　わが国の社会福祉は大きな転換を行った。社会福祉問題は，社会事業から社会福祉そして地域福祉へと変わり，今日では特定の人の問題ではなく，全ての国民の問題つまり生活課題となっている。その生活課題は，地域社会において住民が参画し，住民と行政が協働しなければ解決の糸口がみつからない。

　このような生活課題の変化や，サービス（社会福祉）の変化は，地域福祉の展開を積極化している。大橋謙策によれば，地域福祉は「在宅福祉サービスの組織化」と「共に生きる街づくり活動」の両者を有していなければならない。両者の間にある軸は「地域福祉を推進する住民の主体形成」であると大橋は述べた。さらに大橋は，「地域福祉を推進する住民の主体形成」を意図的に行うのが福祉教育だと示し，地域福祉の展開と福祉教育を表裏一体にとらえた（大橋（1986）参照）。

### （2）地域福祉からとらえる学校の福祉的機能

　「地域福祉を推進する住民の主体形成」を意図的に行うのが福祉教育であるという大橋の福祉教育論から眺めると，学校は福祉的機能を果たす現場であると言える。一方，一番ケ瀬康子は「福祉と教育」の関係について「福祉とは教育の前提であり，またその基盤である」と述べ，「生活の主体的改善のなかでふかめられていく」ものでなければならない福祉は，「教育への道を準備し，またそれと協力してその施策を開くことにより，その名によりふさわしい内実

第4章　学校でつくりあげる子どもの福祉

をもつことになる」と示唆している（一番ケ瀬 1973：24-25）。

　よって，学校と地域生活を結びつけつつ，学校を基盤に子どもを一人の権利主体として捉えることがまず必要だと，筆者は考える。その上で，子ども自身が自立へのストーリーを導きだすために必要な授業，活動，支援が一体的に実践されていく現場が学校だと考えた時，学校福祉の可能性が見いだされる。

### （3）学校における福祉教育の事例から考える

　大学卒業後すぐ，筆者は高等学校の教員となった。現場は，中学校からの不登校を抱えたまま入学してくる生徒，非行傾向にある生徒，奨学金でなんとか通学できている生徒など，多様な子どもたちの集まりであった。「どうせ私なんか…」「そんなことやったって無理」等と発言する彼ら。昼食の弁当も持って来られず，自信なさげに会話し，努力からはすぐに逃げてしまう。彼らをどう支援すれば良いのか，私たち教員は常に悩んでいた。自己肯定感をもてず，学びから逃避する子どもたちの姿に危機感を覚えていた。なんとかしたい。そんな時出会ったのが，福祉教育であった。大橋謙策が「子ども・青年の発達の歪み」と福祉教育のあり方について論じていた。それに出会ったのである。

　大橋の福祉教育論に触れたことをきっかけに，福祉教育担当者として筆者は福祉教育のプログラムを大きく変更した。それまでは，車椅子体験やアイマスク体験，高齢者擬似体験など，体験を通して他者の困っていることについて知り，弱い立場の人たちを助けるということについて学んでいたと言える。しかし，高校生自身も貧困や虐待など家庭の課題を抱えていたり，児童養護施設から登校している場合もあり，高校生自身の福祉を置き去りにして，他者の福祉を学んでいるような，そんな違和感が担当者である筆者にはあったからだ。そこで，福祉教育を地域と結びつけ，生徒たちが「生きる」実感と「価値ある自分」に気づいていける実践に変化させようとした。

　写真4-1は学校があった地域の小規模作業所と，学校の福祉教育との，共同実践で出来上がった商品である。高校2年生の福祉教育実践プログラムであった。この福祉教育は「作業所新商品開発プログラム」として，以下の流れで行った。まず，各作業所の利用者の障害特性や，その作業所で製作できそう

写真4-1　高校生考案の新商品

なものについて，生徒が理解を深めるための交流や体験学習を行った。次に，体験をもとに生徒が試作品を作製し，作業所でプレゼンを行った。その試作品とプレゼンを，地域のイベントや学校の文化祭などで掲示し，投票をしていただいた。その結果，優秀だと認められた作品は，作業所で商品化してもらうことができた。

　写真4-1の作品を商品開発したグループには，場面緘黙症の女子生徒Aさんがいた。学校ではまるで話さない。入学以降1年半，声さえ誰も聞いたことはなかった。筆者は，このグループに入っているだけで，Aさんは何もしていないだろうと予測していた。しかし，作業所の方から，Aさんがプレゼンの一部を担当し，喋っていたことを教えられた。そして，自分たちのアイディアが実現した商品を販売する時，Aさんは「いらっしゃいませ」と声を出し，お客様に商品の説明をしていた。この姿を見た時の驚きを今でも鮮明に覚えている。障害当事者，地域の方々，小規模作業所を支えているスタッフの方々等，多くの人々との出会い，そこから紡ぎ出された関係性の中で，Aさんの内なる力が湧き出たように感じた。Aさんは卒業後の進路として就職を決め，社会人となった。実は，Aさんの家庭は経済的に苦しく，卒業後は就職しなければならない状況であった。高校では場面緘黙症のAさんに就職は難しいだろうと考えていたが，福祉教育を通して，彼女は変容したのである。

　この福祉教育の目当ては数々あったが，大きくは作業所の社会的地位の向上と，高校生の自己肯定感の獲得であった。が，Aさんの変容する姿に，地域の方々も触発され，地域の子どもを支援する福祉教育実践へとつながっていった。生徒が地域に出かけての福祉教育は，地域の小中学校の福祉教育を動かし，ひいてはまちづくりに貢献していったのである。

　Aさんのエピソードから導かれることは，子どもの変容を促すには「安心・安全な場の確保」「生活場面における人間関係の形成」「自尊感情回復のきっか

第4章 学校でつくりあげる子どもの福祉

け」という3つの要素が必要だということである。課題を抱えた子どもや子育て家庭へのリスクアプローチのみでは，当事者自らの内なる変容は難しい。子どもという当事者を中心に据えた新たな連帯を醸成する教育活動，人と人との繋がりを紡ぎ出し誰もが排除されない地域をつくる実践活動との連動が必要だ。

## 3 地域と学校がつながりつづける

### （1）地域に起こっていることとコミュニティ・スクール構想

　地域では，2025年問題がクローズアップされ，地域包括ケアシステムの構築に向けて動き始めている。今の子どもたちが成人して暮らしている2050年には肩車社会といって，1人の若者が1人の高齢者を支える時代になっていると予測されるほどの人口減少社会，超高齢社会を迎える。しかし，地域での課題は高齢問題だけではない。生活困窮者の自立の課題は，経済的困窮はもちろんであるが，それ以上に社会的孤立が自立の道を阻んでいると言われている。子どもを産み育てることへの不安と孤立感は，若い世代に子育てへの夢をもたせない。そのような多様な課題が山積している。

　たとえば，昨今注目されている子どもの貧困についても，課題は複雑である。およそ6人に1人の子どもが相対的貧困の状況にあり，現役世帯のひとり親家庭の貧困率は5割を超える。しかしこのように拡大化している子どもの貧困の課題は，これまでは地域の課題にはあがってこなかった。近年，ようやく地域の中に隠された貧困として目が向けられるようになり注目されている。

　一方，2016年12月，中央教育審議会から出された「新しい時代の教育や地方創生の実現に向けた学校と地域の連携・協働の在り方と今後の推進方策について」（答申）では，時代の変化に伴う学校と地域の在り方が示された。教育改革，地域創生などの動向から，学校と地域の連携・協働の必要性が述べられている。

　その柱は3点ある。一点目は，開かれた学校から一歩踏み出し，地域の人々と目標やビジョンを共有し，地域と一体となって子どもたちを育むという「地域とともにある学校」への転換である。二点目は，地域のさまざまな機関や団

69

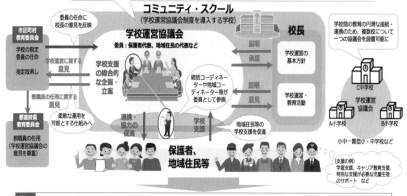

図4−1　コミュニティ・スクールの拡充・充実の姿
（出所）　中央教育審議会答申概要（2016）より。

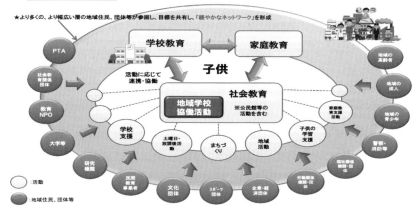

図4−2　地域全体で未来を担う子どもたちの成長を支える仕組み
（出所）　中央教育審議会答申概要（2016）より。

体等がネットワーク化を図りながら，学校，家庭及び地域が相互に協力し，地域全体で学びを展開していく「子供も大人も学び合い育ち合う教育体制」の構築である。三点目は，地域の将来を担う人材を育成し，自立した地域社会の基盤の構築を図る「学校を核とした地域づくり」の推進である。

　このような観点に基づき，中央教育審議会答申によって，これからのコミュニティ・スクールの仕組みの在り方（図4-1）や，地域での子ども支援（図4-2）についての考え方について，概要が示された。これらをみると，わが国において地域の未来を創り出すために，地域と共にある学校という，かなり踏み込んだ答申を出したことになると言える。とはいえ，地域と学校が共に在るためにはどうすれば良いのか，これから模索していくことになる。

### （2）地域と学校の間にある見えない壁を越えるには

　子どもは，家庭が存在する地域と学校とを行き来する。よって，子どもの生活課題に取り組むには，学校と地域の間に存在する見えない壁を互いに超える必要がある。子どもの学習保障と地域での生活全体を視野に入れた世帯に対する生活支援を継続しなければならないからである。コミュニティ・スクールを構築すればその問題が解決するわけではない。学校と地域，それぞれの場で実践を行う支援者が，子どもや子どもの家族に届く，切れ目のない支援を展開するために連携を取る必要性があることは言うまでもない。

　子どもの支援者達が，単に共通の対象者に対して実践を展開するだけではなく，「子どもの生活を支える」という共通の実践目標に基づいた実践コミュニティを形成し，相互交流や支援プロセスを通じて必要な知識を生み出し実践に応用していくことが重要である。教育の専門職である教員，社会福祉専門職として学校現場でのソーシャルワークを担うスクールソーシャルワーカーや，地域において総合的な生活支援を展開するコミュニティソーシャルワーカーなどが相互交流し，それぞれの実践現場の文化を学習し合い実践コミュニティを形成していく。そのプロセスによってこそ，学校と地域の間にある見えない壁が超えられ，子どものための支援がつながり続けることになる。

（3）地域と学校をつなぐ——スクールソーシャルワーカーとコミュニティ
　　ソーシャルワーカーの連携事例から

　中学2年生のB君は，筆者がスクールソーシャルワーカーとして出会った。
B君は，昼食の弁当を持参しない日が続いていた。制服の汚れもかなりひどい。
そのような状況に気づいた担任からスクールソーシャルワーカーに相談があっ
た。B君が卒業した小学校からは，「給食費等の未払い」「母親が下の子どもの
不登校傾向に悩まされている」という引き継ぎがあった。そこで，担任と共に
スクールソーシャルワーカーが家庭訪問。B君の家ではタバコを吸い，沈んだ
表情の母親が待っていた。母親が話した内容は次のようなものだ。数年前に離
婚し，現在は母子家庭。母親は2度の結婚・離婚歴をもち，B君は最初の夫の
子どもであり，一番下の子は2番目の夫の子ども。2度とも夫のDVで離婚。
また，母親自身はうつ病で，薬の数が10種もあり，薬の数の多さに悩んではい
たが，医師とコミュニケーションが上手くとれないようだった。薬は適当に服
用していたことがわかった。（本事例は多くある事例を組合せ改変して記して
いる。）

　一方，生活保護が支給されると買いたいものから買っていく。食事はほとん
どコンビニ弁当。そのため食費は月8万円にのぼる。月のタバコ代3万円，電
話代4万円。どれも減らすことはできない，と言う。中学校に諸費を納入する
ことなどとうていできない。B君の昼食代もままならない状況だった。また，
小学生の子どもが学校に行き渋った時には大きな声で怒鳴り，道を引きずって
まで学校に連れて行く母親の姿が目撃されており，地域から虐待通報もされて
いた。ここまでの情報でこの母親についてアセスメントすれば，だらしない，
金銭感覚が無い，生活能力がない，虐待，等々の否定的な見立てとなる。しか
し，スクールソーシャルワーカーが家庭訪問を何度か行う中で，母親の違った
面も見られるようになってきた。

　母親は自分の両親と折り合いが悪く，街で出会っても話もしないこと。そも
そも金銭の使い方がわからないこと。小学生の子どもはかなり癇癪がはげしく，
子育てに悩みながらも自分なりに必死に育てていること。母親自身が中学校で
不登校だったため，「あんなお母さんに育てられているから，やっぱり子ども

も学校に行かないんだ」と言われるに違いない，だから子どもは学校にだけは行かせなければ，という思いが強いこと。自分は以前ヘルパーをしていて，評判もよかったのに，生活保護を受給し，こうしてソーシャルワーカーに援助されていることを情けないと思っていること等々，多くの話を聴くことができた。

　この段階で学年の先生方や管理職，養護教諭等と共に，学校内でケース会議を実施した。これまで得られた情報を母親の許可のもとケース会議に出し，アセスメントを行った。先生方の見立ては，当初，母親に対する否定的なものばかりだった。しかし，情報を共有する中で，「自分一人で子どもを育てようと努力している」「金銭の使い方がわからないだけ」「子どものことを愛しているが子育ての方法がわからない」「薬をコントロールできていないので弁当が作れないのではないか」「本当は働きたいのに働けないのが悔しいのではないか」と，母親に対する共感的な見立てへと変化していった。

　このようなアセスメントによって，きめ細やかなプランニングを行うことができた。短期目標を設定し，それぞれの役割分担を決め，支援を開始することになった。「お母さんは孤立しているから，お母さんを支える知り合いやネットワークを作ること」が目標だった。そこで，担任以外の先生も母親の知り合いになることから始めた。母親からの電話を丁寧に聴くことで，母親は学校に出向き相談するようになり，諸費も払えるようになった。民生委員やコミュニティソーシャルワーカーを紹介したことで，母親は日ごろの生活の相談ができるようになり，かなり落ち着きを取り戻した。薬の不安については，病院の精神保健福祉士へ母親本人が相談。母親は自分の症状を伝えてほしいとコミュニティソーシャルワーカーに同行をお願いしたので，精神保健福祉士は母親からの聞き取りだけではなく，コミュニティソーシャルワーカーから日ごろの状態を聴くことができ，医師に伝えてくれて薬の改善につながった。

　さらに，スクールソーシャルワーカーとコミュニティソーシャルワーカーが合同でアセスメント，プランニングし，高齢者デイサービスでのボランティアを，母親に勧めた。もともとヘルパーをしていた母親はこの勧めに興味を示し，ボランティアを始めた。民生委員や精神保健福祉士の手も借りて，日常の生活は落ち着き始めていたため，ボランティア活動を順調に行うことがでた。半年

後には少しだが収入をもらって週1日だけ仕事として活動するようになった。これが確実に母親の自信にもつながった。取り戻された自信は、母親を大きく変容させた。小学生の子どもの子育てにも他の人からの意見を聴き、ゆったりとした気持ちで向き合うようになっていく様子も見られるようになった。

母親が安定することで、B君の学校生活が安定し、さらには諦めていた進学を目指し始めた。中学3年になったB君と母親は、金銭面や仕事のことについて真剣に話し合いをした。B君は、母親の変容から人生に向き合う事を学んだのだ。そして、先生方から放課後勉強をみてもらい、定時制高等学校に合格した。

母親が不調な時、薬の量が増減することがあった。しかし、張り巡らされたネット（地域資源）を母親自身が上手く活用し、対処できるようになった。

B君の様子が何だかおかしい、と感じた担任によって、孤立していたこの家庭は地域や学校の多くの人とつながることができた。この事例は「人は人とつながって育つ」ということを示唆している。大人である母親も、子どもたちも、学校や地域が上手く結びつくことで、自らの力を発揮し育つことができる。

## 4 スクールソーシャルワーカーによる地域活動実践事例

### (1) 学校にあるもの——授業，特別活動，ボランティア活動等

学校の構成要素はさまざまであるが、その大きな要素に、授業、特別活動がある。子どもたちは、学校に居る最も多くの時間を授業で過ごしている。授業では、教員と子どもの相互作用が起こる。非常に豊かな時間であると言える。そのため、スクールソーシャルワーカーがこの豊かな授業という時間をどのように教員と共有させていただくのか、また、授業づくりに参加させていただくことができるのか。以下の3点において取り組む必要があると、筆者は考えている。

1点目は、授業での子ども達の様子を観察するという意味での、授業時間の活用である。2点目は、スクールソーシャルワーカーが支援するプロセスにおいて、授業との連動、授業を活用して子どもの強みを活かせるプランニングな

ど，手立てを豊富にすることができるということである。3点目は，スクール
ソーシャルワーカー自身が子どもたちの課題に接続する問題提起や働きかけを
意図した授業を実施することである。

　また，学校では，特別活動も豊富に実施されている。この時間，場，につい
てもスクールソーシャルワーカーが子ども支援と学校づくりの両者に視点をお
いた戦略的な取組みを展開できるのではないか，と考える。そもそも，特別活
動は，豊かな体験と場を通して，児童生徒の人格形成に影響を与え，成長に欠
かせないものとして，学校に位置付けられている。

　学校における特別活動の一端として，筆者はボランティア活動に注目してい
る。ボランティア活動は，自主的で創造的な活動であるが，そこに内包される
他者との対峙が，子ども達に内的報酬をもたらすと考えている。ボランティア
活動では「誰かに寄り添う」や「達成感」「やりがい」などを感じ取ることを
通して得られる実感が，子どもをエンパワメントし，生活に直結していくのだ。


## （2）スクールソーシャルワーカーによる授業実践事例

　C中学校において，筆者がスクールソーシャルワーカーとして福祉教育プロ
グラムを提案した経験を以下に紹介する。C中学校では養護教諭を中心に，十
代の妊娠への対応等のための性教育プログラムを実践していた。このプログラ
ムの中に1時間分，「福祉教育」として，スクールソーシャルワーカーの時間
をいただき，実際に本当の「家族」に出会うという「赤ちゃんが教室にやって
きた」体験を実施した。教室に赤ちゃんとその母親，父親に来てもらい，中学
生と交流する（写真4-2）。赤ちゃんを取り巻く家族の様子を見，家族の話を
聞くことで中学生が得る福祉的な情報は大きい。

　中学生が赤ちゃんに向ける眼差しは柔らかく，さまざまな思いを抱きながら，
赤ちゃんとの交流を行っている姿が印象的であった。また，そのような中学生
の姿を眺める教員の表情が，みるみる緩んでいくことも印象的だった。前日に
学校で暴れていた男子が，赤ちゃんを抱っこして微笑む姿を見て，「あの子が
こんな表情で赤ちゃんを抱っこするのね」と感動し，「あの子もいいとこある
んだよね。いいところを褒めてあげなきゃ」とつぶやく教員もいた。教室中に，

写真 4-2　C中学校 SSW プログラム「赤ちゃんが教室にやってきた」

穏やかで優しい空気が流れる時間であった。

　このような中学生の雰囲気は，赤ちゃんを連れてきてた家族に伝わる。中学生の飾りのない姿を見ることで，自分の赤ちゃんの成長の先を想像することができる。「あんな風にみんな成長するんですね。子育てを失敗しちゃいけないと思って子育て負担が大きかったのですが，なんだかほっとしました」とおっしゃるお母さん。思いがけず子育て支援にもつながることを実感した。

　写真 4-3 は，ずっと学校にきていなかった女子が，赤ちゃん抱っこだけ体験に来た写真である。彼女は，両親が蒸発し，祖母からも見捨てられ，この時点では叔母に育てられていた。その育ちのプロセスの中で，徐々に学校に来なくなり，夜の徘徊が見られ，心配していた生徒であった。しかし，写真 4-3 のように，彼女は本当に赤ちゃんを愛おしく見つめ，大切に抱っこしたのである。

　彼女は体験後の感想を次のように記述した。「抱っこが下手なので，私のセーラー服の襟を赤ちゃんがキュッと掴みました。あんな赤ちゃんでも，生きようとしていることがわかりました。私もやり直してみようかなと思いました」と。

　この感想文を担任が握り締め，スクールソーシャルワーカーのところにやってきた。「なんとかもう一度働きかけましょう！」と真剣な表情で相談してくれた。

第4章　学校でつくりあげる子どもの福祉

中学生も，教員も，子育て中の家族も，「人」とのつながりを創りだすことは重要だ。赤ちゃん抱っこの事例からも理解できるように，教え教えられるという関係性が一方的ではなく，双方向に，相互作用で起こるのが，福祉教育の取組みである。このような豊かな学びが，人を変容させる。そして福祉教育は，学校という場に

写真4-3　赤ちゃんを抱っこする少女

「福祉」つまり，「ふだんの暮らしのしあわせ」の実現を目指したいという思いと，取組みの基盤を創り出すことも可能だ。

（3）スクールソーシャルワーカーと子どものボランティア活動

　筆者がスクールソーシャルワーカーとして配置されていた中学校の放課後，男子たちが職員室前にやってきて溜まっていた。「野尻さん，俺ら暇。」と声がかかる。「暇だったら一緒に来る？」と応答する。「行く行く」と，何処に何のために行くのかも知らないのに答える彼ら。彼らは自宅に帰っても保護者が夜遅くまで帰宅しない，ネグレクト状態で小さいときから育てられてきた男子たちだ。

　目指したのは学校からほど近い神社。こんな時のために，学校の管理職にはあらかじめ学校外活動の許可をいただいていた。ここで「私と一緒にゴミ拾いね」と伝えると，彼らは意外に嬉しそうな表情で「わかった」と言う。黙々とゴミ拾いをする姿に，近所のおばさんたちが，「お兄ちゃんたち，偉いね。神社が綺麗になっておばさん嬉しいわ」と声をかけてくれる。彼らは照れくさそうに頭をちょこんと下げた。

　このような経験は，高校教員だった時にも子どもたちと共に重ねてきた。自分ごとの様に喜んでくれる人の存在が自己効力感を高めてくれる瞬間である。

## 5 子どものしあわせをめざす学校援助技術

### （1）権利主体としての子どもへの眼差し

　昨今の「子どもの貧困」への対策を例にとる。2013年1月の社会保障審議会「生活困窮者の生活支援の在り方に関する特別部会報告書」には，「貧困の連鎖を防止するためには，義務教育段階から，生活保護世帯を含む貧困家庭の子どもに対する学習支援等を行っていく必要がある」と記された。同年6月に成立した「子どもの貧困対策の推進に関する法律」第8条の規定に基づき，2014年8月に閣議決定された「子供の貧困対策に関する大綱」には，「教育と福祉をつなぐ重要な役割を果たすスクールソーシャルワーカーの配置を拡充」と示されている。子どもの貧困対策において「教育支援」を最も重視していることが理解できる。教育と福祉の連携を強化することで未来を担う人材を育成する方針とも捉えることができる。

　このような流れの中，子どもの貧困への周知が高まった頃から，地域での学習支援の場作りが広がった。これは，貧困の文化論に基づいていると考えられ，子どもの文化的な欠如は教育によって補うことが可能だという対策であろう。非常に重要な取り組みであるが，反面，「学習」の自己責任論でもって自己の努力が求められることもあるかもしれない。その結果，より一層パワーレスに陥る場合もある。また，学習に向かう意欲がもてない子どもへは支援が届かない恐れもある。

　また，もう一つの草の根活動として，子ども食堂が広がっているが，これに関しても，「食べることもできていない子どもたちに食べさせてあげる」という思いがつきまとってしまうなら，そこに「権利主体」としての子どもの姿は見えなくなってしまう。つまり救済型支援のみに終わってしまう恐れもある。

　しかし，筆者は，そこに学校やスクールソーシャルワーカーが教育コミュニティの延長線上で関わることができれば，福祉教育の観点からの学校や地域による子どものための場作り，そして子どもを取り巻く学校および地域の基盤創りに発展すると考えている。子どもはそこに集う多様な大人から生活を学び価

第4章　学校でつくりあげる子どもの福祉

値観を見つけ出すかもしれない。そこに集う大人は支援者でもあり、子どもから学ばせてもらう学習者となる場合もあるだろう。このような相互関係が存在することに住民主体の「場」のもつ意義がある。「学習支援」や「子ども食堂」が、学びの相互作用が生み出される場となる時、その広がりは、子どもへの包摂的支援の「面」（学校と地域の壁を超える）に発展する可能性が期待できる。

　ここで例にとった「子どもの貧困」だけではなく、子どもが抱える困難、学校や地域が抱える課題をテーマとする場合にも、同様の豊かな効果が得られると考えられる。

## （2）学校援助技術——子どもを中心とした学校の基盤づくりとソーシャルワーク

　子どもたちの教育問題や生活課題は、学校では子どもたちの行為となって現れる。たとえば、不登校やいじめ、暴力行為や非行などである。そのような行為があると、教育問題や生活問題は隠れてしまい、子どもたちが表す行為にばかり目が向けられることになる。その結果、本来は支援されなければならないはずの子どもが、指導の対象となるようなことが多々生じる。実は彼ら自身が困っているのにもかかわらず、そのような子ども達に支援が届きにくい。そして、人格的な発達をめざす教育を受ける権利が剥奪されていくことにもなる。

　このように、教育と福祉の縦割りによってこれまで解決されにくかった、子ども自身が困っている問題に対して、スクールソーシャルワーカーという福祉の専門職が存在することにより、孤立化・困窮化する子どもの生活課題を具体的に解決する働きが期待されている。しかし、スクールソーシャルワーカーが何をどのように実践するのか、その活動について、日本ではまだ確立されていないとも言え、日本の学校における実践方法の確立が急がれるところである。

　筆者は、日本におけるスクールソーシャルワーカーの実践は、学校援助技術として捉えていくのが良いのではないかと考えている。学校援助技術では、子どもを中心とした学校福祉の基盤づくりと、学校を基盤としたソーシャルワークとが相互に関係性をもって一体的に展開され、時にはそれらが重なって存在している（図4‐3）。学校福祉の基盤づくりは、福祉教育の観点と手法を用い

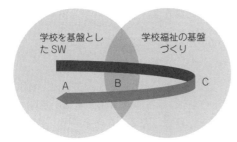

図4-3 「学校を基盤としたソーシャルワーク」と
「学校福祉の基盤づくり」の位置づけ

（出所）原田（2014：10）を援用。「地域」を「学校」に変更し，野尻作成。

る。学校を基盤としたソーシャルワークにおいては，ソーシャルワークの価値と技法を用いての相互作用を展開させる。図4-3は，原田（2014）が地域福祉援助を提言した際に作成された図を援用し，学校援助技術を表したものである。

　学校を基盤としたソーシャルワークとは，図4-3のA「子どもを学校で支えるための援助」とB「子どもを支える学校をつくるための援助」を常に視野に入れた実践である。また，学校福祉の基盤づくりは，B「子どもを支える学校をつくるための援助」とC「学校福祉の基盤づくり」が互いに含み合う考え方である。図4-3の中の矢印は，A→B→Cが連続して展開されることを示す。さらにC→Aという，学校福祉の基盤づくりが個別の子ども支援にも寄与していくことを表している。さらに，これらの援助の取り組みが，連続で展開されることによって，学校の福祉力が高まっていくと考える。一人の子どもへのソーシャルワークを丁寧に積み上げていくことによって，学校福祉の基盤が作られる。

　つまり，これまで行われてきた「学校づくり」に「福祉」の視点を盛り込み，「学校福祉づくり」を目指す実践である。「学校づくり」では見落とされがちであった教育福祉問題を，学校を基盤としたソーシャルワークが支援する。学校を基盤としたソーシャルワークで支援した課題は，サービスや制度に繋ぐだけではなく，課題を抱える当事者の子ども自身が自分の人生を生きる力を育てあげる機会への「参加」も必要とする。そのような参加と成長の可能性を伸ばす

場としての学校のあり方が「学校福祉」である。個の福祉課題を個に終結させるのではなく，個を支える学校をつくることが必要なのである。個の課題を支える学校がつくられれば，スクールソーシャルワーカーが子どもたちに届くソーシャルワークを実践することがより一層可能になる。また，「学校福祉の基盤づくり」は，ソーシャルワークだけでは成り立たない。教育を担う教員はじめ，学校を支えるさまざまな人々，子どもが生きる地域の住民等による参加と協働が必要である。学校福祉の基盤をつくることで学校を基盤としたソーシャルワークが実践できる。また，学校を基盤としたソーシャルワークによる子どもへの支援の積み重ねが，学校福祉の基盤をつくりあげることにもなる。このような学校援助技術が相互作用を起こしつつ，しっかり根付いてつくられる子どもにとっての面を「学校福祉」と総称することができる。

　そして，学校福祉の基盤をつくることによって，学校を基盤としたソーシャルワークが十分に展開できることになる。この繰り返しと積み重ねが学校の福祉力を高め，学校という場で過ごす子どもも，大人も暮らしやすい。その上に，生きる力を身につけていくことができる土壌が醸成されるのである。

　学校を基盤としたソーシャルワークでは，学校という場における子どもだけを見つめていては十分には展開できない。学校という場においても，子どもたちは生活者であるという視点をもって見つめてみると，子どもたちが抱える生活の問題，つまり隠されたニーズがよく見えてくる。教員も家庭の様子を良くみているので，スクールソーシャルワーカーがその情報を活かすことによって，子どもの育ちと発達の保障に何が必要であるのかを具体的に理解（アセスメント）し，環境調整という支援をしやすくする。教員とスクールソーシャルワーカーの協働は，学校という全ての子どもが通う現場（全数把握可能な義務教育，ほとんどの子どもが進学する高校）において，困っている子どもの発見（アウトリーチ）と，子ども自身へのエンパワメントアプローチによる支援を進めることが可能になる（図4-4）。

　このようなエンパワメントアプローチでは，子ども自身が自らの生存の権利であったり，幸せを求める権利であったりに気づいていくプロセスを踏む。また，子ども自らが置かれている生活状況を社会の中で焦点化してとらえる作業

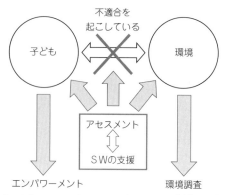

図4-4 スクールソーシャルワーカーによる支援の視点と方法

をも助けるのがスクールソーシャルワーカーをはじめとする支援者の役割である。

　一方，学校福祉の基盤づくりを行うには，ソーシャルワークだけでは成立せず，福祉以外の領域や他分野も含める必要がある。スクールソーシャルワーカーだけではなく，教員やスクールカウンセラーほか学校に集う専門職の方々，子どもたちや保護者や地域住民，地域資源（社会福祉協議会，NPO，さまざまな施設，企業，等々）という多様な人々による参加と協働が求められる。さらに，学校福祉の基盤づくりで大切なことは，相互に支え合い，学び合う，という考え方である。さまざまな人々による参加と協働ができるように働きかけていくことにこそ，スクールソーシャルワーカーの役割が必要になる。学校という組織を「ふだんのくらしの幸せ」を実現する共生社会体現の場として変容させるとともに，一人の子どもを支えられる学校づくり（学校福祉）を意図的に働きかける役割である。

　子どもたちが抱える生活課題が複雑化，多様化しているからこそ，専門職による個別支援のみが働いている学校現場であってはならない。学校を基盤としたソーシャルワークと学校福祉の基盤づくりが連結・連動することが重要である。その連結・連動による実践プロセスのなかで，権利主体の子どもたちはもちろんのこと，そこに関わるすべての人々自身がエンパワメントしていく。筆者はその一つの実践方法が，福祉教育やボランティア学習であると考える。

## （3）学校でつくりあげる子どもの福祉——地域とともに

　スクールソーシャルワーカーと教員等による学校での支援は，複雑で多様化する，また孤立化・困窮化する子どもたちへの支援の入り口である。なぜなら，子どもの課題は子どもを含む家族全体の課題だからである。よって，スクールソーシャルワーカーは，学校で子どもが見せる課題への支援を入り口とし，子どもの地域生活を視野に入れて地域とつなぎながら継続的・連続的支援によって克服に向かう道筋を作る役割を担う。教員，福祉の専門職はもとより，地域における子どもの生活に関わるフォーマル，インフォーマルな資源が，子どもを含む家族丸ごと支援の一員となることで，子どもへの総合的・包括的な支援に展開することが可能となる。学校福祉は地域福祉と連結するのである。

　子どもがどのように生まれ，育ち，自立するのか，ということを軸に据え，子どもの学習保障と地域での生活全体を視野に入れた世帯に対する生活支援を接続することが重要である。子どもが生活する場である地域・家庭・学校におけるそれぞれのレベルの支援が連携し，学び合いながら子どもを包み込むこと，エンパワメントアプローチが効果的になされることが必要である。

　子どもたちの複雑で多様化する，そして孤立化・困窮化する生活課題への注目は，一方で自己責任論という新たな社会的排除を引き起す恐れがある。そのため，子どもが通う学校や地域等，メゾ・マクロシステムが影響を及ぼす場に焦点をあてた活動として，格差や不平等を解消するプロセスに誘う，地域における福祉教育のアプローチが求めらる。それは，人と人とのつながりを紡ぎ出し誰もが排除されない地域をつくるということだ。社会正義と人権を旨とするソーシャルワークは，福祉教育の視座なくしては，子どもの生活の孤立化・困窮化等における生活課題に抗することはできない。


### 引用・参考文献

一番ケ瀬康子（1973）「福祉と教育」『教育』290号：24-25。

岩間伸之・原田正樹（2012）『地域福祉援助をつかむ』有斐閣。

上野谷加代子・原田正樹編著（2014）『新福祉教育実践ハンドブック』全国社会福祉
　　協議会。

大橋謙策（1986）『地域福祉の展開と福祉教育』全国社会福祉協議会。

小川利夫（1962）「わが国社会事業理論における社会教育観の系譜——その『位置づけ』に関する考察」日本社会事業大学『社会事業の諸問題』第10集。

小川利夫・永井憲一・平原春好編（1972）『教育と福祉の権利』勁草書房。

小川利夫（1985）『教育福祉の基本問題』勁草書房。

高橋智（1992）『小川利夫社会教育論集第 8 巻　社会教育研究40年　現代社会教育研究入門』亜紀書房。

野尻紀恵・金澤ますみ・奥村賢一・郭里恵編著（2016）『スクールソーシャルワーカー実務テスト』学事出版。

野尻紀恵・川島ゆり子（2016）「貧困の中に育つ子どもを支える連携支援プロセスの視覚化——SSW と CSW の学び合いプロセスを中心として——」『日本福祉教育・ボランティア学習学会研究紀要』Vol. 26

原田正樹（2014）『地域福祉の基盤づくり——推進主体の形成』中央法規。

# 第5章

## 学校保健・健康教育の発展とソーシャルワーク
──健康格差を問う

鈴木ひろ子

　　本章では，養護教諭という立ち位置からみた子どもの健康格差の問題
　を，学校という場を通して問い直すことを目的としている。
　　子どもの健康問題について学校保健の役割は近年特に注目されており，
　その対策として中央教育審議会答申では，学校保健に関する校内組織体
　制の充実のために，養護教諭の役割が規定されている。以下では，養護
　教諭が看護職として限定された役割を担いながらも，その役割を教育の
　場で発展させてきた史的経緯を概観した後に，現代の子どもの健康問題
　が学校のなかでどのような影響を与えているのか，なぜ，健康格差への
　対応をすることがむずかしい問題なのかを考察していく。最後に子ども
　の健康格差対策において組織的活動による対応として期待されている
　「安全教育」「スクールソーシャルワーカー」「学校保健委員会」のそれ
　ぞれについて現状と課題を明らかにし，子どもの健康格差対策全体につ
　いて検討する。

## 1　「一校一名専任駐在制」学校看護婦（養護教諭の形成過程史）

### （1）養護教諭とは

　1905（明治38）年学校に，公費で雇い入れられた学校看護婦をスタートとし
て，1941（昭和16）年に国民学校令の公布により教員として職制化された養護
訓導となり，1947（昭和22）年学校教育法にて養護教諭と規定された。その職
務は，「児童の養護をつかさどる」と示された。この職務について「養護」と
は何か，養護教諭をどう見るか，養護教諭の活動はどうあるべきかをめぐって
議論が行われてきた。

　1970年代，小倉学（1970）は養護教諭の職務を機能としてとらえ，①　学校

救急看護の機能，② 集団の健康管理の機能，③ 教育保健における独自の専門的機能，④ 人間形成の教育（教職）機能とし，これらを統合したものが養護教諭の専門性であることを提唱した。小倉は教育における専門職論を養護教諭に適用したものであるとしたが，わが国初の体系的な養護教諭論として多くの養護教諭の職務に影響を与えることになる。その後，文部大臣の諮問機関である保健体育審議会（1972）は，「児童生徒等の健康の保持増進に関する施策について」の答申で，養護教諭の職務内容等について次のように述べている。「養護教諭は専門的立場からすべての児童生徒の保健及び環境衛生の実態を的確に把握して，疾病や情緒障害，（中略）等心身の健康に問題をもつ児童生徒の個別の指導にあたり，また，健康な児童生徒についても健康の増進に関する指導のみならず，一般教員の行う日常の教育活動にも積極的に協力する役割を持つものである」。

　このことについて，小倉（1985）は，役割としての捉え方は，活動項目に比べて，数段前進していると評価できる。しかし，計画・運営・評価の機能が含まれず，教育機能が示されてないことは不十分であると指摘している。

　1980年代は学校保健研究者による，養護教諭実践の理論の明確化や養護教諭の果たすべき役割への期待を表明した論著が多数刊行された。これらの背景には，子どものからだの危機的状況と学校の問題点が共通に意識されている（大谷 2009：31）。たとえば藤田和也は，養護教諭が子どもの人格形成にかかわる働きかけをしているとして，実践例をあげて述べ（藤田 1985），数見隆生は「教育としての学校保健」（数見 1980：10）を追求するとともに，養護教諭の教育的観点からの実践を踏まえた著書（数見・松田 1984）のなかで，教育者としての自覚と自立，学び合いの組織者，子どもという人間への働きかけ，人間を一歩前進させる仕事としての位置づけだと述べている（233-241）。1990年代には，これからの養護教諭に対する，教育的視座からの視点が強調されるようになった（森 1991）。

　1997年保健体育審議会答申にて，養護教諭は子どもの心身からのサインにいち早く気づく立場にあることから，「養護教諭のヘルスカウンセリング（健康相談活動）が重要な役割」であることが示された。2008年，中央教育審議会答

申ではコーディネーター的役割の必要性や保健室経営計画等の新たな役割が設けられた。また，学校保健安全法（学校保健法の改正）で保健室の設置と保健指導が加えられ，学校における養護教諭の活動を重視する内容も見られてきている。

　養護教諭は，子どもの健康実体に基づいて活動内容を変え，子どもの願いに合わせて健康問題の解決に奔走してきた。現在ますますその存在が注目されている。子どもの成長発達を願って，今後とも子どもへの的確な対応と組織的な活動を行っていく必要があると考える。

### （2）実践過程から見る養護教諭の職制化

　養護教諭の始まりは学校看護婦からであったことはよく知られている。学校看護婦から養護訓導へ，そして養護教諭までの職制化について具体的な証言や報告から概観する。

#### ① トラホームの治療・感染防止対策のための学校看護婦

　1905（明治38）年に，岐阜県の小学校が学校看護婦を公費で雇い入れた（近藤 1980）ことから始まった。学校看護婦史上最初の専任者である広瀬ますの活動に目を向けると，京町小学校百周年記念誌には，「広瀬はトラホームの子どもたちに対する洗眼はもちろんのことだが，学校で洗うばかりでは，本当の撲滅にはならないと願い，家庭訪問を行い保護者への啓蒙にも力を注いだ。家庭訪問に関しては『余計なお世話だ』という中傷もあったようだが，一軒一軒回って衛生指導を行った」（京町小学校百周年記念誌 1973：13）という逸話が挙げられている。

#### ② 応急処置，健康管理を担当する養護訓導

　1941（昭和16）年に国民学校令の公布とともに，学校看護婦は養護訓導として職制化され教員の一員となった。その活動について帝国学校衛生会看護部発刊雑誌『養護』に掲載されている飛騨いねの報告をみると，「衛生室に凍傷薬を備え付けて児童に自分が手当する訓練したところ，毎日毎時間の休み時間に

来ること来ること一年生から六年生まで，中には毎時間来る熱心な児童も澤山見受けられる。これでは，凍傷のできるひまがない。自分で凍傷を直したいと言う嬉しそうな顔をみると，なんともいえない。凍傷薬などは極めて簡単に作れる薬ではあるが，児童の家庭では，なかなか億劫がって作ってくれないと見える。またよしや家庭にあっても学校の薬の方が効目があると子ども心に思い込んでいるらしい。衛生室では，児童に常備薬として折々，説明している。六年生ぐらいになれば凍傷薬の主成分位は知っていてもいいと思う」（飛騨 1931：21-23）と記している。

③ 教育者としての自覚と自立，子どもの成長を一歩前進させる仕事

　1947（昭和22）年教育基本法の制定を受けて学校教育法が公布され，この学校教育法第28条には，「小中学校に養護教諭を置くことができる」と規定され，養護訓導から養護教諭と改称された。1960年代はじめの頃の養護教諭である草野喜久恵は，「『子どものために』を疑って」と題して「清潔検査を始めて一週間ほどたった朝，汚れた顔の女の子に『どうしたの？その顔，今朝，顔洗った？』とたずねました。ところがその子は『せんせいね，朝，顔を洗うのたいへんなんだよ。一つの蛇口を七軒で使っているんだよ』というのです。私はその言葉に愕然とし，一体自分はなにをしているんだ」（草野 2007：45-46）と思った。それ以降は，一人ひとりのおかれている生活現実を見ること，集団で行う検査を吟味することを心がけていると述べている。

　これらの報告からも明らかなように，養護教諭という職は，日本の時代的背景の下，学校保健の流れのなかで独自に発生し変化をしてきた。その職としての役割は，内容を医療分野の活動に限定して仕事をせざるを得なかった。それは看護職としては当然のことである。しかし，子どもの命を守り，人間形成を願う気持ちは，看護職としての役割の規定に留まらない養護教諭としての役割を見いだし，変化してきたのではないだろうか。

### （3）保健室の場がもつ特性と子どものこころとからだ

　筆者が養護教諭として勤務していたある中学校のエピソードである。

第5章　学校保健・健康教育の発展とソーシャルワーク

　中学2年生のA子が，保健室登校をはじめてから2ヶ月が過ぎようとしていた。一般に，保健室は体調が悪い時やケガをしたときに利用するところで，それ以外の用事のない生徒は行かない場所というような雰囲気がある。保健室利用に関しては，生徒指導の取り決めごととして担任がそのような説明をする。また，保健室をよく利用する生徒は，学校生活に何らかの問題がある生徒というマイナスイメージで評価されることもある。

　まして自分から保健室を学校の居場所に選んだA子への風当たりは相当なものであった。担任にいたっては「保健室にいさせてもらっているのだから養護の先生のお仕事の邪魔はしないように」「保健室でボーッとしてないで自習しなさい」と言われる。そんなA子が保健室の入り口の席から，スクリーンの囲いの中で生活するようになるのに時間はかからなかった。笑顔が見られるようになった頃，A子が初めて口にした言葉は，「先生，どうして何も聞かないの，本当は理由を聞きたいんでしょ」であった。「何か話したいことがあるの」と返事をする筆者に，A子は黙って首を振った。それ以降，筆者はその内容については，一度も理由を聞くことはなかった。A子の保健室登校が6ヶ月を過ぎようとしていた頃，生徒指導会議でA子の現状を話した。「原因はなんですか」「A子は理由を言っていますか」「甘やかさないでください」との質問が矢継ぎ早にかけられた。しかし，理由を聞いていない筆者には応戦する材料はなかった。「保健室登校なんて私は理解できません。教室で授業を受けるのが当たり前です」と発言する教員もいた。筆者の気持ちに理解を示してくれたのは，ごく一部の教職員であった。

　こうした状況で筆者自身が支えとしていたことは，保健室を居場所に選んだA子だから，安心・安全な場所でありたい，A子自身が望む次の居場所が決まるまで，ありのままのA子でいられる見守りをしようということであった。

　A子がスクリーンの囲いの中から筆者の側に席を移動し，「小学校で受けたいじめから学校不信となった現在の心境を語り」教室へ居場所を変えたのは，2年生が終了する頃だった。

　保健室でのA子とのかかわりは，何かをするということではなく，A子に寄り添いながら，A子自身が望む他者とのかかわる力や自立していく力を支える

ことでした。そのかかわりが広がっていく中で，教職員に共通理解される状況が生み出され，居場所を変える支援ができたのではないかと考える。

### （4）養護教諭の役割の発展を目指して

　以上のようなことから考えると，次のような整理ができる。養護教諭は，子どもたちの衛生教育や体力づくり，疾病予防などの身体に関する内容の他に，戦後から今日まで，時代背景や教育事象から生まれた子どもたちの健康上の問題などによってその役割の変化を求められてきた。つまり，養護教諭の役割としての意識が「学校看護婦」から「養護訓導」，「養護教諭」から「カウンセラー」へと時代によって変容してきた。しかし，現在は健康を身体的側面だけではなく，心理面・社会的面はもちろん生活面への影響にも目を向けていく必要性が強調されている。たとえば，医療分野においては，医療技術の急速な発達は終末期医療の考え方に変化をもたらし，延命の是非は本当にその人らしく生きることに影響を与えている。

　つまり，健康な生活を送ることは，日常生活への満足や社会活動が継続的にできて，生活をよりよいものにすることにつながる。生活や生き方は個人でも集団でも生活する主体がどのように感じているかが重要になる。

　このように健康を捉えると，子どもの命を守り，人間形成を統一的に保障する働きかけを行う養護教諭の役割を追求することが，今後の発展につながるのではないだろうかと考える。

## 2　安全教育とウェルビーイング，ヘルスプロモーションとの関係

### （1）安全教育とは

　近年の著しい社会環境の変化により，学校での災害が多様化し，「子どもの安全」が脅かされる状況が増大している。学校は，すべての子どもたちが安全で安心できる環境において教育を受けられるようにするとともに，事件や事故が起こらないよう最善の対策を講ずる義務がある。これを実現するためには，

学校における安全教育目標を的確に設定し，安全学習と安全指導を計画的に実施することであり，児童生徒が主体的に行動する態度を育成することが安全教育である。

安全教育における安全は，「心身や物品に危害をもたらす様々な危険や災害が防止され，万が一，事件・事故，災害が発生した場合には，被害を最小限にするために適切に対処された状態である」（文科省 2010）とされている。さらに，人々が自他の安全を確保するためには，個人だけでなく社会全体として安全意識を高め，すべての人々が安全な社会を築いていくために必要な取り組みを進めていかなければならない」（保健体育審議会答申 1997）と述べられている。

2008年中央教育審議会では，児童生徒が自他の危険予測・危険回避能力を身に付けることができるようにする観点から，発達段階を踏まえつつ，教育活動全体で取り組むことが提言されてきた。現在は，2009年の学校保健安全法の施行により，さまざまな安全上の課題について適切に対応するために，外部の関係機関等とも連携して，学校安全に関する PDCA サイクルを確立し，対策を着実に実行することが求められている。

この対策は，学校における危機管理への対応を目的とし，危機の発生を未然に防止し，可能な限り危険を回避する管理を行うために備えるべきであると考えられたものである。安全で安心できる環境において，児童生徒が教育を受ける権利としての安全の確保を保障するためのものとは違いがあると考える。こうした対策は机上の理論としてその意義が強調されたものではなく，教師と児童生徒との日々の教育活動の相互関係の中で，徐々に必要な課題への対応の結果として形づくられるところに意義があるのではないだろうか。

## （2）安全の確保を保障すること

では，安全で安心できる環境において，教育を受ける権利としての安全の確保は学校ではどのように保障されているのだろうか。

子どもの健康，安全と発達にかかわる法律や制度を概観してみると，日本国憲法（1946）に基本的人権として明確に位置付けられている。憲法第13条に「生命，自由及び幸福追求に対する国民の権利については，公共の福祉に反し

ない限り立法その他の国政の上で最大の尊重を必要とする」と定められている。「最大の尊重を必要とする」と規定されている点は，健康や安全が基本的人権の中で最も重要な権利であり，国の最優先の役割であることを示すものである。この他に，「健康」については，憲法第25条に「生存権」として「健康で文化的な最低限度の生活を営む権利」等の努力義務があることが定められている（堀井 2016：190）。

　他方，教育基本法においては，子どもの成長，発達に関する権利である憲法第26条「教育を受ける権利」（1項）規定を直接的に受けた下位法として記述がある。そこには，子どもの心身の健康は教育を通じて保障されるものと考えると記されている。つまり，教育の目標の規定は教科の設定を含む教育課程の編成や学習指導要領に直結していることは言うまでもないが，学校における健康や安全に関する教育活動としての「健康教育・保健指導」（保健学習・指導）や「安全教育・指導」の法的根拠にもなっていることを示している（堀井 2016：190）。

　同様に，小倉（1970：94）も「学校保健は学校という生活の場で，児童生徒の生存権・健康権を保障するために営まれた活動である」と述べている。

　学校生活において，「子どもの心身の安全が保障される権利」を子どもの安全の確保を保障することととらえると，学校がこれを受けて生命や身体の安全を保障していくのはもちろんのこと，子どもたちが自らの安全を守るための力をつけることができるように教育していく，という視点が必要であると考える。

　子どもの安全の確保を保障することを考える上では，安全の課題に対する教師の教育方法や子どもへの接し方を含め，指導観・学習観に転換の必要があるのではないかと考える。

## （3）安全の確保と安全義務

　ここでは，教師がどのような対応することが，児童生徒の安全の確保を保障できるのかについて，安全指導や対応のあり方を考えるために筆者の経験を以下に報告する。

　ある小学校での経験である。5年生の版画制作の授業において，彫刻刀の使

用に対する安全上の配慮と応急処置について担任の相談に対応したものである。管理職から安全指導を徹底し，子どもたちに絶対にケガをさせないようにとの指導を受けたＡ教諭（新任）と学年主任からの相談を受けて次のような対応をした。事前の対応では，（ア）止血や傷の手当等の応急処置の実習，（イ）彫刻刀の使用についての教師の配慮事項の確認，（ウ）彫刻刀の使用方法を事前に学習させ，不慣れな児童の確認，（エ）緊急連絡先の確認，当日の対応では，（オ）安全のためのゴム手袋，軍手の着用，（カ）不慣れな児童には軍手に目印をする（子どもたちに気づかれないように配慮した）。（キ）学年主任が補助で参加し安全補助をする，（ク）応急処置用具の設置，事後の対応では，（ケ）健康観察を実施するとした。

　しかし，事故は防げなかった。軍手とゴム手袋の使用が功を奏して重大には至らなかったが，傷病の軽重ではなく，子どもにケガをさせたという事実のみが残った実践であった。

　学校保健安全に関わる養護教諭は，(a) 子どもたちの安全な生活を支援し，疾病や傷害（災害）から守る救急看護の機能，(b) 健康の維持や問題の構造（安全を阻害する要因）を分析していく問題発見の機能，(c) 子どもの成長発達を促すための生活環境を整えるという疾病予防・健康増進の機能など，児童生徒の養護をつかさどる機能を担っている（大谷 1999：23）。また，養護教諭はそれらの機能を果たしながら，子どもの健康と安全な学習環境の設営に向けて提言し，子どもの安全の確保を保障していくという重要な役割をも担っている。

　教育条件を整備し，さらに教職員も充分に安全義務や注意義務を遵守したとしても完全に事故をなくすことはできない。学校で起こる事故や危険への対応にどのように向き合っていくことがよいのだろうか。


## （4）安全の確保を保障することを見つめ直す

　事故や危険は完全に防ぐことが困難であるということを前提にした時，安全と健康（命を守ること）にはどのような関係があるのだろうか。

　健康の定義であるヘルスプロモーションの構造をみると，健康は，個人や集団のより良い生活を守るために，身体的，精神的，社会的に健全な状態をもた

らす条件が統制された状態である。また，健康は，個人や集団の望みを実現す
るために必要とされる日常生活に最も必要な資源である。さらに，健康なライ
フスタイルを超えて幸福（well-being）に及ぶものである（和田 2016）と解釈で
きる。つまり，健康は，身体的，精神的，社会的に健全な状態だけを指してい
るのではなく，健全でない状態の時も健全な状態にするための条件（周りの環
境と自分自身の行動）をコントロールすることによって幸福（well-being）を
追求することに重点がおかれているといえる。この健康であるという状態を安
全が確保されている状態と捉えると，安全を確保し保障することは幸福
（well-being）につながることが示唆される。

　このことについて，1998年セーフティプロモーション WHO 共同センター
「安全とセーフティプロモーション」では，「安全とは，個人や社会の健康福祉
を守るために，危険要因や身体的，心理的，物的な損害をもたらす条件が統制
された状態である。安全は，個人や社会の目標を実現するために必要とされる
日常生活における最も重要な資源である」と報告している（渡邊 2005：16）
と述べている。

　つまり，安全もまた危険要因や身体的，心理的，物的な損害をもたらす条件
が統制された状態だけを指しているのではなく，統制されていない状態でも条
件が統制されるように（周りの環境と自分自身の行動），コントロールするこ
とによって幸福（well-being）を追求することに重点がおかれているといえる。
とすれば，安全（教育）は，ヘルスプロモーションとウェルビーイングを支え
る基盤として位置づけられる。

　したがって，安全を確保し保障するためには，危険をすべて取り除くのでは
なく，子ども自身で危険な状態でも安全になるための条件（環境と行動）をコ
ントロールすることが重要であると考えることができる。


### （5）安全教育の機能を高めるもの

　東日本大震災発生から6年あまり，長かったようでもあり，あっという間の
ようでもあり，不思議な時間の感覚の年月であったように感じる。震災をとも
に体験した子どもたちも社会の一員として力強い歩みを進めている。

第5章　学校保健・健康教育の発展とソーシャルワーク

安全教育とウェルビーイング，ヘルスプロモーションとの関係を問うときに忘れられない言葉がある。震災直後のある中学校の卒業式の答辞の言葉である。

　　自然の猛威の前には人間の力はあまりにも無力で，私たちから大切な物
　を容赦なく奪っていきました。―中略―命の重さを知るには 大き過ぎる
　代償でした。しかし苦境にあっても 天を恨まず 運命に耐え助け合って生
　きていくことがこれからの私たちの使命です。それぞれの新しい人生の一
　歩を踏み出します。　　　　　　　　　　　　　　　（文部科学省白書 2010）


防災や災害支援の最大の目的は命を守ることである。しかし，たとえ命が助かっても，生活に支障があれば体調を崩すこともある。生活に支障がなくても将来に不安があれば自ら命を絶つということにもつながりかねないこともある。安全を確保し保障することは，生活や人生を守ることにもなると災害支援を終えて感じている。

このように，子どもの心身の健康や生活の質（QOL）の高い生活，生き生きとした人生ということの背景には，多くの社会的・環境要因がある。つまり，子どもの安全の確保は，子どもだけ，あるいは家庭の育児や学校における教育だけでは達成されないことを意味しており，地域や社会全体の支援，及び国の施策や法制度の対応なども必要となる（日本学術会議 2010：2）。

現代における子どもの安全の課題を解決するためには，ヘルスプロモーションの理念に基づき，安全は守るものから創るものへという積極的な一次予防（厚生労働省 2008）を社会全体で取り組んでいかなければならない。

人や社会等とのつながりや結びつきの弱さが叫ばれる今日，学校における安全の確保を保障する上で学校・家庭，地域や関係機関による役割分担と協働に基づく連携が必要である。さらに，ネットワーク，システムづくりが求められる。

## 3 養護教諭とスクールソーシャルワーカーのかさなりを問う

### （1）心身の発達に多様な困難を示す子どもの現状

近年，都市化，少子高齢化，情報化，国際化などによる社会環境や生活環境の急激な変化は，子どもの心身の健康にも大きな影響を与えており，学校生活においても生活習慣の乱れ，いじめ，不登校，児童虐待などのメンタルヘルスに関する課題，アレルギー疾患，性の問題行動や薬物乱用，感染症など，新たな課題が顕在化している（文部科学省 2008）。詳細をみると，東京都教育委員会が実施した生活習慣についての調査（2009）では，生活習慣の乱れから小学生の43.6％が「ねむい」，29.5％が「横になって休みたい」と回答しており，日常的な疲労状態にある児童が少なくなく，この傾向は発達段階が進むにつれて一層顕著になっていると報告している。

また，いじめに関する問題については，2005年の小・中・高等学校の児童生徒の自殺者は288人（小学校 7 人，中学校66人，高等学校215人）であり，その背景の一つとしていじめの問題があると報告されている（文部科学省 2002）。

学校生活における健康問題については，文部科学省が養護教諭に行った「保健室利用状況に関する調査」（1990）において，来室理由として小・中・高校のいずれの校種ともに「体の問題や体の悩み」が約50％あり，「心の問題や心の悩み」と判断した割合は全体で13.4％であったと記してある。来室背景の具体的な項目である「摂食障害」，「いじめ」，「心身症」，「性に関する問題」，「情緒不安」，「家庭環境」等のうち多いものとして挙げられたのは「情緒不安」，「家庭環境」であったことなどが調査結果として報告されている。

さらに，児童虐待などのメンタルヘルスに関する問題については，阿部（2014：19）は「相対的貧困が子どもに及ぼす一番の大きな悪影響は親や家庭内のストレスがもたらす身体的・心理的影響がある」とし，「心のゆとりのない生活が続くことは，最悪の場合は児童虐待などにもつながり，子ども自身の健やかな成長を妨げる」ことを指摘している。このメンタルヘルスに関する問題について野井（2015：8-10）は，子どもの「からだのおかしさ」調査において

「健康な子どもたち」にも「夜眠れない，腹痛・頭痛，首・肩こり，腰痛，うつ傾向」等の自律神経機能，睡眠・覚醒機能といった神経系の問題が上位にランクされ，交感神経の過剰反応，落ち着きのなさ，感情の非表出，睡眠・覚醒の乱れなどは，被虐待児と同様の身体症状を示すことを報告している。

　このように子どもは，自分の存在にかかわって生じる問題を心身の症状や問題行動という形で表現している。そして，これらの問題は家族の機能の成否を映し出していることが多い。また，そのような子どもの訴えは，学校の生活場面において初めて気づくことも多い。そのため，子どもの生活全体の問題としてとらえることに目を向けなければならない。

### （2）子どもの健康づくりに対するヘルスプロモーションの視点

　学校における子どもの健康づくりは，1997年保健体育審議会答申で，ヘルスプロモーションの理念に基づく健康の保持増進の重要性が説かれ，健康教育の最終目標を生活の質（QOL）の向上に置いた。

　これは，人々が，自らの健康課題を主体的に解決するための技能を高めること（教育的アプローチ）とそれを可能にする環境整備や支援サービスの充実（環境的アプローチ）を重視することによって，個人が主体となって，生活の質（QOL）の向上を目指すことを意味する。

　ちなみに WHO（世界保健機関）は，健康とは「健康それ自体が目的ではなく，人がしあわせに生きる，安寧に生きるための重要な資源としてとらえる」ことを示している（八木 2016：85）と述べている。

　この教育的アプローチと環境的アプローチの接点に焦点を当てて，専門家や専門機関のコーディネーターの役割を担うことが養護教諭に期待されている。

　ヘルスプロモーションの理念に基づく生活の質（QOL）の向上を目指す考え方を，学校における子どもたちに当てはめてみると，子どもの健康問題は，その子自身の問題だけでなく，その子の置かれている環境との相互作用によって生じているととらえられる。したがって，その子自身の変容を促す教育的アプローチとともにその子の置かれた環境へのアプローチの両方に関わって支援をしていくことが必要である。

このような考え方を教職員がもつことができれば，問題行動をする「困った子」ではなく，学習や生活環境等の子どもの置かれた背景因子により，問題を起こしてしまう「困っている子」というように見方が変わり，子どもへの日頃からの対応や支援にも変化が見られるようになる。

　これは，スクールソーシャルワーカーが，人と環境の接点に焦点を当てて，人を取り巻く環境の調整を図ることを重視している視点と重なる部分がある。

## （3）生活の質（QOL）を問う養護教諭の支援プロセス

　では，養護教諭はどのように実践を行っているのだろうか。養護教諭の健康相談における支援プロセスに基づいて考察してみると，まず，基本的なプロセスとしては問題の感知→情報収集・調査→アセスメント・ニーズの把握→計画の作成（目標の設定→方法の選択→実施計画の立案）→支援の実際→評価ということになる（大谷 2000：15）。

　私なりの整理に基づいて共通のプロセスをとらえると，子どもの「実態を把握する」ことから始める。ここでいう実態把握は，応急処置や健康観察により健康の状態を知るという狭い意味だけではない。その状態の背景にある子どもの生活の様子，それについて子ども自身の意識や認識の状態などを含めて，丁寧に観察し，触れ，聴くことを通してトータルな子どもの実態を把握する。

　次に，「問題を理解し，有効な働きかけを判断する」ことである。子どもの実態把握から問題をつかみ，そのニーズをとらえる。さらに，それを解決するための有効な働きかけを判断する。問題を理解するとは，たとえば，子どもの訴えに応じて応急手当を行うという養護教諭の特性は，訴えをしない・訴えのできない子どもが今おかれている状況をどう受け止めているかの情報収集（子どもの発するサインなど）も含めて理解することを意味する。

　有効な働きかけを判断していくことは，解決すべき課題であるのか，また，その子自身の発達課題であるのかを見つけることである。解決すべき課題は問題を解決するために何をする必要があるかということであり，発達課題はその問題を通して子どもが成長する上での必要な課題と考えたものである。問題によっては両方の課題が一体になっている。

最後に,「有効な働きかけへの取り組み」である。基本的なプロセスの流れのなかでは支援の実際にあたる。内容には,子どもへの直接的な支援や働きかけ（子どもを見守る,一緒に作業をする）と子どもを支援するためのネットワーク（担任や他の教職員,保護者,専門家との連携と協働）つくりがある。取り組みには,応急手当を一度だけ行うことで,問題が解消できる場合がある。一方,応急手当を始まりとして,継続的にかかわりをもつことによって解決に至るという場合もある。また,課題が見えても直ぐにその解決や克服に向けて具体的な取り組みに入れない場合もある。その子自身がその課題を受け止められないような場合や,あるいはその子の家族や学級,教職員,専門家など周りの条件が整わない場合などである。そのような場合の取り組みは,その子が課題を受け止められるようになるための働きかけやその子を囲む周りの条件を整える取り組みから始めることになる。こうした取り組みのなかでは,養護教諭は,ひたすらその子を受け止め,信頼関係を築き,様子をみながら働きかけを継続する。また,問題をとらえ直し,いろいろな角度から分析作業しながらする働きかけをする場合もある。

　以上から,養護教諭の支援のプロセスには,直接子どもにかかわりながら課題解決に向けて支援や働きかけをする必要と,その子の周りの家族や学級,教職員,専門家と連携・協働しながらの取り組みをする必要がある。子どもの健康問題は,その子個人の問題だけでなく,その子の置かれた環境との相互作用によって引き起こされているととらえられる。したがって,個人の変容を促す教育的アプローチとともに,その子の置かれた環境へのアプローチの両方に関わって支援していくことが大切である。養護教諭の役割には,子どもの生活の質を問うというかかわりが必要になっている。

## （4）子どもの生活の質を問うことから始まる養護教諭の実践活動

　私の過去の実践から報告する。ある中学校のエピソードである。子どもは自分自身の存在にかかわって生じる問題を心身の症状や問題行動という形で表現している。そしてこれらの問題は家族の機能の成否を映し出していることが多い。そのような子どもが発しているメッセージは,学校の生活場面において初

めて気づくことも多い。学校というところは子どもを支援することを本務とする所であり，保護者とのかかわりはもつが，意図的に家族の機能を成長させようとして保護者にかかわろうとするものではない。しかしながら，子どもへの支援をしようとする行為を続ける中で，子どもの幸せを考えるという共通の課題を抱える者同士（担任，養護教諭など）と保護者が共働しあうことが起こるのは不思議なことではない

　ある日，中学１年生の男子生徒Ｂが，「頭が痛い，少し休ませて」と訴え保健室のベッドで休んだのはこれで３回目である。父親と２人暮らしで，生活が不規則になっているようである。担任も遅刻や欠席が目立ち始めていることに気づいている。その日も遅刻をして登校したにもかかわらず，直ぐに頭痛を訴えて保健室を訪ねてきた。頭痛がひどいため部活動を１ケ月も休んでいるが，父親には一言も具合が悪いことを口にしていなかった。「親にはいわなくていい」「心配ないから」と授業に戻る後ろ姿には，家族を気遣って，自分の寂しさや不安を出さずに頑張っている姿が見え隠れしていた。

　そんな中で，父親が体調を崩していることを知ったのは１週間後のことであった。部活動の仲間であるＣ男が病院でＢ男の父親をみかけたことからである。また，Ｂ男が部活動を休んでいるのは，練習試合の遠征費用が支払えないために参加できないのではないかとのＣ男の言葉があった。Ｃ男自身もそうであった。Ｂ男の母親と姉は離婚後に他市に移り，連絡は絶たれている。生活の不安定さが垣間見える。Ｂ男からの体調不良の訴えはそのSOSの発信であった。

　思春期の時期の子どもの背景にある家庭の問題は，本人の生き方の問題にもかかわる。どうすればＢ男自身の訴えが聴けるかに悩みながら，担任や部活動の顧問との連携を図るかかわりを続けた。関係機関からの経済的な支援が整い，Ｂ男に笑顔が見られるようになったのは１ケ月後のことである。その過程には，常にＢ男のニーズに応じた幸せを考えるという共通の課題を，父親と担任・部活動の顧問と共有する事実があった。

　本事例では，生活の質を問うことは，Ｂ男の訴えに耳を傾け，その解決をＢ男と共に紐どいていくことだった。それは，結果としてＢ男の望む生活の在り方を少し成長させるものになったと思われる。

## （5）健康教育の推進が子どもの生活の質を高める養護教諭の役割

　子どもたちが抱える健康課題を解決し，その成長を促すためにチームによる援助が重視されている。学校心理学のチーム援助の目的は，学習面，心理・社会面，進路，健康面等における課題解決に向けて，複数の専門家らがチームを組み，効果的にかかわるようにすること（石隈 2003：13）を機能の一つとしている。

　そこで，子どもたちを援助するにあたり，学校におけるチームのメンバーとして養護教諭には何ができるのであろうか，いくつかのキーワードを基にスクールソーシャルワーカーとのかさなりを問うものについて考えていきたい。

　先述のように，子どもは自身の存在にかかわって生じる問題を心身の症状や問題行動という形で表現している。また，これらの問題は家族の機能の成否を映し出していることが多い。さらに，そのような子どもの訴えは，学校の生活場面において初めて気づくこともある。子どもの生活全体の問題としてとらえることに目を向けなければならない。

　子どもの生活全体をとらえるということについて，養護教諭の活動の基本にはヘルスプロモーションの視点がある。それは，子ども自身の変容を促す教育的アプローチとともに，その子の置かれた環境へのアプローチの両方に関わって支援していくことである。スクールソーシャルワーカーが，人と環境の接点に焦点を当てて，人を取り巻く環境の調整を図ることを重視しているエコロジカルな視点と重なる部分がある。また，その視点の目的にあるその子の置かれた環境に着目し，子どもの生活全体の問題として生活の質を問うところにも重なりはみられる。

　しかし，スクールソーシャルワーカーの役割には，個人の変容を求めるよりも，その子がおかれた環境へのアプローチに重点を置いて対応や支援をする。一方，養護教諭の役割は，子ども自身の変容を促す教育的アプローチとともにその子の置かれた環境へのアプローチの両方に関わって支援していくことにおいて差異がある。

　このことにおいて，鈴木（2016：41-42）は，「多様な困難のある子どもの支援について，ソーシャルワークでは，グローバル定義が見直され（日本社会福

祉士会 2008)，格差や障壁，社会的排除から苦しみを表出できない人々の視点として取り扱われる。したがって，多様な困難とは困難が自己責任となってしまうことをいかに遮断ないし擁護するのかを心がける言葉となる」と指摘している。つまり，アプローチの相違によるものと思われる。スクールソーシャルワーカーの役割には個人の変容を促すことがないということではない。

　以上から，スクールソーシャルワーカーと養護教諭は，子どもの抱える問題に対する，生活の質を問い，高める，という役割にはかさなりがある。しかし，常時，学校にいて生活の質を問い，主体となって生活の質（QOL）を高めることを子どもと共に目指す役割は，養護教諭にしかできない役割と考える。スクールソーシャルワーカーと養護教諭のかさなりは，子どもが自らの課題を主体的に解決するための技能を高める健康教育に養護教諭がどのようにかかわるかという役割の在り方が問われていると考える。

# 4　学校保健委員会再考

## （1）学校保健委員会の役割

　学校は，社会経済的な変化を背景にしたさまざまな健康課題を抱えている。児童生徒にとって安全で安心な生活・学習環境を確保するとともに，健康の保持増進を図り，人としての成長発達を保障するためには学校における保健目標を的確に設定し計画的に実施していく必要がある。この学校保健計画を策定し，その実施，評価，改善のサイクルを確立することが重要で，そうした学校保健の組織的な活動を展開する上で組織されるのが学校保健委員会である（三浦 2016：144）。

　委員会は，校長，教頭，保健主事，養護教諭，教職員代表（教務主任，学年主任，保健担当教諭，栄養教諭，生徒指導主事，保健体育主任），児童生徒代表（児童生徒会長，保健委員），学校医，学校歯科医，学校薬剤師，保護者代表（PTA 会長，厚生部長，学年保健委員），スクールカウンセラー等によって構成されることになる。

　1958年学校保健法の公布をきっかけに，文部省体育局長通知で学校保健委員

会の開催およびその活動の計画などを学校保健計画に規定すべき事項として位置づけられ，その後も設置の促進とその運営の強化が提言されてきた。現在は，2008年中央教育審議会答申によって，学校における健康の問題を研究協議し健康づくりを推進する組織として，さまざまな健康問題に適切に対処するため，家庭，地域社会等の教育力を充実させる観点から，学校と家庭，地域社会を結んで機能させることが求められている。

この機能は，学校における保健目標を的確に設定し，計画的に実施していくために備えるべきであると考えられていた機能である。そのため，養護教諭と児童生徒との日々の相互関係の中での生じた課題や，教職員の要望から挙げられた課題，学校医など保健医療の専門家との検討の中で必要な課題，の結果として形づくられたものでないところに偏りがある。つまり，こうした機能は学校での日々の健康課題のありようそのものが反映されなければならないのではないだろうか。

### （2）学校保健委員会の機能への期待

学校保健委員会の機能の評価は，学校保健委員会マニュアル（2000：28-43）にみるように，「年間に複数の議題を取り上げ，児童も参加して取り組む例」「年間テーマを設定して，5回計画で取り組む例」「関係機関と連携して取り組む例」「個々の発達に応じて家庭と一体になって取り組む例」等々，計画的・積極的に開催して健康課題の解決に役立てている実績がある。一方で，2008年中央教育審議会答申では，2005年の学校保健委員会設置状況について，小学校81.9％，中学校78.6％，高等学校68.5％，となっているにもかかわらず，設置されていても開催されていない学校や年1回のみの開催が多く，充実した議論が行われていないなど質的な課題があると指摘されている（文部科学省 2008）。

こうした学校保健委員会の機能への評価は，学校が学校保健委員会の開催における家庭や地域社会への期待の表れであると同時に，一面では家庭や地域社会にさまざまな課題の解決や負担を強いることにもなる。

学校には，学校保健委員会で取り扱う健康課題以外にもさまざまな健康課題がある。たとえば，「保健室登校」などの不登校・不適応の児童生徒への対応，

社会経済的変動の中で社会的・経済的側面での生活上の課題を抱えた児童生徒の解決に向けた対応，いじめやネット被害などの現代的な人権侵害に対するフォローアップなど（瀧澤 2012：5）が挙げられる。学校が直面している健康課題と学校保健委員会への役割期待と現実とに違いがあると考える。

### （3）学校保健委員会の役割分担

　今後，ますます多様化し，複雑化する児童生徒の健康問題に効果的に対応するためには，学校保健委員会をその課題に応じて臨時開催することで，同時に学校の健康課題への対応力を高めることができる。しかし，一方で，課題の量や質において学校保健委員会の本来の機能を不全にしてしまいかねないことにもなる。学校保健委員会の対応力においてできているうちはよいが，その対応力の限界を超えると機能のうちのどれかがうまくいかないだけではなく，すべてが機能不全に陥ることにもなりかねない。

　このことについて，チームとしての学校の在り方（文部科学省 2015）では，「我が国の学校や教員は，欧米諸国の学校と比較すると，多くの役割を担うことを求められており，そのことによって，子供に対して総合的な指導が可能であるという利点がある反面，役割や業務を際限なく担うことにもつながりかねない側面がある」と指摘している。

　そうなることを防ぐためには，学校保健委員会のよさを生かせるように，学校保健委員会で担うべき機能や構成員，検討課題の内容を見直すことが求められる。私自身は，現時点において，健康課題に応じて臨時開催する学校保健委員会が開かれている事実とは出会っていない。しかし，学校保健委員会とその運営の責任を負う保健主事（養護教諭の場合もある）への期待が高まってきており，その要求に応えることができる力量があると感じられる今だからこそ，再考するべき時期であると考える。

### （4）学校保健委員会を見つめ直す

　ここでは，学校保健委員会がその役割を発揮し，児童生徒の課題解決のためにどのような実践をしていけばよいか，あるべき姿を考えるための私の実践記

第 5 章　学校保健・健康教育の発展とソーシャルワーク

録を以下に報告する。

　ある中学校の実践である。保健室利用状況集計結果からＡ・Ｂ・Ｃ学年のそ
れぞれに利用の特徴がみられた。「Ａ学年は教科体育や部活動での外科的応急
処置の利用頻度が高い」「Ｂ学年は保健室での休養を必要としない頭痛や腹痛，
なんとなく体調がすぐれない利用が多い」「Ｃ学年は授業中の休養者が多く，
午前中に集中して利用者が多い傾向がある」ことであった。保健目標を設定す
るために学年の保健担当教諭と相談をし，生徒の実態調査を行った。その結果
を基に，校内での話し合いや学校医，ＰＴＡの方たちとの話し合いにより，
「給食の摂取状況や生活リズム」についての課題が導きだされた実践であった。

　生徒の取り組みは，学級の保健委員や給食委員，生活委員を核として学年集
会での発表や掲示物の作成が行われた。取り組みの内容は，Ａ学年はバランス
の良い食事と給食の残菜量調べ，Ｂ・Ｃ学年は自分に合った生活リズム点検で
あった。

　第１回目の学校保健委員会は，保健委員や給食委員，生活委員の生徒全員と
学校医・学校歯科医・学校薬剤師，スクールカウンセラー，地域の保健師，学
校栄養士，ＰＴＡ関係者，教職員が参加し，生徒の健康への関心をたかめ，連
携を密にしていくための役割がとれるようにＡＢＣの各学年に分散した形で開
催され，発表は生徒主体で行われた。

　また，学校保健委員会の開催と連結した取り組みとして，ＰＴＡ組織の一つ
である厚生部会は保健厚生だよりを作成して，子どもの食生活や生活リズムに
着目した活動を活発にし，その発展として進路指導主事と学校栄養士，保健師
を講師にした講演会も開催した。また，学校医等が保健だよりに輪番で執筆す
る計画が立てられた。さらに，スクールカウンセラーと父親の会がつくられた。
その後，養護教諭は学年の調査結果に基づく個別指導や担任，保護者との協力
による健康相談を行った。

## （5）学校保健委員会の機能を高めるもの

　学校ではこれまでも，児童生徒や保護者，教職員との信頼関係の下に，ス
クールカウンセラーや学校医との連携を密にした養護教諭の実践が行われてき

た。それは学校保健委員会の開催を待つまでもなく、児童生徒の個々のニーズに応じて課題の解決が図られてきている実態もある。

しかし、自死を招く深刻ないじめは跡を絶つことがなく、不登校は依然として大きな問題である。そして、今日的な貧困の拡がりや健康格差の問題も発生している。

今日の社会経済的変化に伴い、子どもたちの人間的な発達、そして命と健康を守り育てることは従来になく困難な状況であり、学校が家庭と連携し、地域、社会全体として、しっかりと子どもたちに向き合い、寄り添い合う営みが必要になってきている。それだけに、多職種の人々によって構成される学校保健委員会が強固な連携や十分な協議に基づいて、子どもたちの発達を支援し、健康づくりを推進させるという機能が発揮され、役割を果たすことが改めて必要とされている。

学校保健委員会には、子どもの健康を促進する人的環境要因として、子どもの健康現実に焦点をあてながら、参加する人々や地域の教育力や問題解決力が凝集されるような組織を再構築し、課題によっては、福祉、心理、行政、司法といった多職種を含む、地域保健委員会の関与が求められる。

### 参考文献

阿部彩（2014）『子どもの貧困II』岩波書店。

石隈利紀（2003）『石隈・田村式援助シートによるチーム援助入門——学校心理学・実践編』図書文化。

大谷尚子（2000）『養護教諭の行う健康相談活動』東山書房。

大谷尚子（1999）「養護の概念」大谷尚子・中桐佐智子・盛昭子編著『養護学概論』東山書房。

大谷尚子・中桐佐智子（2009）『新養護学概論』東山書房。

小倉学（1970）『養護教諭——その専門性と機能』東山書房。

小倉学（1985）『養護教諭——その専門性と機能 改訂版』東山書房。

数見隆生（1980）『教育としての学校保健』青木書店。

数見隆生・松田信子（1984）『養護教諭の教育実践』青木書店。

学校保健委員会マニュアル（2000）財団法人日本学校保健会。

京町小学校百周年記念誌（1973）『京町小百年』。

第5章　学校保健・健康教育の発展とソーシャルワーク

草野喜久恵（2007）「子どものためにを疑って」『養護ってなんだろう』ジャパンマシ
　　ニスト社。

厚生労働省（2008）「健康日本21」。

近藤真庸（1980）『養護教諭成立史研究序説』東京都立修士論文。

鈴木庸裕（2016）「多様な困難を抱える子どもへの支援」『SEN ジャーナル』第22巻
　　第1号。

瀧澤利行（2012）「保健室の機能と役割Ⅴ」『学校保健』299。

日本学術会議（2010）『日本の子どものヘルスプロモーション』。

野井真吾（2015）「現場で"実感"されている子どもの「からだのおかしさ」Ⅰ——
　　「子どものからだの調査2015（実感調査2015）の結果報告」子どものからだと
　　心・連絡会議。

飛騨いね（1931）「衛生室だより」『養護』第4巻5号。

藤田和也（1985）『養護教諭実践論』青木書店。

保健体育審議会（1997）（答申）「生涯にわたる心身の健康の保持増進のための今後の
　　健康に関する教育スポーツの振興の在り方について」。

堀井雅道（2016）『教師のための教育保健学』東山書房。

三浦正行（2016）『教師のための教育保健学』東山書房。

森昭三（1991）『これからの養護教諭——教育的視座からの提言』大修館書店。

文部科学省（2002）「警視庁調査による児童生徒の自殺者数」。

文部科学省（2008）中央教育審議会答申「子どもの心身の健康を守り，安全・安心を
　　確保するために学校全体として取り組みを進めるための方策について」。

文部科学省（2010）「学校安全参考資料『生きる力』をはぐくむ学校での安全教育」。

文部科学省（2015）中央教育審議会答申【骨子】「『チームとしての学校』の在り方
　　『チームとしての学校』と家庭，地域，関係機関との関係」。

文部科学白書（2010）「気仙沼市立階上中学校の卒業式における卒業生代表梶原裕太
　　君の答辞」1，No. 3。

八木利律子（2016）「学校に求められるヘルスプロモーションの概念」『プール大学紀
　　要』第57号。

和田雅史（2016）『ヘルスプロモーション』聖学院大学出版。

渡邊正樹（2005）「セーフティプロモーションと学校安全」『安全教育学研究』第5巻
　　第1号。

# 第6章

# 学校危機管理と学校福祉

瀧野揚三

　　学校が安全で安心な環境であることは，児童生徒の学力の向上や社会性の発達，すこやかな発育や体力の増進につながる条件である。学校安全は，学校保健領域で扱われ，管理職と校務分掌の保健委員会などを担当する教職員によって作成された学校安全計画に基づき，全教職員で取組むことがらである。

　　近年，学校の危機管理は重要な位置づけとなってきている。それは，単に，突発的な事件や事故，自然災害に際して対応する危機管理だけを意味しているのではない。児童生徒が，安全で安心して学校生活を送ることができるように，日頃からの予防や備え，訓練や教育，組織作り，危機事態への即座の対応，そして回復や復旧に向けたあらゆる取組み全てが危機管理であり，その実践は，確実に，組織的にすすめることが求められる。

　　学校福祉の観点からも，学校危機管理は，子どもたちの安全，安心，しあわせな生活につながる教育実践と位置づけられ，教職員の専門性を発揮することが期待される。

## 1　学校危機とは

　児童生徒の学力の向上といった知的側面，社会性の向上といった心理的側面，身体の発育や体力の向上といった身体的側面の調和的発達のため，学校は安全で安心できる場所でなければならない。学校安全は，学校保健領域で扱われ，学校安全計画に基づいて，安全管理と安全教育の側面から，生活安全，交通安全，災害安全の実践課題を設定し，取り組まれている。2009（平成21）年度には，学校における教育活動が安全な環境において実施され，児童生徒などの安

表6-1　学校危機の内容の分類

| 危機のレベル | 具体的内容 | 危機対応 |
|---|---|---|
| 個人レベル | 不登校，家出，虐待，性的被害，家庭崩壊，自殺企図，病気など | 教師や保護者および専門家などによる当該児童生徒および教職員への個別的危機対応 |
| 学校レベル | いじめ，学級崩壊，校内暴力，校内事故，集団薬物乱用，集団食中毒，教師バーンアウトなど | 学校の教職員，児童生徒，保護者を含めた全体の協力体制の下での危機対応 |
| 地域社会レベル | 殺傷事件，自然災害，火災（放火），公害，誘拐・脅迫事件，窃盗・暴力事件，IT被害，教師の不祥事など | 外部の救援専門機関や地域社会の人々との迅速な連携の下に支援の要請が必要 |

（出所）　上地（2003）より作成。

全の確保が図られ，学校教育の円滑な実施とその成果が確保されるよう，学校保健法が学校保健安全法に改正された。そして，学校安全計画の策定と実施（第27条），学校環境の安全確保（第28条），危険等発生時対処要領の策定による的確な対応の確保（第29条），地域の関係機関との連携による学校安全体制の強化（第30条）をさらに進めるよう規定された。

　このような取り組みが進められるなかでも，学校では，けんか，いじめ，窃盗，暴力行為，授業中や課外活動中のけが，実験や実習中の火災といったものから，学校全体に混乱をもたらす食中毒，放火事件や殺傷事件，地域全体の危機である自然災害（地震，津波，山火事）などが発生している。事件・事故や災害などによって学校の運営機能に支障をきたすような事態は，学校危機（school crisis）と呼ばれ，それらに対する特別な備えや対応，特に，児童生徒等に危害が生じた場合には，当該児童生徒および関係者の心身の健康を回復するための必要な支援を行うことが，学校には求められている。

## （1）学校危機の分類

　学校における危機には，学校で発生した事案だけでなく，児童生徒の個人的な事柄や地域社会における出来事からの影響を受けて，危機状態になる場合がある。上地（2003）は，これを個人レベル，学校レベルおよび地域社会のレベルの3種類に分類した（表6-1）。

個人レベルの危機には，家族の死亡，帰宅後の事件・事故，家族旅行中の事故など，学校管理下に含まれないものもある。しかし，当該の児童生徒には，学校における交友関係に配慮した対応が必要になり，学校教育のなかで取り扱う必要がある。また，自然災害のように多くの児童生徒が類似した危機を同時に経験した場合，それが学校外の時間帯であっても学校や教職員の対応が求められる。安否の確認，居住場所や通学路の安全の確保などを行う必要がある。教職員個人の危機についても，児童生徒への影響が想定される場合には危機対応が必要な事態に含まれる。

## （2）学校危機の混乱と対応

　ところで，学校の危機状態がもたらす混乱とはどのようなものなのか。学校レベルの危機が発生した場合には，児童生徒が身体的に，精神的に影響が及ぶことがある。また，事件や事故が起こった場所（学校）に対する不安や，大人に対して不信感を抱くことも想定される。被害にあった児童生徒は，学校に恐怖心を抱いたり，他の児童生徒からの孤立感を感じることもあり，学校に行きにくくなり，不登校となるケースもある。さらに，ストレスの状況から，いじめや暴力の問題が生じることもある。保護者においては，学校に対する不信感や失望感が大きくなり，学校への批判の声が上がることも想定される。教職員の間にも混乱が生じ，責任問題，同僚感の不信感，失望感，関わりのあった教員の疎外感など，さまざまな思いや感情が入り乱れる状況になる場合もある。こういった混乱状況に至らないように，また，混乱状態を早期に解消するために，迅速な危機介入によって，被害を最小限にする対応が求められる。

　学校危機により影響を受けた児童生徒等に対する支援は，いわゆる「心のケア」の活動として，学校等からの要請に基づき，事件・事故や災害直後に，短期間，カウンセラーが派遣され，心理教育とカウンセリングなどが実施される。事件・事故や災害の発生現場が児童生徒の生活や学習の場である学校の場合もある。そうなると，児童生徒への個別支援の視点だけではなく，学級や学校といった集団も視野にいれた介入と支援が必要となる。特に，学校危機により，児童生徒の学校に対する安全感，安心感が損なわれる場合には，それらを回復

するために，危機後の短期的な介入や対応による混乱の鎮静化や日常生活の回復に加えて，学校運営面から学校組織の見直しや改善を含めた徹底した再発防止の取り組みが必要となる。

このような取り組みの主体は，日頃から児童生徒に接してきている教職員になる。外部からの専門的な支援を受けつつも，児童生徒の健康観察，授業中・休み時間の様子の観察，チャンス面接のような短い会話を通して，また，他の教職員からの情報，さらには，保護者との連絡によって家庭における状況についても理解しながら教職員は，包括的にアセスメントができる位置にある。同時に，教職員はさまざまな局面に立ち会い，関わりをもったり，はたらきかけができる重要な位置にあることを認識したい。

### （3）支援経験や教訓を生かす

多くの学校危機の対応では，その取り組みが事案に固有で特別な対応であるようにとらえられてしまいがちであるが，阪神淡路大震災の支援経験や教訓が東日本大震災に生かされ，また，東日本大震災の経験が熊本地震の支援に活用されたように，事件・事故，災害への支援経験は，今後の学校危機への対応に応用可能である。校内での危機対応の経験や教訓についても同様に考えることができ，将来の事案に向け，準備が万端で，力量が伴った予防的な体制につながっていくものである。さらに，このような経験や教訓に加えて後述するトラウマインフォームドという考え方を援用することによって，さらに学校が安全で安心な場所となり，虐待などの逆境経験のある児童生徒への支援にも生かしていくことができるものと考えられる。

## 2　学校危機への介入

学校の事件・事故の防止のためには，日頃から事件・事故につながる危険因子の除去，災害からの影響の最小化に努めなければならない。しかし，日頃から万全な取り組みをしていても事件・事故が発生したり，災害の影響が及ぶ場合があり，そのような状況で迅速な対応を行い，被害を最小化し，そして，早

*III*

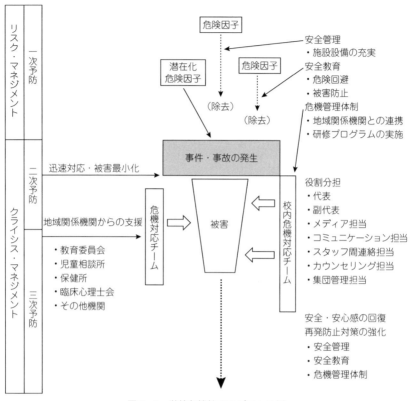

**図 6-1　学校危機管理のプロセス例**
（出所）　瀧野（2004）より作成。

期回復に向けたケアの実施が求められる。そのために学校は，事件・事故や災害を想定した校内の危機管理体制を整備しておくこと，外部の関係機関との連携の確認が不可欠である。さらに，被害からの早期の回復のために，すべての教職員は，子どもたちのケアの進め方についてあらかじめ知識を得ておくことが望ましい。

　学校危機管理の実際について，事件・事故を回避し，災害からの影響を緩和するための学校が取り組む「リスク・マネジメント」の部分と，事件・事故，災害が発生した直後に，被害を最小化し，早期回復へ向けた取り組みとしての「クライシス・マネジメント」の部分に分けて概要を図示した（図 6-1）。

第6章 学校危機管理と学校福祉

## （1）リスク・マネジメント

　リスク・マネジメントは，事故・事件の発生を未然に防ぎ，災害からの影響を回避，緩和するための取り組みで，「予防（prevention）」あるいは，「一次予防」と呼ばれる。安全管理は，定期的に学校の施設や設備を点検し，事故や事件につながらないように使用停止や修理を行ったり，保健指導などで校内の生活安全に取り組む。安全教育の取り組みは，児童生徒が危険に気付いて回避し，被害にあわないように自助の力をつけさせるために予防的な指導を行う。そして，危険への感受性を高め，自分の身を守るために自律的に安全行動を選択して行動できること目標とする防災教育にあたる。つまり，リスク・マネジメントは，危険因子を早期に発見して除去または回避すること，安全教育の実施により事件・事故の発生を未然に防ぐことを目的としている。

　これらに加え，学校は危機への対応に備える校内体制を整える必要がある。それは，災害や事件・事故が潜在的で突発的な危険因子によってひきおこされ，災害や事件・事故の発生を回避できなかった場合に，できる限り迅速に対応して被害を最小化するためである。

　危機時の校内向けの対応には，対象として児童生徒と教職員が，内容としては，情報の収集，会議，状況判断と意思決定，情報の伝達，集会，集団管理，心のケアなどが想定される。学校外への対応には，対象として保護者，教育委員会，消防や警察，マスコミ，医療機関，保健所，児童相談所，臨床心理士会，周辺の学校，地域の自治会，市町村などが想定され，内容としては，連絡，説明，協力や支援の要請などが想定される。

　危機時の学校運営（マスコミ対応を含めた情報管理，短縮授業や休校，保護者説明会などに関する協議，学校運営組織の再編成）に関するシミュレーションを実施しておくこと，地域の関係機関との連携の確認や事前打合せなど，積極的に準備をすすめておくことが必要である。

　学校危機状況のなかで，対応の中心は管理職になるが，対応内容や教職員の役割分担についての知識や理解が無いと，全ての対応を数人の管理職で抱え込んでしまい，対応に混乱をきたすことがある。適切で包括的な対応をすすめるためには，危機の内容と学校の体制にもよるが，表6-2のように5から7種

表6-2 危機対応チームの役割例

| ①代表（校長） | チームのミーティングを進行し，チームの活動を統括 |
|---|---|
| ②副代表（副校長） | 代表を補佐し，チームの活動状況を記録 |
| ③メディア（教務） | マスコミからの問い合わせの対応窓口<br>教職員，児童生徒，保護者への連絡・報告，報道発表の担当 |
| ④コミュニケーション（総務） | 校内のすべての連絡を担当，保護者への連絡担当，外線電話の記録 |
| ⑤スタッフ間連絡（事務） | 教職員の電話連絡網作成し連絡方法の整備 |
| ⑥カウンセリング（保健） | カウンセリングが必要な児童生徒の特定<br>カウンセラーとの打合せとスーパービジョン<br>相談室利用の優先順位の検討 |
| ⑦集団管理（生徒指導） | 児童生徒や教職員の移動，来校者の管理 |

（出所） Schonfeld et al.（2002）より作成。

類の役割を設定した危機対応チームが必要となる。平常時より校務分掌に対応して役割分担を決めておく方法もあれば，設定する役割内容に沿って，当日に出勤している教職員の中で短時間に役割を指名する方法もある。

■シミュレーション訓練

　災害や事件・事故が潜在的で突発的な危険因子によってひきおこされ，事件・事故の発生を回避できなかった場合への対応も想定する必要がある。できる限り迅速に対応して被害を最小化するために，学校は，危機発生時の対処要領を策定し，それに基づいて，危機発生を想定した学校運営のシミュレーション訓練を実施し，危機対応の準備体制が整っているのか確認しておくべきである。たとえば，けがへの応急処置，心肺蘇生やAEDの使用，救急車の要請，救急車の誘導などの初期の対応から，教務上の対応として短縮授業や休校の決定と実施，マスコミ対応を含めた情報管理，保護者説明会などに関する協議，学校運営組織の再編成などが進められるかどうかを確認する。また，地域の関係機関との連携が必要になることが想定されるので，連絡先の確認や事前打合せを実施するともに，リストを作成して適切な場所に掲示するなど，積極的に準備をしておくことが必要である。

　また，災害，事件・事故後の子どもの反応やそれへの対応についての基礎的

な知識である心理教育について学習する機会をもつことが必要である。心的外傷体験によって安心感や安全感が失われること，心身面の変調は事件・事故直後にはしばしば見られる正常な反応であること，子どもによって受けとめ方に差があること，時間の経過とともに症状は軽減していくことなど，教職員はトラウマ反応の具体例を知っておくことで適切な理解や対応が可能になる。また，児童生徒や保護者に対して，心理教育として，災害，事件・事故後の子どもの状態や急性期の反応について説明し，対応の仕方を伝える必要があることも知っておきたい。

　加えて，日頃から教職員が取り組む積極的な生徒指導の実践も，リスク・マネジメントの取り組みであることを認識しておく必要がある。学級担任による朝の健康観察により児童生徒の心身の健康問題への早い段階での気づき，即座の対応を図ることであったり，このようなリスクへの気づきを教職員間で共有して校内委員会などで早期に対応することである。その他には，遠足や修学旅行に向けた準備や指導，学活の時間にいじめ問題を題材にした話し合い，アンガーマネジメントによる怒りや攻撃性の置換え訓練，ソーシャルスキルやコミュニケーションスキル，ピア・サポート，子ども同士のトラブルを子どもたちで解決しようとするピア・メディエーションの指導による児童生徒間の良好な仲間関係づくり，ストレス・マネジメント，自殺予防教育，人権学習などの実践が，学校危機の危険因子を低減するための取り組みに該当する。

　スクールソーシャルワーカーには，学校の危機管理体制の確立するために，危機対応チームの構成，学校の危機対応対処要領をもとにした模擬訓練の実施，災害や事件・事故後の児童生徒の反応と対応の仕方についての心理教育の研修機会を設定することなど，リスク・マネジメントの実践の推進に関わることが期待される。また，平常時より，災害や事件・事故直後に実施する心理教育の資料などを収集していつでも使えるように準備しておきたい。さらに，地域の関係機関等の社会的資源に関して，外部の支援者への連絡や調整が迅速にできるように打ち合せをしておきたい。

（2）クライシス・マネジメント

① 二 次 予 防

　安全管理や安全教育といった一次予防の取り組みを進めていたにもかかわら
ず，学校に危機事態が発生した場合や，災害による影響が及んだ際には，学校
運営と心のケアに関して迅速で適切な介入を行い，被害を拡大せず，最小限に
とどめる対応が必要である。こうした初期の対応や早期の介入は，クライシ
ス・マネジメントの段階であり，「介入（intervention）」あるいは，「二次予防」
と呼ばれ，迅速な対応と被害の最小化，安全な状況への早期の回復を目標とす
る。

　具体的には，発生した災害や事件・事故によって負傷者が出た場合，救急処
置を行う。救命処置が必要な場合にも即座に対応し，救急車の手配を行う。こ
ういった即座の対応は，日頃からの訓練により，どの教職員でも救急処置・救
命処置が実施できるようにしておくことが大切である。

　事件・事故の状況によっては警察にも通報し，救急車の誘導，同乗する教職
員の選定，搬送先医療機関を確認して保護者への連絡，教職員への情報共有と
指示を行う。児童生徒を安全な場所への移動や退避の誘導後に点呼を実施し，
被害にあった児童生徒の氏名や被害の程度についての情報収集を行う。

　管理職は，状況や経過を見極めながら，校内危機対応チームの活動を開始す
るかどうかを判断する。活動を開始した場合には，まず校内危機対応チームの
メンバーを招集してミーティングを開催し，事実確認，情報共有，役割分担の
確認，連絡や報告，今後の活動の進め方，外部の関係機関への支援要請などの
判断を迅速に行う。そして，学校運営の側面と心理面のサポートをどのように
進めていくか，また，学校内部で対応する事柄と外部からの支援に頼らなけれ
ばならない事柄の調整について検討する。

　以上のように，学校は，短時間に多くの事柄をもれのないように迅速に実施
することが求められる。スクールソーシャルワーカーには，管理職と今後の対
応の見通しを共有し，短時間で判断したり検討していく内容について，相談に
乗ったり助言することが期待される。

　児童生徒への対応に加えて，救急や警察，保護者や近隣の住民，報道関係者

などが来校した場合には，その集団管理のあり方も必要な対応の一つになる。

　さらに，被害の最小化のために，即座の対応に加え，児童生徒の二次被害を回避するための対処をしなければならない。被害を受けた児童生徒たちが，周囲の対応（周囲からの言葉，態度）やマスコミの報道（事実誤認，プライバシー侵害，取材）や警察の事情聴取に際して，不快感，不利益な扱いから精神的負担や時間的負担を感じてさらに傷つくことがないように配慮する必要がある。具体的には，児童生徒を現場から離れた安全な場所に移動させてから，保護者や家族との再会ができるように手配することが重要である。

　チームとして危機対応を開始した後には，危機の解決に向け，当日の対応，翌日以降の対応，1週間後，それ以降の中長期的な対応について方策を検討することになる。

　まず，混乱した学校運営面の回復のために，教職員への現況の報告と情報の共有，人員のバックアップ体制づくり，当日の授業などのスケジュール調整などの対応を短時間で決定する必要がある。心のケアを含めた心身の健康状態の確認やケアの実施については，学校の運営面の方針が定まったあと検討する。心のケアに外部の専門家や専門機関からの支援が必要かどうかをみきわめ，当該の児童生徒に対応する学級担任や教職員に対する適切な応対の仕方を含めた心理教育の研修を準備する必要がある。スクールソーシャルワーカーには，外部の支援を円滑に学校につなぐ仲介役が期待される。場合によっては，心理教育の研修の担当を依頼されることも想定しておく。

　心のケアの側面からは，児童生徒への説明をする際には，どのような内容をどのような規模で誰が話をするのか打ち合せをする。そして，児童生徒の状況を把握するために，電話や家庭訪問，面接や質問紙調査などのアセスメントの内容と方法を検討する。児童生徒や保護者に対応する教職員には，事前に，災害や事件・事故後の子どもの一般的な反応と具体的な対応についての心理教育を実施しておく必要がある。

　この段階における心理教育の内容は，トラウマについて資料を配布しながらの説明が中心になり，PTSD 症状（再体験，回避，過覚醒，不安など）の説明，症状への対応と回復の見通し，症状があることと診断（急性ストレス障害

や外傷性ストレス障害の DSM-5（American Psychiatric Association 2013）などに基づく）との区別の説明を行い，正確な知識を伝えることで安心感をもたらす。配布資料には，トラウマについての説明，ストレス反応に対する具体的な対処の仕方，電話相談窓口の案内，対応が可能な医療機関，保健センター，保健所などの案内，さらに，ホームページや書籍の紹介を含めておく。

　学校運営についても，平常時への回復に向けて計画をたてる。授業の短縮や打ち切り，給食の対応，児童生徒への説明，保護者への連絡や報告（印刷物）の準備，下校時刻やその指導，休校措置，登校時の対応，教員の役割分担と配置などである。保護者会が予定される場合は，開催の規模や時間，内容について検討する。内容には，事実経過の報告，学校の対応の経過報告，今後の再発防止対策，事件・事故後の子どもの様子について心理教育的な説明を含める必要がある。配布資料は，保護者会の後でも繰り返し読みかえしてもらえるようにわかりやすい内容のものを準備する。このような資料は，平常時より一般的なものを準備しておき，緊急時に最小限の修正や加筆ですぐに利用できるようにしておくとよい。また，保護者会の内容については，報告する内容に関して事前に被害者など関係者に了解を得ておく必要がある。さらに，事後の対応で保護者の協力を得なければならない提案をする場合には，PTA 役員などと打合せをしておかなければならない。学校の信頼を回復する上でも，このような事前の調整を行ない，被害者や保護者への配慮が必要である。

　マスコミへの対応も併行して実施しなければならない。校内危機対応チームのマスコミ担当者は，教育委員会と打合せをしながら，合同取材やブリーフィングの場所，時間，内容，配付資料について準備をすすめる。マスコミ対応を適切に行うことは，取材や報道による二次被害を防ぎ，学校に対する児童生徒や保護者の安心感，信頼感の回復につながる。

　こうした危機対応において，スクールソーシャルワーカーがコーディネーターやアドバイザーの位置にあれば，チーム・リーダーへの助言やチームのミーティングの機会をとらえ，見通しをもった危機対応の進め方について提案し，また相談相手になることを期待したい。たとえば，援助資源を特定して具体的な支援につなぎ，教職員と外部の支援者を仲介し，中・長期を見通したア

セスメントの実施とその結果の読み取りなどで職能を発揮したい。

## ② 三 次 予 防

　災害や事件・事故後数日から1週間，その後の継続的な対応では，児童生徒にみられる反応について理解しながら，学校生活の中で，安心感，安全感，信頼感，自己コントロール感を回復することを目標とする。そのために，授業を含めた教室での様子を観察し，これまでよりも家庭との連携を密接にして情報を共有していく必要がある。

　心のケアの内容を調整するためには，危機対応チームのミーティングの中で，外部の専門家の助言を得ながら，アセスメントの結果に基づいて検討する必要がある。当然のことながら，専門家と教員とでは児童生徒のとらえかたに違いがあり，その相互の理解が進むように説明を加えながら仲介するのがチーム・リーダーやスクールソーシャルワーカーに期待したい役割である。

　心のケアの対象については，学校心理学の3層の支援の進め方と同じ考え方で，学校や学級全体を対象にする対応（一次的援助サービス），ニーズが類似した少人数のグループを対象にする対応（二次的援助サービス），個別対応（三次的援助サービス）の3段階で考えておく。また，ケアの内容については，ケアの全体像から担当者別に内容を考え，学校で教師が対応できる内容，スクールカウンセラー等が対応する内容，家庭で対応する内容，外部の医療機関で対応する内容にわけて考える。特に，個別対応の対象者については，個別の支援計画の作成と運用が，チームでの支援を効果的に，また，中・長期的に進めていくために必要になる。このように再発防止を進めながら回復に向けた支援のことを「中・長期対応（postvention）」あるいは，「三次予防」と呼ばれる。

　一方，学級での対応については，被害にあった児童生徒に対して，よりよい適応につながる環境を整備することが必要になる。学級での友人や教師との人間関係，ソーシャルサポートに注目し，孤立したりいじめにあわないような配慮が必要となる。そのためには，周囲の児童生徒による理解や援助関係を形成する必要がある。そこでは意図的に相互理解や援助的な雰囲気を醸成することを目的としたグループワークのプログラムを導入することも効果的で，スクー

ルソーシャルワーカーは，スクールカウンセラーと協力しながらグループワークの指導案などを担任教師に提供するなどの支援が期待される。

　また，回復への支援は，けがであれば身体的に回復すればよいと考えがちであるが，学校生活へ復帰して再適応するためには，欠席の期間を考慮して，休んでいた間の友人関係など社会的側面，学校に戻ることについての心配や不安といった情緒的側面など回復に向けた包括的な支援が必要になる。さらに，円滑な回復の条件には，再発防止を含め，生活環境の安全感，安心感を確保する事も忘れてはならない。

　このように，災害や事件・事故後に学校に復帰してきた児童生徒への対応は，転校生が学校適応していくように配慮することに似ている。教職員は，災害や事件・事故後なので，これまでに経験したことがない何か特殊な取り組みを特別な体制で行わなければならないかのようにとらえがちであるが，学校や教室で行う支援は，ニーズのある児童生徒に個別にアセスメントを行い，本人の強み（自助資源）を生かし，周囲の援助資源につなぎながら，ていねいに児童生徒に関わるという，不登校児童生徒や特別支援教育の対象児童生徒への対応等と同様の教育実践であると考えればよい。

　最後に，災害や事件・事故の発生直後からの被害への対応と併行して，学校は，再発防止策についての具体的取り組みを提示しなければならない。理由はどうであれ，危機が継続している場合はその被害を回避したり最小化するための方策を児童生徒と保護者に提示しなければならない。そして，同じことを二度と繰り返さないための取り組みを具体的に示す必要がある。災害や事件・事故の教訓を生かし，安全管理の見直しと徹底，防災教育を含めた安全教育の強化，危機管理体制の見直しと強化がそれにあたる。このことは，リスク・マネジメントの取組みと重複する内容ではあるが，再発防止に向けてより徹底した確実な取り組みは，災害や事件・事故直後の安全感と安心感の回復のために不可欠である。

第6章 学校危機管理と学校福祉

## 3 心理教育と教職員の対応の基本

第2節では，学校危機の対応を時系列で述べてきたが，第3節では，その対応のなかでも特に心理教育について述べる。心理教育は，危機発生当日から必要となり，回復に向けた重要な要件である。

### （1）トラウマ反応と心理教育

災害，事件・事故後には，被災体験，喪失体験，事件・事故などによる混乱によって，児童生徒のこころや身体，行動にさまざまな変化（表6-3）が表れる事がある。この説明をするのが心理教育である。出来事の後のこれらの反応をトラウマ反応と呼び，一時的なストレス反応で多くの場合は時間の経過とともに軽快してくるものであることを解説する。

教職員には，このような児童生徒の状態について理解してもらい，相談しやすい関係をつくり，児童生徒から話かけてきたときによく話を聞く対応をしてもらいたい。また，無理に励まそうとしたり，何か助言をしないといけないと考えなくてもよいことを伝え，児童生徒に対して，「心身の変化や不調については，ストレスによる一般的な反応でよく起こるもので，安心感を取り戻せば回復する」と説明してもらう。気持ちを落ち着かせたりリラックスのために，腹式呼吸を教えたり，みんなで楽しめる遊びやワークで気分をリフレッシュする機会を設定するのもいい取り組みである。

### （2）教師の対応の基本：サイコロジカル・ファーストエイド：PFA

災害，事件・事故直後の教師の対応について，心理学的な応急対応であるサイコロジカル・ファーストエイド（Psychological first aid：PFA）という方法がある。その一例には，米国国立 PTSD センターと国立児童トラウマティック・ストレスネットワーク（National Child Traumatic Stress Network）で開発された災害，事件・事故直後の急性期の介入方法を示したマニュアルである（National Child Traumatic Stress Network and National Center for PTSD 2006）。精

*121*

表6-3　災害，事件・事故後に見られる心理面，身体面，行動面の反応

| 心理面 | 身体面 | 行動面 |
|---|---|---|
| 不安，集中できない，いらいらする，何も考えられない，何もしたくない，悲しみも楽しみも感じられない，自分はだめな子だと落ち込む，災害や事件・事故の光景が頭に浮かぶ | 頭痛，腹痛，下痢，便秘，吐き気，じんましん，食欲低下，不眠・悪夢 | そわそわしてじっとしていられない，災害，事件・事故を思い起こさせるものを避ける，小さな物音にも驚く，おびえる，赤ちゃんがえり，おねしょ，ゆびしゃぶり，災害，事件・事故をまねた遊び，これまで一人でできたことができなくなった |

（出所）　瀧野（2012）より作成。

神科や心理などの精神保健の専門職だけでなく，教育関係者や災害救援者などの被害者や被災者に初期段階で接する人たちが身につけることが望ましい基本的態度と知識を解説している。PFA では，安全と安心を確立し，回復に関する資源（組織や機関，周囲の人々との関わり）と連携し，心理教育の情報の提供やストレスの軽減，対処の仕方を教える。そして，援助が必要な場合に適切なサービスの紹介や継続的な支援者への引き継ぐことを目指している。日本でも翻訳され，これまでに広く活用されるようになった。

　PFA の対象は，児童から成人まで幅広く設定されているが，特に学校関係者向けにも開発されている。シュライバーら（Schreiber et al. 2006）は，児童生徒と教員向け，児童生徒と保護者向けの PFA のパンフレットを作成した。傾聴していねいに聞き取る（Listen），安全な学校，学級の場づくりで子どもたちを守る（Protect），安心できるつながり（Connect），先生が対応の仕方や乗り越え方の手本を示す（Model），災害や事件・事故後の心や体や行動についての解説と対応の仕方を心理教育する（Teach）の5つのポイントにまとめた。

　スクールソーシャルワーカーには，PFA に習熟し，教職員が児童生徒や保護者へ接する際のモデルになってもらいたい。

## 4　トラウマインフォームドという考え方

　学校が安全で安心な場であり，回復に向けて適切な環境をつくりあげるためには，学校組織としての取り組みが必要となる。その代表的な取り組みとして，

第 6 章　学校危機管理と学校福祉

トラウマインフォームドケアという考え方と学校への導入について述べる。

## （1）米国のトラウマインフォームドケア（TIC）

　近年，米国を中心にトラウマインフォームドケア（Trauma-Informed Care：以下 TIC）という考え方が精神保健の現場で広がっている。トラウマを念頭においたケアとも訳され，当事者に関わるあらゆるスタッフがトラウマについての知識や対応方法を熟知して関わるケアのことである。

　米国連邦保健省薬物依存精神保健サービス（Substance Abuse and Mental Health Service）が提唱するトラウマインフォームドアプローチでは，4つの取組みと6つの主要原則を掲げている（Substance Abuse and Mental Health Service 2014）。トラウマの広範な影響と回復への道筋を理解し，クライエント，家族，職員，その他の関係者がトラウマの兆候や症状に気づくことができるようにする。そして，治療方針，手続き，実践面でトラウマに関するあらゆる知見を援用して対応し，再受傷を防ぐことを目指す取り組みである。このアプローチは，「安全」「信頼性と透明性」「ピアサポート」「協働と相互関係」「エンパワーメント，発言と選択」「文化，歴史，ジェンダーの問題」の6つの主要原則に準拠すると定義されている。こうしたトラウマインフォームドアプローチの考え方は，医療，児童福祉，教育，社会福祉などの領域で，トラウマ回復支援サービスに導入され，組織的にトラウマに対する態度を変化させていくことを目指している。教育の分野においてもこの考え方が適用されてきている。

　アメリカの TIC の考え方の背景には，ACE 研究（Adverse Childhood Experiences Study：児童期の逆境体験に関する研究）がある（中村ほか 2015）。保険会社のカイザー・パーマネンテ（Kaiser Permanente）と米国疾病予防管理センター（Centers for Disease Control and Prevention）により実施された1万7000人以上を対象にした大規模な疫学調査により，トラウマの体験率の高さとトラウマ体験が長期に渡り心身に大きな影響を及ぼすことが明らかにされた（Felitti et al. 1998）。また，17歳までに約3分の2の子どもが少なくとも1回以上のトラウマ経験があり，なかにはその影響により学習に顕著な障害が生じていることも報告されている（Perfect et al. 2016）。

*123*

教育分野への TIC が導入される理由には，さらに，次の３つの背景がある
と言われている。

① ゼロ・トレランスというルールが守られない場合に速やかに罰を与え
るという指導方針に基づいた問題行動への対応の際に，トラウマなど，
子どもの置かれた背景を考慮することなく対応することで，かえってド
ロップアウトする子どもたちを増やしているのではないかという批判（米
国学校心理士会（National Association of School Psychologists）2008）がある。

② 幼少期のトラウマが学業などに及ぼす影響，特に子どもの認知機能全
体の発達への影響があり（友田 2014），トラウマ体験による心身の症状に
対して適切なケアが施されないと，学習の遅れ，友だち関係のトラブル，
不登校といった副次な問題が生じやすく（野坂 2014），欠席の増加や問題
行動により学習機会が減り，結果として学力低下につながる（Craig
2016）。

③ トラウマや神経科学研究の知見により，子どもの問題行動に対する新
しい理解の仕方や適切な関わり方が提起され，教職員がトラウマによる
影響を理解し適切に関わることで，厳しい罰を与えるのではなく，リラ
クセーションやタイムアウトなどの活動を取り入れるという方法が効果
的である。さらに，アタッチメントの観点から子どもとの間につながり
を育み，子どもは学校に対して肯定的なとらえ方ができ，所属意識を高
めることができる（Bergin, C., Bergin, D. 2009）。

## （2）学校における TIC の実際

学校における TIC の取り組みを特徴づけるために，子どものトラウマに対
して教職員の意識や感受性を高めることを表す "sensitive" を用いて
"Trauma-Sensitive Schools（Cole et al. 2013）" と命名したり，知識や情報通と
いう志向性を表す "informed" を用いて "Trauma-Informed Schools
（Overstreet et al. 2016）" と表現している。本章では，以降，TIS と表記する。
TIS は，それぞれの学校の状況に応じて導入されているため，実践の内容
はさまざまになる。そのなかで，コールら（Cole et al. 2013）は，TIS を「学校

生活全般において，すべての児童生徒が，安心で，受容され，支持されている
と感じることができ，トラウマの学習活動への影響について教職員が対処する
ことを教育理念の中心に据える。継続的な探求に焦点をあてた過程では，すべ
ての児童生徒に必要なチームワーク，連携，創造性，責任の共有を可能にす
る」と定義している。そして，TIS を構成する要素として，クレイグ（Craig
2016）は，「教職員の研修とスーパービジョン」「神経発達を支援する教育」
「教室の管理」「方針と手続き」「規則」「地域機関との連携」の 6 点を指摘した。
　TIS は学校全体での取り組みであり，全ての教職員の専門性を高めるため
の研修を行い，児童生徒のトラウマについての心理教育によって児童生徒の問
題に対して共通理解ができ，学校全体で取り組む合意のもとに実践をすすめる
ことになる。実践を支えるために，教職員へのコンサルテーションやスーパー
バイズにより教職員をサポートしていく仕組みが必要になる。
　一方，教室の管理の側面では，多くの実践校で学校の教育方針に SWPBS
（学校全体で実施するポジティブな行動主義）（Deanneet al. 2003）のフレーム
ワークを位置づけ，学校心理学の理論的実践的枠組みと同じ多層的支援が実践
される。あわせて，豊かな人間関係を育むスキル習得のために効果的なフレー
ムワークである SEL（社会性と情動の学習）についても学校の教育方針に位
置づけられていることが多い（日本では，小泉（2011）が社会性と情動の学習
（SEL-8S）として導入や実践を行っている）。SWPBS と SEL は相互に補完し
あうフレームワークと位置づけられる。

## （3）日本における TIC（TIS）の導入

　日本における学校危機後の心のケアの対応と TIC の関連は，災害や事件・
事故による影響を受けた児童生徒に対する支援として，安全な場所への誘導，
二次被害の防止，心理教育の実施，PFA の実践，アセスメント，再発防止に
向けた防災教育，生活環境の安全と安心の確保などの取り組みがなされてきて
いることから，まさにトラウマインフォームドケア（TIC）の考え方とそのア
プローチと一致するものである。
　ただし，現況は，特定の危機事案に関わる問題対処型の対応が中心であり，

一部の教職員だけの対応になったり，事案直後に外部の精神保健の専門家の支援を得ている段階であり，学校全体としての取組みになっていたり，平時からのケアの準備を整えているところまでには至っていないものと思われる。

　学校をとりまく問題状況について，わが国の ACE 研究によると，20歳以上の一般人約2400名を対象にした研究（藤原・水木 2012），少年院在院者を対象としたもの（松浦・橋本・十一 2007；松浦・橋本 2007）などがあり，一般人の32%が少なくとも１つの逆境体験を経験しており，逆境体験の数と精神障害の発症率の関連が明らかにされている。少年院在院者は身体的虐待，心理的虐待，ネグレクトなどの虐待が対照群と比較して高いことが報告されている。これらの結果を米国と比較すると，程度の差こそあれ，課題となる児童虐待，いじめなどを含めた逆境体験について，一定の支援が必要な児童生徒の存在が認められ，教職員は感受性を高めて対応していく必要がある。その際には，教職員が災害や事件・事故後にトラウマに対応したこれまでの支援経験が，逆境体験をした児童生徒の支援にも適用でき，今後の学校危機後の TIC の観点にもつながるものになるであろう。それらの教職員は，経験の少ない新任や同僚教員をリードする役割も果たせるものと思われる。

　さらに，TIS では，教職員のすべてがトラウマについて理解することが重要とされているが，実際のところ，一般の教職員は何らかの事件・事故，災害が発生して初めてトラウマについての学習を始めるという現状がある。この状況から脱し，教職員が準備性を高め，適切なケアの主体になるためには，教員養成段階や教職員研修において，トラウマの影響や回復に向けた取り組みを扱う学習機会を設定していくことが必要である（中村ほか 2017）。

## 5　学校危機対応とスクールソーシャルワーカー

　ここまで，学校における危機管理について，リスク・マネジメントとして積極的に準備する段階（一次予防）と，クライシス・マネジメントとして早期の回復に向け迅速に緊急対応（二次予防）を行う段階に分けて説明してきた。また，継続的な支援（三次予防）に向けての学校運営の側面と心のケアの側面の

重要性について解説した。心のケアについては，心理教育やPFAの考え方が対応の基本になること，加えて，TICという考え方が学校精神保健の現場で広がり，当事者にかかわるあらゆるスタッフがトラウマについての知識や対応方法を熟知して関わる考え方（TIS）について紹介した。

スクールソーシャルワーカーは，学校福祉の担い手として，学校の危機管理の全体像について理解し，リスク・マネジメントに関しては，積極的な準備の推進者としてリスクを回避したり，その影響を緩和するための安全管理，安全教育の推進に携わっていただきたい。また，学校危機への組織的な活動ができるように準備を推進したり，事前に援助資源となる地域関係機関との連携の確認をすすめたい。

クライシス・マネジメントに関しては，二次予防の実践として迅速な対応と被害最小化にむけての応急手当に始まる対応をリードし，被害からの回復に向けた学校における取り組みを推進してもらいたい。学校内におけるコーディネーターの役割を担う場合も想定されるが，学校外から管理職と教職員へのコンサルテーション，児童生徒や保護者へのソーシャルワークというような形での関わりの可能性もある。さらに，TICやTISという考え方まで拡げて考えると，災害や事件・事故に加えて，逆境体験の児童生徒への対応においても，これまでの学校危機への対応経験や教訓を生かした教職員の実践が子どもへの有効な支援につながっていく。

最後に，学校が児童生徒に対するケアを提供するのにふさわしい場所であることを改めて認識しておきたい。学校では，一定の知識のある教職員による対応ができ，一日の大半の時間の様子を観察することで，変化をとらえやすい。さらに，異なる役割や知識，経験，技量をもった教職員がチームで対応できる。保護者からの情報が得られやすく，また，助言などのはたらきかけがしやすい位置にある。スクールソーシャルワーカーには，こういった学校の有利な点を活用し，それぞれの教職員が取り組むことができる内容を提案していただくことが期待される。

## 参考文献

American Psychiatric Association (2013) *Diagnostic and statistical manual of mental disorders : DSM-5*, Washington, D.C. : American Psychiatric Association. (日本精神神経学会監訳, 高橋三郎・大野裕・染矢俊幸ほか訳 (2014)『DSM-5 精神疾患の診断・統計マニュアル』医学書院。)

Bergin, C., Bergin, D. (2009) "Attachment in the classroom," *Educational Psychological Review*, 21 : 141-170.

Cole, S. F., Einser, A., Gregory, M., & Ristuccia, J. (2013) *Helping traumatized children learn : Safe, supportive learning environments that benefit all children*, Massachusetts Advocates for Children Trauma and Learning Policy Initiative.

Craig, S. E. (2016) *Trauma-Sensitive Schools : Learning Communities Transforming Children's Lives, K-5*, Teachers College Press.

Deanne, A. C., Leanne, S. H, & Robert, H. H. (2003) *Building Positive Behavior Support Systems in Schools : Functional Behavioral Assessment*, The Guilford Press. (野呂文行・大久保賢一・佐藤美幸・三田地真実訳 (2013)『スクールワイド PBS——学校全体で取り組むポジティブな行動支援』二瓶社。)

Felitti,V.J., Anda, R.F., Nordenberg, D., Williamson, D.F., Spitz, A.M., Edwards, V. ,& Marks, J.S.(1998) "Relationship of Childhood Abuse and Household Dysfunction to Many of the Leading Causes of Death in Adults The Adverse Childhood Experiences (ACE) Study", *American Journal of Preventive Medicine*, 14(4) : 245-258.

National Association of School Psychologists (2008) "Zero Tolerance and Alternative Strategies : A Fact Sheet for Educators and Policymakers" http://www.nasponline.org/assets/documents/Resources%20and%20Publications/Handouts/General%20Resources/zero_alternative.pdf (May 21, 2017)

National Child Traumatic Stress Network and National Center for PTSD. (2006) Psychological First Aid : Field Operations Guide, 2nd Edition (兵庫県こころのケアセンター訳 (2011)『災害時のこころのケア：サイコロジカル・ファーストエイド　実施の手引き（原書第 2 版)』, 医学書院)

Overstreet, O., Chafouleas, S. M. (2016) "Trauma-Informed School : Introduction to the Special Issue," *School Mental Health*, 8 : 1-6.

Perfect, M., Turley, M., Carlson, J. S., Yohannan, J., & Gilles, M. S. (2016) "School-related outcomes of traumatic event exposure and traumatic stress symptoms in students : A systematic review of research from 1990 to 2015," *School*

*Mental Health,* 8：7-43.

Schonfeld, D. J., Lichtenstein, R., Pruett, M. K., Speese-Linehan, D. (2002) *How to Prepare for and Respond to a Crisis,* 2nd ed., Alexandria, VA.：Association for Supervision and Curriculum Development.（元村直靖訳（2004）『学校危機への準備と対応』誠信書房。）

Schreiber, M., Gurwitch, R. and Wong, M. (2006) Listen, Protect, and Connect──Model & Teach, Psychological First Aid for Students and Teachers. http://traumaawareschools. org/resources-materials/3162/pfa_schoolcrisis_%281%29. pdf?1387376390（May 21, 2017）

上地安昭（2003）『教師のための学校危機対応実践マニュアル』金子書房。

小泉令三（2011）『子どもの人間関係能力を育てるSEL-8S①　社会性と情動の学習（SEL-8S）の導入と実践』ミネルヴァ書房。

瀧野揚三（2004）「危機介入に関するコーディネーション」松村茂雄・蘭千壽・岡田守弘・大野精一・池田由紀江・菅野敦・長崎勤編『学校心理士の実践　幼稚園・小学校編』（講座学校心理士──理論と実践 3）北大路書房，123-136。

瀧野揚三（2012）「災害，事件・事故後の危機対応」学校教育相談の理論・実践事例集　いじめの解明　第Ⅰ部『これからの教育と学校教育相談』第一法規，1-20。

友田明美（2014）「脳科学から見たPTSD」友田明美・杉山登志郎・谷池雅子編『子どものPTSD』診断と治療社，94-101。

中村有吾・木村有里・瀧野揚三・岩切昌宏・一谷紘永（2017）「教育分野におけるトラウマインフォームドケアの概念と展開」『学校危機とメンタルケア』9：103-117。

中村有吾・瀧野揚三（2015）「トラウマインフォームド・ケアにおけるケアの概念と実際」『学校危機とメンタルケア』7：69-83。

野坂祐子（2014）「犯罪による子どものトラウマ」友田明美・杉山登志郎・谷池雅子編『子どものPTSD』診断と治療社，61-67。

藤原武男・水木理恵子（2012）「子ども時代の逆境体験は精神障害を引き起こすか？」『日本社会精神医学会雑誌』21(4)：526-534。

松浦直己・橋本俊顕（2007）「発達特性と不適切養育の相互作用に関する検討──女子少年院在院者と一般高校生との比較調査より」『鳴門教育大学情報教育ジャーナル』4：29-40。

松浦直己・橋本俊顕・十一元三（2007）「非行と小児期逆境体験及び不適切要因との関連についての検討──少年院におけるACE質問紙を使用した実証的調査」『兵庫教育大学研究紀要』30：215-223。

# 第7章

## 特別ニーズのある子どもの授業づくりと
## 学校福祉論の視座
—— 「合理的配慮」と「補償」的アプローチを超えて

新井英靖

　　　　　近年，日本の特別支援教育は対象児が増加傾向にあり，特に，情緒不
　　　　安定な子どもに対して特別な支援を提供する必要性が高まっている。し
　　　　かし，こうした子どもは生まれつきの障害児だけでなく，虐待をはじめ
　　　　とした家庭等の要因によって情緒の困難が生じている場合もある。
　　　　　そもそも，貧困や虐待などの社会問題が深刻化した時代においては，
　　　　学校での学習に意味を見出しにくい子どもが多くなり，学級での学びが
　　　　危機に瀕することが多くなる。こうしたことから学校で情緒不安定な子
　　　　どもが増加しているのだとすると，教育と福祉を融合した教育実践を展
　　　　開することが強く求められるだろう。本稿では，こうした教育実践を学
　　　　習困難児の充足感や存在感という視点から論じるものである。すなわち，
　　　　充足感や存在感を得られる授業に参加することこそが，学校における子
　　　　どもの福祉を向上させることへとつながるという視点から，学校福祉論
　　　　を考えてみたい。

## 1　「特別支援」概念の再検討

　2006年12月に国連において障害者権利条約が採択され，日本は2007（平成19）
年にこの条約に署名した。その後，条約批准に向けて国内で法整備が進められ，
2011（平成23）年に障害者基本法が改正され，2013（平成25）年に障害者差別解
消法が成立した。この法律のもとでは，障害を理由とした差別を解消するため
に，「合理的配慮」を提供することが義務付けられた。そして，今後，障害を
理由に社会参加が阻害されることのないよう，「過度な負担」とならない範囲
で「特別な支援」を提供しなければならないと規定された[1]。
　こうした法的整備は，街の中にある小さなレストランなどにおいても障害者

用トイレやスロープが設置されることへとつながる，画期的なものであると考える。特に物理的バリアの解消については，議論の余地なく必要な物が十分に整備されていない箇所も日本では多く見受けられる状況であるので，法制定の効果が期待されるところである。

しかし，「合理的配慮」を提供すれば，小・中学校において学習困難を抱えたすべての子どもの福祉が向上するかと問われると，「向上する」と即答できない多くの課題が残されている。なぜなら，障害者差別解消法によって提供される合理的配慮はあくまでも「障害」のある人への支援や配慮であり，「障害」に由来しない学習困難は想定していないからである。特に，経済的貧困などの福祉的ニーズを有する子どもの学習困難に対しては，たとえ特別な配慮が必要な状態であっても，学習困難が生じている根本的な原因がいわゆる障害児とは異なるので，合理的配慮として例示されている障害特性に応じた特別な支援を提供しても，十分な効果が期待できないことが多いことも事実であろう。

以上のように，障害児への対応を中心に検討してきた「特別支援教育」を提供することで学校教育の諸課題をユニバーサルに解決しようとすることには限界がある。ただし，こうした対応は，これまでの教育の歴史において，繰り返されてきたということも確認しておく必要がある。たとえば，イギリスでは，1960年代に移民の子どもが小・中学校に多く通うようになったが，こうした子どもの英語力を高めるために「リメディアル教育（remedial education）[2]」と称した特別なクラスに移民の子どもを抽出し，特別に英語を指導する対応が全国的に展開された。この当時，社会全体で平等に対して強い関心が示された時代でもあり，こうした対応によって「教育の機会均等」が実現できると考えられた。

しかし，この施策は成功しなかった。それは，移民の子どもの学習困難は単なる英語力の低さから生じているのではなく，英国の学校文化へどのように適応するかという問題も含まれるからである。こうした学校文化への不適応問題を抱える子どもに，英国文化の象徴でもある「英語」を補習的に指導することを目的とした「リメディアル教育」を施すだけでは，他の子どもたちとの差異ばかりが際立ってしまい，結果として「統合教育」の実現は不十分なものとなったのである（新井 2007を参照）。これは，学習困難児を排除することなく，

学校での学習に参加させようとしたら，個人に対して「特別な支援」を提供するというだけの方法には限界があり，社会（学校）を改善することが不可欠であるということを意味していると考える[3]。

## 2　日本の特別支援教育の発展と学校ソーシャルワークの課題

　日本の特別支援教育は，もともと障害児個人に対する「特別な支援」を提供するという側面が強い。たとえば，特別支援教育では困難を抱える子どもをアセスメントやスクリーニングによって判別し，どのような支援を提供するかという計画（個別の教育支援計画／個別の指導計画）を策定するといった方法を採用することが一般的である（三浦 2009；高畑 2009など）。もちろん，これまでの特別支援教育においても，チームで担任教師を支援することや保護者支援の重要性については指摘されてきたが，その場合においても，あくまでも支援対象児の障害に基づく困難を明確化し，有効と考えられる支援を学校と家庭が連携して実施するという方向で検討されていきた（片瀬 2011など）。

　こうした中で，日本の特別支援教育は，ある意味で拡大の一途をたどっている。図7-1に示した通り，日本では，国連障害者権利条約の採択に向けてインクルーシブ教育が世界的に議論されていた2005（平成17）年度から2014（平成26）年度までの10年間で，特別支援学校の在籍児童生徒数は約1.3倍，特別支援学級の在籍者数は約2倍に増加している[4]。

　特別支援教育において対象児が増加している背景・要因についてはさまざまな角度から分析・検討されているが，これは一つの要因で説明できるものではない。たとえば，「発達障害に対する理解の広がり」や「特別支援教育の意義や専門性の理解の広がり」などにより，子どもを特別支援教育に措置する心理的な壁が低くなっているという理由が考えられる。その一方で，通常学級の教育水準の向上や友人関係が希薄になってきていることなども影響しているのではないかという点も無視することはできない要因であろう。

　さらに言えば，家庭や地域の養育能力の低下によって，情緒不安定な子どもが増加し，そうした子どもたちの一部が特別支援学級へ入級している可能性も

第7章　特別ニーズのある子どもの授業づくりと学校福祉論の視座

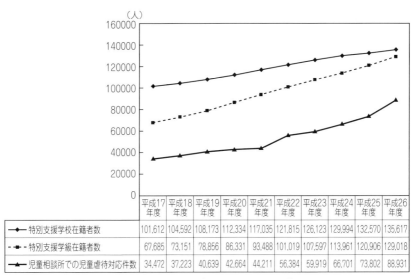

図7-1　特別な配慮を要する子どもの数
（出所）　文部科学省『学校基本調査統計』（平成26年度版）および厚生労働省『平成27年度児童相談所での児童虐待相談対応件数〈速報値〉』より筆者作成。

否定できない。たとえば，児童相談所が対応した児童虐待件数は，この10年間で，特別支援学級の在籍児童生徒数と同様に増加している（図7-1）。被虐待児は情緒が不安定な子どもが多く，その一部が発達障害と同様の症状を示すことが多くの研究者によって指摘されているが（杉山2007：宮本2008），こうした子どもへの対応は単に学習困難が生じている点だけを取り上げて特別な支援を提供するだけでは不十分であることは明らかだろう。むしろ，子どもの学習を効果的なものにするために，保護者を支援することが必要であり，ソーシャルワークの視点が欠かせない。

　以上のように，子どもの学習困難の背景には，家庭事情を理由とする情緒不安定が含まれている可能性があり，学校においてもこうした側面からアプローチすることが必要となっている。この点に関して，英国では，インクルーシブ教育を推進するようになった2000年前後から，不登校や校内暴力など，いわゆる「問題行動」に直接，対処するアプローチには限界があると認識されるようになった。それは，「問題」を起こす子どもは，家庭で十分な養育ができてい

*133*

ないなどの福祉的な理由のために，アタッチメント形成等の社会・情緒的発達が不十分である子どもが多いので，社会的関係を築くための教育が必要であると考えられるようになったからである。

こうした中で，英国の学校ではすべての子どもに対して PSHE 教育（人格・社会性・健康・経済教育）という時間を設けて教育を行うようになった。また，情緒的に困難のある子どもには，「SEAL（学習における社会・情緒的側面）」と呼ばれるアプローチを提供するなど，社会・情緒的な成長・発達を促す教育実践を学校全体で組織的に実践している。

もともと，英国では教育福祉サービスの重要性が早くから指摘されており，多くの学校でソーシャルワーカーが日本よりも密接に関与してきた（新井2010）。しかし，上記のような英国の新しい教育実践の展開をふまえると，2000年以降，学校と家庭が連携してどのように生徒指導を展開するかという視点からだけではなく，生徒指導的な問題を発達的な課題としてとらえ，社会的・情緒的側面を含んだ授業を展開する必要性が認識されるようになったのだと考える。

## 3 社会的な経験の差が学力差となる実相

それでは，授業のなかにソーシャルワークや学校福祉の視点はどのように関わってくるのだろうか。この点について，ある理科の授業を例に挙げて考えてみたい。ここで紹介する授業は4年生の授業で，「水を温め続けるとどのようになるか？」を考えることが課題であり，授業では実験的にお湯を沸かし，その現象をみながら理科的に考察するものであった。

この授業では，「水は100℃近くになると蒸発して気化する」ということを理解できることが学習のねらいであったが，こうした科学的法則を単に「教える」のでなく，この授業では実験を通して「水」の性質について観察し，さまざまな角度から分析することが求められていた。実際にこの授業で行われた実験では，水は熱していくと水泡ができ，いずれぶくぶくと空気の塊のようなものが噴き出す様子を観察させていた。そして，「どんなに熱くなっても水の温

度は100℃を上回ることはない」ということを，実験を通して理解させること
が授業のねらいの一つとなっていた。

　もちろん，小学生に向けた理科の実験であるので，実験に参加し，水の変化
を見ているだけで，感覚的にある程度は理解することができる。しかし，この
授業は，「予想→実験→考察」といったプロセスをふんで科学的に（あるいは，
理科的に）思考することが求められた。これは多くの小学校で用いられている
授業展開であるが，学習困難児の立場からよくよく考えてみると，実験をして
もいないのに，「水を温め続けたらどうなるか」をどうやって予想できるのだ
ろうかと筆者は授業参観のなかで感じたものである。

　中学生になれば，これまで学習してきた理科に関連する知識を駆使して，そ
れこそ論理的に予想や仮説を立てることができるかもしれない。しかし，小学
４年生ではまだ形式的・抽象的に思考する力が未発達であることから，どうし
ても日常の経験をもとにイメージしなければならないだろう。筆者が参観して
いた授業でも，この実験を行う前の子どもたちは「お湯になる」ということ以
上の予測を立てられる子どもは少数であった。実際に水を熱して，温度計で１
分ごとに温度を測りながら，水の変化を観察する中で子どもたちの多くが記述
したことは，「湯気が出る」→「小さい泡が出る」→「大きい泡になる」とい
うように，見てわかる状況を単に記述するだけのものが多かった。

　これは，小学４年生の思考が「生活」を基盤にして進められることと関係し
ていると考える。こうした物事のとらえ方をヴィゴツキーは「生活的概念」と
呼んでいるが，経済的に困窮している家族の子どもや，親から時間やお金を十
分にかけてもらえない被虐待児は，他の子どもと比較して生活経験が貧弱であ
り，生活的概念の形成に困難が生じている可能性がある。そうした子どもたち
が上記のような理科の授業に参加したときに，果たしてどのような経験を頼り
に実験の結果を予想し，仮説を立てるのだろうか。

　このように，小学校の授業は生活に密着している内容が多いことから，家庭
や地域社会での経験が学習の理解を大きく左右してしまうことがある。これは，
理科の授業に限ったことではない。たとえば，算数の引き算などは，家族で盤
ゲームを楽しんでいるなかで自分と相手の点差を計算する必要性が生まれ，遊

びの中で「引き算」の意味を理解し，計算方法を身につけている。

　あるいは，買い物の経験が多い子どもほど，社会のしくみ（経済の原理や物の流通など）を理解することにつながるということは容易に想像できることである。また，絵本の読み聞かせをたくさんしてくれる家庭の子どもであれば，言葉をたくさん覚える機会に恵まれるだけでなく，言葉を聞いて物語の世界を想像する力が自然と身につき，読解力の向上につながることだろう。

　このように，子どもの学力は家庭や地域の状況と大きく関係している。マクロな視点から，こうした実相を整理すると，経済格差が教育格差へとつながり，学力差が固定化してしまうということになるだろう。近年では，こうした連鎖が親から子へと継承されてしまい，貧困と学歴の世代間で連鎖していることが指摘されている（中室 2015など）。

## 4　「ソーシャルワーク」を広くとらえる

### （1）社会経験の不足は学校で補えるのか

　そもそも，近年の子どもの社会経験の不足は，貧困家庭の子どもや被虐待児においてのみ認められるものではない。現代の子どもは放課後，戸外で遊ぶ場所が少なくなり，また，いわゆる「お稽古ごと」と呼ばれる社会教育施設が充実してきたことも相まって，多くの子どもが「大人の管理下」で過ごす時間が増えてきた。これは，子どもが安全に学ぶ環境が整ってきたと評価することができる一方で，昔の子どもが普通に行ってきた自発的な遊びのなかで，試行錯誤や工夫をしながら学習し，共同的な生活を創り出す社会環境ではなくなったととらえることもできる。

　教育学の視点からこうした社会の変化を見つめると，放課後の遊び方が変化したことは午前中の学校の授業にも大きく影響していると考えられる。たとえば，今から20年以上前の社会では，共働きの家庭のほうが少なく，学校が終わったら，同じ学校の同じ学年，同じクラスの子どもと遊んでいることが多かったのではないだろうか。

　また，その当時の子ども集団で繰り広げられる放課後の遊びの中には，けん

第7章　特別ニーズのある子どもの授業づくりと学校福祉論の視座

かもあれば，探検もあれば，時には対抗戦のようなものもあり，仲間関係が深められていった。そして，こうした放課後の遊びを基盤にして，午前中の学校で学習するのであれば，そうした時代には，学校の授業のなかで他者と交わることそのものを目的とした教育活動はあまり必要ないだろう。むしろ，放課後，知的に遊ぶことを可能にするような読み・書き・計算の指導や社会的ルールの教授に力を注ぐことのほうが重要であったと考えられる。

　しかし，近年は，読み・書き・計算の学習を補ってくれる（塾などの）教育施設が発達し，スイミングやサッカークラブなどの社会教育の中で，社会的ルールも「教えてくれる」時代となった。その一方で，子どもたちが自由に遊べる場が少なくなり，大きな集団で遊ぶことが難しくなっている。そうした状況の中で，子どもたちは全体的に，他者と関わる力が弱いと感じられる時代となり，学校は昔よりも「話し合い」や「協同的な学習」を多く取り入れる必要性が高まった（松下 2015；溝上 2014など）。

　加えて，21世紀には，人工知能（AI）が急速に発展し，今後，多くの事務的な仕事を人工知能が担うようになることが予想されるため，子どもに求められる能力も変化した（中央教育審議会 2016）。こうした状況の中で，学校教育においては「言語活動の充実」を柱に据えた学習指導要領となり，今後はアクティブ・ラーニングが推奨されている。

　以上のように，現代の学習では豊かな社会経験をもとにして，社会的・協働的に活動できる子どもを育てることが重要な時代となった。しかし，ここで一つの疑問が生じる。それは，学校における学習は果たしてすべての子どもの社会経験の蓄積まで責任をもつことができるのだろうかという点である。すなわち，教育は家庭や地域の貧困を補い，すべての子どもの「社会的・協働的な成長・発達」を実現することができるのだろうか。本章の前半で述べたように，少なくとも，これまでの教育の歴史を振り返ると，従来の考え方や教育実践の方法論では，それは「難しい」と言わざるを得ないだろう。

　筆者はこうした20世紀には解決不能であった学校における学習困難問題への一つの解決方法として，教科学習の中に学校福祉やソーシャルワークの視点を取り入れていくべきではないかと考えている。もちろん，学校福祉やソーシャ

ルワークの実践には，すべての子どもが通う「学校」だけでなく，放課後の学習塾やスイミングスクールなどのあらゆる社会教育施設での活動も含まれるが，筆者はこうした「学校教育」と「社会教育」といった分けた捉え方を超える実践を展開することこそが21世紀に求められているのではないかと考えている。

## （2）地域の実態をふまえた「学校」をつくる

　それでは，「学校」と「社会」を融合した学習の展開とはどのようなものであろうか。ここでは，ある小学校で学力向上を目的として読書活動に力を入れて取り組んだ実践を紹介したい[6]。この学校では，単に朝の時間に読書の時間を増やすといった，多くの学校が取り組んでいるアプローチだけでは十分な効果を上げることはできないと考え，地域の特性に応じた読書環境の整備を考えていった。

　具体的には，この学校では，子どもたちが利用できる図書館が家の周りにどのくらいあり，実際にどのくらい利用しているのかという視点から調査を行った。この学校の地域は人口がそれほど多い地域ではないことから，市民が利用できる図書館が少なく，地域の図書館を利用しようとしたら多くの家庭が自家用車を利用して子どもを図書館まで連れていくことが必要であった。

　その一方で，この学校の学区の家庭は市内の平均的な世帯と比べて相対的に所得が低い地域であり，自家用車を保有していない家庭も多かった。加えて，親が生活費を稼ぐことに多くの時間が割かれていて，図書館に子どもを連れていくなど，親が子どもの面倒をみるために割ける時間が少ないという実態であった[7]。

　以上のような地域的な特徴をふまえると，休みの日に図書館で本を借りることを奨励し，家庭での読書時間を多くしようとする一般的なアプローチではあまり成果が出ないと考えられる。そもそも，家庭で読書の習慣がないのだから，学校で図書室に子どもたちを連れて行き，本を家に持ち帰らせても，家で読書を楽しむ時間を確保できるとは思えない。むしろ，本を身近な物と思ってもらえるような工夫をするところから始めることが必要であると，この学校の先生方は考えた。

第7章　特別ニーズのある子どもの授業づくりと学校福祉論の視座

そこで，この学校では週に1度，図書館に行く時間を作るのではなく，10分間の休み時間にも本を手に取ることができるように図書室の本を各学年のクラスの近くに分散して置くことにした。具体的には，各学年の教室の近くの廊下に小さな本棚を設置し，図書室にあった本のなかでそれぞれの学年の子どもが興味をもちそうな本を数十冊，教師の側で選び，配架した。身近なところに本がおかれたことで，子どもたちは朝の読書の時間に読みたい本を読むことができるようになり，読書活動が活発になったという。もちろん，こうした取り組みを行っただけで，「学力が向上した」と結論づけられるほど学力を向上させることは容易ではないが，国語の授業改善とともに，こうした取り組みに力をいれたこの学校では，少しずつ学力調査の結果も向上していった。

国語科の系統的な学習を俯瞰的にみれば，図書館を利用する方法を学び，自分で興味のある本を見つけて読書の習慣を形成することを目的とした単元が存在する。たとえば，東京書籍の教科書では，4年上の教科書に「本は友達」という単元が設定されている。教師用指導書には，この単元の目標として「長期休暇前のこの時期に，いま一度読書に目を向けさせ，積極的に学校図書館などの施設を利用させ，多読を促すこと」が意図されている（『新編　新しい国語教師用指導書研究編　四上』東京書籍，2015年，180頁）。

もちろん，こうした学習単元を積極的に活用し，読書の楽しさを教えていくことは大切であるが，本章で紹介した学校などは，ある学年の国語の一単元のなかだけで読書の楽しさが伝えられるものではないことは明らかである。むしろ，学習困難のある子どもの学力を上げるためには，地域や学校の図書館（図書室）の活用と，学校での読書活動（あるいは国語の授業）をそれぞれ整備するという発想ではなく，両者を重ね合わせるように統一的に実践することが必要なのではないだろうか。

よく考えてみれば，より家庭的な環境で読書活動を進めていくことが大切なのであれば，図書室に週に1度連れていくのではなく，毎日，本棚に並んでいる本を目にして，気が向いたときに本を手に入れられる環境を学校においても作るほうがよいだろう。本章で述べてきた福祉やソーシャルワークの視点を学校教育の中にも含み込むということは，学校と家庭の両者の特徴を融合した実

*139*

践を創り出すことであると考える。

　特に，人口が減少している地域で，かつ，他の地域と比べると相対的に貧困家庭の多い地域では，一般的に利用できるはずの社会的資源を利用することができない子どもも多くなり，子どもの教育格差が広がりやすい。そのため，教師やソーシャルワーカーは，こうした現実と向き合い，学校の学習と社会や家庭を「つなぐ」実践展開が求められていると考える。

## 5　学習困難児の「学び」と「学校福祉」の接点

### （1）NPO 団体の無料塾になぜ子どもは通うのか

　以上の事例は子どもの学びが深まるように社会（学校）の側を変革するということを示した一例であるといえるだろう。こうした取り組みはいわゆる学校教育の現場よりも，学校に適応できない子どもを多く引き受ける NPO 団体等のほうがより顕著であり，学習困難児の「学び」の意義がみえてくる。

　たとえば，岸田は子どもの貧困・格差をなくす取り組みのなかで，自宅をそうした子どもの居場所にすることができないかと模索し，実践を始めた。そこでは，小学生には16時から18時，中学生には19時から20時45分の時間帯に学習支援を行っている。加えて，地域や関係機関からのさまざまな支援を受けながら，中学生には夕食を出し，小学生にはおやつを出しながら，宿題や学校の学習でわからないところを支援してきた（岸田 2016：57-58）。岸田はこうした取り組みを生活保護家庭に限定して取り組むのではなく，地域の居場所として誰もが参加できる取り組みにしたいと述べている（岸田 2016：61）。

　また，勝野は地域で学校に通えないでいる子どもとフリースクールで関わった経験のなかで，子どもたちが「居場所」と感じられる空間を広げていくことの重要性を指摘している（勝野，2016）。ただし，その居場所をつくるための具体的な関わりは国語や数学などの学習を支援することがベースとなっていた。もちろん，ここでの学習は単にテストの成績を上げるためだけの補習的な取り組みではなく，漢字遊びを通した学習であったり，友だちと制作活動をしたりするといったものであった（勝野，2016，65）。

近年，政府もこうした NPO 団体等が運営する「無料塾」を支援するように
なってきた（文部科学省，2014など）。筆者もこのような社会的支援が広がっ
ていくことが望ましいと考えているが，このとき，こうした塾に通ってくる子
どもたちは，学校には行きたがらないのに，なぜ無料塾には通おうとするのか
という点を考察しなければ，真の意味で彼らの「学び」を支援することはでき
ないと考える。

　もちろん，無料塾に通う子どもたちの多くは，高校や大学に進学したいから
「わからないところを教えてもらう」という目的をもっていることは事実であ
ろう。また，無料塾では，学習が終わった後，おやつや温かい夕食が食べられ
るという理由なども，子どもたちが無料塾に通ってくる無視できない重要な理
由の一つであると考えられる。しかし，筆者はこうした経済的な理由だけでは
子どもたちが継続して無料塾に通う理由を説明できないのではないかと考えて
いる。あるいは，学校・教師と社会的支援・ソーシャルワークが連携し，協働
しているから，子どもの学びが成立するのだといった表面的な結論を述べるだ
けでは，問題の核心をふまえた論述としては不十分であると考えている。

　それは，「無料塾」等で学んでいる子どもにとって，学校教育であるのか
（あるいは教諭から教わるのか），福祉的支援であるのか（あるいはソーシャル
ワーカー等による支援であるのか）は二分して捉えられる問題ではないからで
ある。むしろ，地域に支えられながら，学校の学習を進めていくという，「そ
れぞれの領分」が越境し，融合した取り組みだからこそ，子どもたちは無料塾
に参加しようとするのではないだろうか。

　言い換えると，物・心両面の居心地の良さを基盤にして知的な欲求を充足す
るところが「学びに値する居場所」なのではないかと考える。つまり，福祉と
教育が別々に充実しても「居場所」を実現することはできないのであり，むし
ろそれぞれの専門性が融合した「一体的な実践」を展開することが学習困難の
ある子どもたちの「学び」を成立させる要件なのではないかと考える。

## （2）「一体感のある授業」の中にある社会的側面

　以上のような無料塾に含まれる実践の意味を要約すると，身体的充足感と知

的欲求の統一ということが「学び」を意味あるものとする鍵なのではないだろうか。そして，こうした学びが「子どもの福祉」の向上の基盤であるととらえたら，従来の教科学習論をとらえ直すことができると考える。

　具体的な授業を例に挙げて考えてみよう。たとえば，筆者が参観した体育では，「仲間と積極的に交流し合いながら，リズムにのって全身で踊る」ことを目標にしたダンスの授業が行われていた。このクラスは，雰囲気が比較的明るく，授業で与えられた課題に対して積極的に取り組もうとする生徒が多かった。こうしたクラスであったので，とても積極的に音楽に合わせて身体を動かしている生徒が多かった。

　一方で，このクラスには「他者とのコミュニケーションを図ることや，体で表現することが苦手」な生徒がいた。この生徒は，多くの授業に真面目に参加していたが，友だちとあまり話をしない生徒であり，休み時間も図書館や教室で，一人で本を読んで過ごすことが多い生徒であった。体育の授業においても，身体を動かし始めるタイミングが他の生徒に比べると遅く，動きも小さいように見受けられ，体育が得意という様子ではなかった。

　しかし，ダンスの授業は，リズムに完全に合致させて身体を動かせなくても，友だちと一緒に身体を動かすことが楽しいと思えれば，子どもたちは参加する。このような身体的活動を通じて他者を感じあうことを大切にするダンスは，授業終了時の満足感もそれなりに得られるものであったので，他者とのコミュニケーションが苦手な生徒でも，この授業には最後まで参加できていた。

　以上のような学習参加の様子は，英語の授業でも同じように感じたことがある。学習困難のある子どもたちは，言語的な能力が低いことが多く，いわゆる「語学」の学習は苦手意識が強い。しかし，筆者が参観した ALT が進める英語の授業には，学習が苦手な子どもも参加していることが多かった。

　それは，ALT が進める英語の授業では，簡単な英語ゲームを通して英語の学習をすることが多いことと関係しているように思われる。すなわち，ALTが展開する英語ゲームは，ルールの理解という点で言えば，小学校低学年の子どもでも十分に理解できるものが多い。そのため，たとえ英語の学力が低くても，どうすればゲームに参加できるかということは理解できるものが多い。

第7章　特別ニーズのある子どもの授業づくりと学校福祉論の視座

　加えて，そうした活動のなかで，友だちと大声を上げて笑ったり，勝ち負け
に一喜一憂したりする遊びの要素が含まれているので，学力差を超えて学習者
全員が他者との接点をもつことができるのだと考える。しかも，この学習は，
最終的にはそれが外国人とのコミュニケーションに使える社会的な道具の活用
方法を学ぶ機会となるように授業が設計されていることも，中学生にとっては
教室にとどまり学習に参加しようと思える要因の一つになっていると考える。

　このように進められる英語の授業は，学習困難児がいるから特別に設計され
るのではなく，多くの小／中学校の英語（あるいは外国語活動）で取り入れら
れているものであろう。つまり，一般的に社会的に有用であると考えられてい
る英語の学習を，単語や文法を学ぶことに終始するのではなく，楽しいゲーム
を通して他者と関わり合える学習として展開すれば，語学が苦手な学習困難の
ある生徒でもクラスにとどまり，学習に参加してみようと思うのだろう。

　以上のような教科学習が毎日，毎時間，展開されれば，学習困難のある子ど
もたちも教室の中に，「居場所」を感じることができるのではないだろうか。
本稿で例示した体育や英語の授業で言えば，学力や試験といったいわゆる教育
的な基準からいったん離れ，学習そのものの中にある，魅力的で共同的な授業
を展開することができるかどうかが学習困難児の授業参加の鍵となると考える。

## 6　特別ニーズのある子どもたちを含めた学校福祉論の展望

　以上の論点をまとめると，特別ニーズのある子どもたちに対する学校での対
応は，従来から行われてきた「理解できないところを補う」ことを中心とした
「特別支援教育」を提供するだけでなく，また，経済的困窮家庭を中心に支援
するソーシャルワークを展開するだけでもなく，自己の存在を確認でき，身体
的な充足感を得られる時間・空間のなかで生活することが必要であるというこ
とである。そして，こうした実践を「福祉」という言葉で論じるのであれば，
このときの「福祉」とは，狭義の「困難を抱える人に対する社会的支援」では
なく，英語で言えば「well-being（存在)[8]」という訳語をあてることが適当で
あると思われる。

*143*

学校における「福祉」を以上のように広くとらえると，仮に授業に参加できなくても，給食の時間や放課後の部活動の時間だけは登校して，その時間が終わったら帰るというような参加のしかたでも良いと考えることができる。あるいは，自分の好きな先生，好きな教科だけは授業に参加するという子どもがいても，1週間のうちに何時間かでもそうした時間や空間のなかで過ごすことができるならば，「福祉」という点から考えると大切な時間であると言えるのではないだろうか。

本来，学校という場所は，「参加」しようと思える時間や空間があり，そのなかで教師や友だちと「つながる」経験を蓄積することができるところである。本章では，そうした経験の蓄積が子どもの世界を広げ，福祉の向上につながるというスタンスで論じてきた。加えて，そうした時間や空間は，中学校の教科学習の時間のなかでも生み出すことができるということを指摘してきた。すなわち，学校という場所には，自己の存在を揺さぶる魅力的な教材があり，そうした教材と向き合いみんなで「ワクワク」しながら，「ワイワイ」と学ぶことができる学校・学級の集団があるということが，子どもの福祉の向上にとってとても重要なことであると考える。

今後，特別ニーズのある子どもたちを含めて，学校におけるすべての子どもの福祉をこうした点から向上させることが重要であると考える。そして，こうした実践を展開するためには，教師とソーシャルワーカーが互いの領分を越境し，両者が協働的な実践を創出するための知恵を出し合うことが必要であると考える。


注
1) 詳しくは，新井（2016）を参照。
2) アメリカでも同時期，「補償教育（compensatory education）」と呼ばれた同様の取り組みが行われている。英米のこうした取り組みは1960年代から1970年代にかけて多くの共通点が認められる。
3) 1960年代以降の英国の特別ニーズ教育の発展史については，新井（2011）に詳述している。
4) 平成26年度に文部科学省から出された『特別支援教育資料』によると，特別支

援学校在籍者数の割合は全児童生徒数の0.9%，特別支援学級の在籍者数の割合は全児童生徒の1.2%となっている。この割合は，インクルーシブ教育を早い時期から展開してきた他の先進国の水準と比べてそれほど高い数値ではない。

5) ヴィゴツキーは子どもに「生き生きとした表象を呼び起こしたいと思うなら，私たちはその表象を構成し得るあらゆる要素を，生徒の現実の経験の中に見出さねばなりません」と述べている。そうでなければ，単に諸要素を結びつけただけの認識となり，「砂上の楼閣を築く危険を冒すことになる」と考えている。詳しくは，ヴィゴツキー（2005）を参照。

6) これまでの学力調査の結果では，読書が好きという項目と学力は相関していることが指摘されている（鎌田，2009）。

7) 学校研究として行われた調査であるので，詳細なデータが公開研究会の資料として公表されているが，「貧困地域」として見られるなどのスティグマを避けるため，出典を明記することは本稿では避けることとする。

8) 「being」には「存在・生存・人生」という意味がある（ジーニアス英和辞典より）。


**参考文献**

新井英靖（2007）「統合教育の歴史」大田直子・越野由香編『学校をよりよく理解するための教育学　5』学事出版，166-178。

新井英靖（2010）「英国行動上の困難を示す子どもに対する教育的対応にかんする研究～人格・社会性・健康教育（PSHE）に注目して～」『学校ソーシャルワーク研究』（日本学校ソーシャルワーク学会），第5号，30-40。

新井英靖（2011）『英国の学習困難児に対する教育的アプローチに関する研究』風間書房。

新井英靖（2016）「インクルーシブ教育の合理的配慮と実践課題」吉利宗久ほか『特別支援教育の新しいかたち』培風館，33-40。

片瀬廉士（2011）「小学校におけるチーム支援へのコンサルテーション——保護者支援，学級担任支援の事例を通して」『特別支援教育コーディネーター研究』第7号，23-30。

勝野一教（2016）「居場所を求める子どもたちと付き合う～地域で学習支援に取り組んで～」『生活指導』2016年8／9月号，58-65。

鎌田和宏（2009）「子どもの生活と読書の指導」日本教育方法学会編『言語の力を育てる教育方法』図書文化社，121-136。

岸田久恵（2016）「地域生活指導の扉　猫の足あとハウスへようこそ」『生活指導』

2016年8／9月号，58-65。

杉山登志郎（2007）『子ども虐待という第四の発達障害』学研。

高畑芳美（2009）「幼稚園における特別支援教育コーディネーターの取組み——神戸市きこえとことばの教室の果たす役割」『特別支援教育コーディネーター研究』第5号，55-60。

中央教育審議会（2016）「幼稚園，小学校，中学校，高等学校及び特別支援学校の学習指導要領等の改善及び必要な方策等について（答申）」。

中室牧子（2015）『「学力」の経済学』ディスカバー・トゥエンティワン。

松下佳代（2015）『ディープ・アクティブラーニング』勁草書房。

溝上慎一（2014）『アクティブラーニングと教科学習パラダイムの転換』東信堂。

三浦光哉（2009）「特別支援教育システムの構築と特別支援教育コーディネーター養成制度の成果から〜鶴岡市教育委員会と山形大学特別支援教育臨床科学研究所との協働〜」『特別支援教育コーディネーター研究』第5号，47-54。

宮本信也（2008）発達障害と子ども虐待『発達障害研究』30巻，77-81。

文部科学省（2014）「子供の貧困対策に関する大綱〜全ての子供たちが夢と希望を持って成長していける社会の実現を目指して〜」。

ヴィゴツキー，柴田義松・宮坂琇子訳（2005）『ヴィゴツキー　教育心理学講義』新読書社。

# 第8章

# 切れ目のない発達保障と学校福祉
## ——乳幼児期と学齢期のインターフェイス

宮地さつき

　子どもの心身の発達を考える上で，特に就学前後の時期の重要性は，学校教育分野においても子ども家庭福祉分野においても，改めて注目され，その「保育・教育の質」「接続の在り方」「支援とは何か」が問われている。

　この議論の中で，「切れ目のない支援」がクローズアップされているが，そもそもこれまで何が切れていて，今後，何をつなぐ必要があるのだろうか。学校福祉という切り口からこの問題に焦点を当てることは，子どもの発達を保障する家庭・学校・地域の協働の在り方を再考することとも重なる。

　そこで本章では，まず子ども前期における教育・福祉両面でのケアの変遷を辿り（第1節），この時期に対する施策の一つとして，現在，特に推し進められている保幼小連携の側面からその現状と課題について検討することで，子ども前期を取り巻く家庭・学校・地域の実態に迫りたい（第2節）。そして学校福祉領域の観点からこの問題に向き合う時，実践家や研究者が培うべき子ども前期へのソーシャルワークの視点やその存在意義について，今後の議論のきっかけとしていきたい（第3節）。

## 1　子ども前期の教育とケアの変遷
### ——就学前教育と子ども家庭福祉の観点から

### （1）子ども前期とは

　子ども支援を考える際，私たちが対象とする「子ども」とはそもそも誰のことを指し，どのような存在か。まずこのことについて整理していきたい。

　「子ども」とは，元来，親から生まれたもの／幼きもの／未熟なものが，親

*147*

やおとなに付き従う，自立していない存在，自立途上の人間といったどちらかというと受動的で消極的な意味で使われてきたが，その認識は変換されつつある。確かにひとは歩行・発話・食事・排泄など多くの面で未成熟な状態で生まれるが，何もできないわけではない。泣いたり笑ったり，小さな体で精いっぱい生きようとする姿を見せ，他者の関わりを欲し，また関わらせようとする力をもつ。つまり生まれた瞬間から，主体的，能動的かつ積極的に成長・発達しようとするものであり，その過程にいるのである。

　もちろん，ひとは生涯にわたって成長し続ける存在である。しかしここであえて子ども／おとなの違いを示すのであれば，おとなは（身体的・心理的な）成熟がほぼピークに達し，（経済的・職業的・精神的・社会的な）自立が概ね可能な存在であることに対して，子どもはそこに至るまでにさまざまなヒト・モノ・コトに出逢い，多くのことを吸収し，自分探しをする存在である。衣・食・住に始まり，心身の発達にも大きな影響を及ぼす愛着形成や，発達の最近接領域などの側面から見ても明らかなように，「子ども」は常にひととの関わりの中に存在し，急速に成長・発達している時期といえるだろう。このように考えると，その時期は厳密に言えば個体によっても異なるため，子ども／おとなの線引きは他者が画一的にできるものではないが，年齢で区分されることが多い。

　では，どのような年齢のひとを「子ども」と定義しているのだろうか。日本の関連法令では，類似する年齢層に対して「児童」「少年」「子ども」など，さまざまな呼称が使われている。そして根拠となる法律によって，同じ呼称を用いてもその対象年齢は少しずつ異なっている（表8-1）。たとえば児童福祉法は18歳未満を児童と定義しているが，条項によっては四年制大学を卒業する22歳までをその対象としている。一方，労働基準法では満15歳に達した年度までを児童と称し，児童労働の原則禁止を謳っている。このように法の目的，さらには時代背景や文化によってその線引きは明白ではないし，必ずしもはっきりとさせる必要はないが，成長・発達のための何らかのサポートを要するという観点から，本章では「子ども」の定義を「0歳から概ね20歳前後までの者」として考えていきたい。

第 8 章　切れ目のない発達保障と学校福祉

表8-1　主な法令による児童等の定義における年齢区分

| 根拠法 | 呼称 | 定義 |
|---|---|---|
| 児童の権利に関する条約 | 児童 | 18歳未満の者 |
| 児童福祉法 | 児童 | 18歳未満の者（第4条）ただし，小児慢性特定疾病医療支援対象者は20歳未満の者（第6条の2），児童自立援助事業対象者は22歳未満の者（第6条の3） |
| 児童虐待の防止等に関する法律 | 児童 | 18歳未満の者 |
| 母子及び父子並びに寡婦福祉法 | 児童 | 20歳未満の者 |
| 学校教育法 | 学齢児童 | 満6歳に達した日の翌日以降における最初の学年の初めから，満12歳に達した日の属する学年の終わりまでの者 |
| 学校教育法 | 学齢生徒 | 小学校（特別支援学校の小学部）の課程を修了した日の翌日以後における最初の学年の初めから，満15歳に達した日に属する学年の終わりまでの者 |
| 労働基準法 | 児童 | 15歳に達した日以後の最初の3月31日が終了するまでの者 |
| 少年法 | 少年 | 20歳未満の者 |
| 民法 | 未成年 | 20歳未満の者[*1] |
| 子ども・子育て支援法 | 子ども | 18歳に達する日以後の最初の3月31日までの間にある者 |
| 子ども・若者育成支援推進法 | 子ども | 乳児期，学齢期，思春期の者（概ね18歳まで）[*2] |

（注）　＊1　本法第4条に「年齢20歳をもって，成年とする」と成年が定義されていることによる。
　　　　＊2　本法に年齢区分に関する規定はないが，本法に基づき策定された「子ども・若者ビジョン」の定義による。
（出所）　筆者作成。

　では，このような「子ども」を対象としている学校福祉の領域においては，その対象年齢はどこに標準をあわせているだろうか。「学校」を対象にしているから，学校教育法に基づく学齢児童・学齢生徒，つまり義務教育に当たる小・中学生を主とするのか。それとも，「福祉」が基盤であるから，児童福祉法等に基づく児童，つまり本章で言うところの「子ども」全般にまで範囲を広げているのだろうか。

　ここまでの各章からも読み解けるように，ソーシャルワークに拠って立っていること，また，学校教育法における「学校」とは「幼稚園，小学校，中学校，義務教育学校，高等学校，中等教育学校，特別支援学校，大学および高等専門

*149*

学校」（第一条）であることを考えれば，学校福祉の対象年齢は後者により近い。

　しかし，実際の運用や研究では残念ながらそのような解釈がなされていない。

　文部科学省のスクールソーシャルワーカー配置事業に関わる2017年度概算要求では，高等学校配置47名分（48週×3h×3日）と小中学校配置5,000名分（48週×3h×1日）に加えて，貧困対策1,800名分（48週×3h×1日）＋児童虐待対策400名分（48週×3h×1日）が計上されている。今後は2019年度までに全国のすべての中学校区に1名（約1万人）の配置を目指すという（文部科学省 2016）。また補論1でみられるように，独自予算を計上して高等学校へスクールソーシャルワーカー／ユースソーシャルワーカーの配置増加を進めている自治体も増えている。さらに2014年度には59校（13.5％）の大学等において独自にキャンパスソーシャルワーカーを配置して学生への支援体制を強化する（長沼 2016）など，その対象範囲を20歳前後まで拡充して実践が積み重ねられている。このように年長児童への支援は年々拡大している一方で，就学前教育への配置について公的に同様の文脈の中で議論されている様子は見られない。

　また，先行研究の文献調査に目を向けてみると，これまで学校ソーシャルワーク学会が発刊した研究誌全11巻（2017年5月現在，記念誌及び調査報告書は除く）に投稿された69本の論考のうち，義務教育を対象としたものは36本，義務教育以降を対象としたものは9本であるのに対し，就学前教育を対象としたものは4本と，研究対象としても関心は低い印象を受ける。

　このように，学齢期の大半が該当する子ども中期（概ね8〜14歳ころ）や，自立に向けた支援を展開していく子ども後期（概ね15〜20歳前後ころ）といった，年長児童である中・後期の子どもに対する学校等を基盤とした支援が拡大する反面，子ども前期（0歳〜概ね7歳ころ）である年少児童に学校福祉の対象が拡がっているという事例や研究はほとんど報告がなされていない。

　今後は，学校福祉の領域において，（学校から社会への）出口の問題もさることながら，（家庭から就学前教育や学校社会への）入口の問題にも目を向ける必要がある。なぜなら，「問題」として表出される前に予防的な関わりを行なっていくことは，過剰なストレスや負担を軽減することにつながる。また，

第8章　切れ目のない発達保障と学校福祉

この時期にどのようなヒト・モノ・コトと出逢い，どのような支援が展開されるかは，その後の子どもや家族の well-being（よりよい生活）へ大きく影響を及ぼすことにもなると考える。

　そこで本章では，これまで学校福祉の領域において十分に検討がなされてきたとは言い難い，子ども前期の子どもたちを対象とし，今後の活発な議論につなげていきたい。

### （2）就学前教育と保育の誕生とその変遷

　子どもにとって，また家庭や社会にとって，子ども前期における「場」とはどのような意味をもつのだろうか。本節では，戦前の就学前教育や保育の誕生及びその変遷を辿ることで確認していきたい。

　就学前教育の場である幼稚園の淵源は，1872年に公布された学制により制定された「幼稚小学」として就学前の幼児教育施設として学校教育の一環として位置づけられたことに始まる。現在の幼稚園の始まりは，1876年に開園した東京女子高等師範学校付属幼稚園（現：お茶の水大学付属幼稚園）とされている。当時は通園できるのは上流階級の子どもたちに限定され，就学後の教育につなげていくための場として誕生した。その後，簡易幼稚園の奨励がなされたが，市町村は義務就学率の上昇によって公立幼稚園の普及まで手が回らないことと併せて，規定の緩和もあり私立幼稚園の設置が急増した。幼稚園の普及に伴い，制度面の充実を求める声が高まったことを受け，1926（大正15）年に幼稚園令が制定した。幼稚園令では幼稚園に保育所的性格をもたせようという内容が含まれたり，戦時下では保育所に転用するなど，その区別をせず幼児の保護を重視する取り組みが行われた時期もあった。しかし1947（昭和22）年の学校教育法及び児童福祉法の制定に伴い，その違いが明文化され，異なる道を歩むに至った（文部省 1981）。

　一方，保育所の原点は，子守をしながら学校に通う子どもたちのために赤沢鍾美・仲子夫妻によって1890年に開設された新潟静修学校付属の幼稚児保護事業として開設された託児所（現：赤沢保育園）や，働く女性の子どもや路上に放置された貧しい子どものために野口幽香らによって1900年に設立した二葉幼

稚園（現：二葉保育園）とされている。保育所は生活上困窮した家庭の子どもたちを一時的に預かる場として，その後に全国に開設されていった。

児童福祉法制定前期には浮浪児対策のみならず，「恒久的で全ての児童の健全な育成と幸福を目指す根拠」として，単独法としての"保育所法案"が提出されていたが，その後に提出された"児童保護法案"における保育所の役割は，乳児院や育児院（現：児童養護施設）と同様に「保護育成をするところ」であり，「相互に未分化な状態」であったが，本法案が「非行児童問題に偏り，旧来の児童保護観を脱却していない」という指摘を受け，児童福祉法要綱案を経て，ようやく現在に通じる"児童福祉法案"へとつながった。児童福祉法案では，保育所が「乳幼児を保育する」施設であることを規定している（田中2017：17-21）。そして，1948年の児童福祉法施行令には以下のように規定された。

> 第27条　保育の実施は，児童の保護者のいずれもが次の各号のいずれかに該当することにより当該児童を保育することができないと認められる場合にあつて，かつ，同居の親族その他の者が当該児童を保育することができないと認められる場合において，保護者から申し込みがあったときは，それらの児童を保育所において保育しなければならない。ただし，付近に保育所がない等やむを得ない事由があるときは，その他の適切な保護をしなければならない
> 1）昼間労働することを常態としていること
> 2）妊娠中であるかまたは出産後間がないこと，
> 3）疾病にかかり，若しくは負傷し，又は精神若しくは身体に障害を有していること
> 4）同居の親族を常時介護していること
> 5）震災，風水害，火災その他の復旧に当たつていること
> 6）前各号に類する状態にあること

その後の児童福祉法の度重なる改正の中で，1951年の第5次改正で保育所は

上記の「保育に欠ける」要件を満たす者の利用施設であることが明文化され，2015年の児童福祉法改正によってこの文言が削除されるまで半世紀以上この要件は維持され続けた。

この「保育に欠ける」要件が最近まで機能し続けたことによって，1950年に厚生省児童局編「保育所運営要領」で示された「保健指導」「生活指導」及び「家庭環境の整備」の3つの柱で進めてきた保育内容のうち，「家庭環境の整備」が前面に押し出され，当時の社会情勢の中で生じた大量の孤児・浮浪児への対応・受け皿として最優先に取り組むこととなった結果，社会的認識も改善されないまま，戦前のいわゆる「託児所」に後退していったと言わざるを得ない。


このように幼稚園と保育所は，同じ子ども前期の子どもを対象とし，かつ同時代に誕生した「場」であるにもかかわらず，子どもの家庭状況によって振り分けられていたことがわかる。つまり，前者は家庭や社会の期待を一身に受けて"ポジティブな保育"が施されていたのに対して，後者は衛生管理上または犯罪防止といったいわば"ネガティブな保育"の要素が強かった。要するに，両者はその誕生の時点から，それぞれの社会的役割が異なっていたと言わざるを得ない。戦後，それぞれに法整備され，両者の管轄が文部省（現：文部科学省）と厚生省（現：厚生労働省）に分かれたことによって，各々の「保育」の意味がより明確に線引きされていった。つまり「保育」に内在する「保護（養護）」と「教育」のうち，幼稚園は，前者が欠落した状態で「義務教育及びその後の教育の基礎を培うものとして」（学校教育法第22条）の保育の意味合いを強めていき，保育所は，後者が「義務教育及びその後の教育の基礎を培うものとしての満三歳以上の幼児に対する教育を除く」（児童福祉法第6条の3の⑦）とされた結果，子ども前期に必要視されていた「保育（保護育成）」における「育成（教育）」といった意味合いが後景化していった。

このような現状に一石を投じたのが，当時，東京女子高等師範学校教授兼付属幼稚園主事として赴任し，のちの日本保育学会創設者でもある倉橋惣三（1882-1955）であった。倉橋は，ペスタロッチ，フレーベル，デューイ，モン

テッソーリなど，世界の教育観・保育観に触れ，日本の保育の在り方を根本から見直していく必要性を訴え続けた。倉橋は，「幼児の社会的境遇によって教育使命には少しも差別してはならない」と，一部の子どもたちのために幼児教育があるのではなく，文字通り"すべての子どもたち"に等しく教育を受けられるようにしていかなければならないとの信念で実践・活動を行った。

松川恵子は倉橋の次の言葉，すなわち，「子どものゐるところ必ず教育がなければならぬ。保護を棄てヽ教育はあり得ない。と同時に，教育なしに保護を完ふせられない。保護はその急務に對する處置である。教育は幼児生活そのものに對する原則である。處置を怠つてはならぬと共に，處置に止まつて原則を忘れてはならぬ」を引用し，子ども前期における保育の語源である「保護（養護）」と「教育」はそれぞれで成り立つものではなく，一体的に行なわれるべきであると指摘している（松川 2013：86）。

これまで幼稚園と保育所は異なる目的を有していると考えられてきた。しかし，両者の目的はともに子どもの「保育（保護育成）」，つまり「保護（養護）」と「育成（教育）」にある。そもそも対象となる子どもは同じ子ども前期の子どもたちであり，当然ながら子ども自身の違いはなく，異なるのは社会情勢や家庭環境さらには制度の違いなどであり，おとなの都合によって子どもたちが振り分けられてきたともいえる。

辻村泰男も，同年齢の子どもに対して，一方で教育し他方で保育するといった議論は，「大人の浅はかな縄張り争い」（辻村 1969：5）と喝破しつつ，両者の同一性と相違性を理解したうえで，その両者が本来目的としている保育を相互協力していく中で一層発展させていく必要があることを強調している。また田澤薫の整理によれば，児童福祉法には他の福祉領域とも共通する「ニーズが生じた際に保護を受ける『機会が保障』されている」必要がある"福祉（保護）ニーズ"と，児童領域特有の「すべての子どもたちに日々途切れることなく起こり続けている」"発達ニーズ"とがあり，子どもにはこの両ニーズが併存しているという。つまり，保育所保育は両ニーズが混在しており，幼稚園保育には「福祉ニーズに対処する教師の姿勢と援助技術」が不足しているということになる（田澤 2015：100-101）。

第 8 章　切れ目のない発達保障と学校福祉

　近年，幼保連携型認定こども園等が新設され，少子化や待機児童の問題解決に向けて期待が高まるとともに，子どもの貧困や児童虐待など子育て家庭への支援の手立てとしても整備が急務となっている今，すべての子どもの「福祉ニーズ」と「発達ニーズ」の双方を満たしていくという，子どもの側に立った「保育」の展開が，改めて求められている。

## 2　保幼小連携の現状と課題
### ──接触面（インターフェイス）における円滑な接続（アーティキュレーション）

　子ども前期の子どもたちは，幼稚園や保育所，認定こども園等に通った後に就学する場合もあれば，さまざまな理由からどこにも所属せずに就学前の時期を過ごし，小学校生活が集団生活の初めての場になる子どももいる。小学校は義務教育であるから，その言葉通り地域のすべての子どもたちが通学し，教育機会が保障される場であるが，そこではさまざまな就学前の過ごし方が存在し，それらが一気に融合することになる。当然，保育文化の相違による衝突・反発も生じる。

　本節では，社会の縮図ともいえる子ども前期の多様な課題のうち幼保小連携の現状と課題について概観し，学校福祉の果たす役割について考えていきたい。

### （1）保幼小連携を取り巻く議論
　学制がひかれた1872年以後，就学前から就学への流れに大きな変化はない。日本の学制は，それまでの封建制度を改め，当時世界でも珍しい「すべての国民に開放された単一の体系」をとった。しかし，実際には当時の学齢期の子どもは年少児の子守や労働力として期待されており，読み書きができることよりも家のために働くことを求められていた時代であった。そのため，子どもを就学させることに対して消極的な親が多かった。さらに，「民衆の自発的参加と教育費の受益者負担」が原則であったことから，なんとか就学はさせたものの経済的な理由や学力の水準が満たせずに進級できないものも多かったとされる。

　このような事態を受け，政府は欧米の教育システムをそのまま導入するので

155

はなく、義務教育制度は維持しつつ教育内容を日本の実態に即したものに展開したり、教育費を無償化するなど改変を重ね、今日の基盤となる制度として成熟させていった（文部省 1992）。このように、すべての子どもが教育を受けられるよう、教育内容や制度が今日に至るまで整備され続けている。その一方、子ども前期における接続の問題、つまり保幼小連携についてはどのような議論がなされてきたのだろうか。

　垂見直樹の整理によれば、1915年に「全国幼稚園関係者大会」が開催された席上、すでに幼稚園と小学校の接続・連携の適切な方法について、幼稚園側から提言がなされているという。また、前節でも話題とした倉橋惣三の幼小の接続・連携に関する見解を引用し、制度的な側面（＝外的の結付）からではなく、幼稚園の教育内容（＝内的の結付）を小学校低学年に普及することを提案している（垂見 2012：36-37）。この観点は、現在の生活科導入などに継承されているといわれる。制度面においては、1971年の中央教育審議会答申「今後における学校教育の総合的な拡充準備のための基本的施策について」において、「先導的試行」として4〜7歳程度の児童を「同じ教育機関で一貫した教育を行うことによって、幼年期の教育効果を高めること」も議論され、現場からは賛否両論あったことを確認している（垂見 2012：41-42）。さらに近年では、2005年に就学の時期や義務教育年限に関する議論として、また2014年には5歳児の義務教育化について話題となった。結局は、幼児教育無償化の段階的取り組みとして制度化されるにとどまった。

　秋田喜代美は、日本の幼児教育（保育）は「乳幼児期の発達にふさわしい子どもの遊びや暮らしを大切にする方法としての保育を学校教育とは独立して保障し、早期からの学校教育化を防いできた歴史」があると述べ、乳幼児に望まれる生活経験をもとに築かれてきた日本ならではの質の高い保育のねらいである【健康、人間関係、環境、言葉、表現】を基盤として、改めて見直される必要があるとしている（秋田 2016：36-37）。


（2）なぜいま、改めて保幼小連携が求められるのか

　なぜいま、保幼小連携が改めて求められているのだろうか。

第 8 章　切れ目のない発達保障と学校福祉

表 8-2　保幼小連携に関する近年の国の動向

| 年度 | 国の報告・法制定等 | 内容 |
|---|---|---|
| 2000 | 「学級経営をめぐる問題の現状とその対応」最終報告書【国立教育研究所（現：国立教育政策研究所）】 | はじめて「小 1 プロブレム」を「小 1 問題」という名称で取り上げた |
| 2001 | 「幼児教育振興プログラム」【文科省（現：文部科学省）】 | 幼稚園と小学校の連携方策の開発，幼稚園と小学校教員の免許併有機会の充実，子どもたちの異年齢交流の推進，保育所と幼稚園の連携の推進，子育て支援事業の推進 |
| 2005 | 「子どもを取り巻く環境の変化を踏まえた今後の幼児教育の在り方について〜子どもの最善の利益のために幼児教育を考える〜」【中央教育審議会答申】 | 遊びを通して学ぶ幼児期の教育活動／円滑な移行を目指し／子どもの発達や学びの連続性／連携・接続の必要性／興味や関心を生かした学び／幼児期から学童期への教育の流れ |
| 2006 | 「就学前の子どもに関する教育，保育等の総合的な提供の推進に関する法律」制定 | 小学校就学前の子どもに対する教育及び保育並びに保護者に対する子育て支援の総合的な提供を推進／幼保連携型認定こども園創設 |
| | 「教育基本法」改正 | 「幼児期の教育は生涯にわたる人間形成の基礎を培う重要なもの」（第11条） |
| 2008 | 「小学校学習指導要領」「幼稚園教育要領」「保育所保育指針」が一斉に改訂 | 意図の一つは，就学前教育と小学校教育のスムーズな接続・連携 |
| 2010 | 「幼児期の教育と小学校教育の円滑な接続の在り方について（報告）」【調査研究協力者会議】 | 幼小接続の現状と課題から，「連続性・一貫性」で捉える考え方を示すとともに，教育活動や方策について提唱している |
| 2012 | 「子ども・子育て支援法」公布 | 子ども・子育て新制度の整備により，少子化対策，待機児童の解消，質の高い幼児期の学校教育・保育の総合的提供，子育てがしやすい社会の実現を目指す |

（出所）　筆者作成。

　現在の議論につながる大きな契機の一つは，幼児教育（保育）と小学校教育の間の段差が大きいために，多くの子どもたちがその移行に苦慮していることを指す「小 1 プロブレム」が注目されたことによる（表 8-2）。

　「小 1 プロブレム」とは，1999年・2000年に実施された大阪府内を対象とした調査結果によって「発見」されたと言われる。その名付け親である新保真紀子によると，この特徴は小学校入学時において，① 授業不成立という現象を中心として，② 学級が本来もっている学び・遊び・暮らしの機能が不全に

*157*

なっている，③小学1年生の集団未形成の問題，つまり「幼児期をひきずっている子どもたちの問題」の3点を挙げている。さらにこのような現象の要因として，a.子どもを取り巻く社会環境の変化が子どもの育ちを変化させている，b.親の子育ての孤立化と未熟さ，c.子どもも親も自尊感情が低く，人間関係作りが苦手，d.就学前教育と学校教育の段差の拡大，e.自己完結し，連携の少ない学校園，f.今の子どもにミスマッチの頑固な学校文化や学校教育システム，の6点をあげている（新保 2010）。

新保は1970年代に大阪府における同和教育の実践として取り組まれていた「くぐらせ期」における教育カリキュラムが，小1プロブレムの解消のヒントになるのではないかと提案している。「くぐらせ期」とは，文字が読めないまま成人した保護者のもとで子ども前期を過ごしているために，貧弱な文字環境におかれ，生活や遊びの中で自然に習得できる経験すらも，十分に体験したり学ぶ機会を保障されてこなかった子どもたちに対して，「五感を十分に働かせる体験」や「集団で体や知恵を使った遊びを通して」，思いっきり体を拓き，人間関係づくりを学び，「学びを豊かにしようとする」取り組みとして紹介されている（新保 2010：73-77）。この取り組みの対象は子どものみならず，過酷な就労環境にいて，子どもたちへ十分に手をかける余裕のない親や家族をも巻き込む形で展開していっている点で興味深い。

また酒井朗らは，2005年に報告された中央審議協議会（答申）「子どもを取り巻く環境の変化を踏まえた今後の幼児教育の在り方について」（以下，2005年中教審答申）や小1プロブレムの要因の一つとしても挙げられている「幼児教育と学校教育の段差」といったものがどんなもので，その両者の「円滑な移行」を進める上でキーワードとされる「発達の連続性」と「学びの連続性」とはなにかを，教育社会学的視点から丁寧に分析している（酒井・横井 2011，酒井 2014）。

保育所・幼稚園と小学校は，その教育のねらい・目標，指導方法，さらにはその環境まで，多くの点で異なる文化をもち，それぞれに発展してきているが，その中でも特に特徴的な違いとして，酒井の整理による「生活全体・遊び／授業」と「領域／教科」について，以下に概観してみよう。

幼児教育のねらいは「生活や遊びを通して総合的に保育する」（保育所保育指針），「幼稚園生活の全体を通して（中略）総合的に達成される」（幼稚園教育要領）とあるように，『生活全体』を学びの場として捉え，特に『遊び』を指導の中心においている。それに対し学校教育では，「学校の教育活動全体」を通じて行われる指導内容（道徳や体育など）もあるが，「基本的には各教科等の『授業』が学習活動の骨格となっている」という。また，幼児教育で期待される5領域，つまり【健康，人間関係，環境，言葉，表現】と示されているものの，「幼児教育の学びは総合的なものであるので，子どもの生活や遊びを分断することはせず，総合的に子どもの経験を捉える」のに対して，学校教育では教育課程が細分化され，「各教科等の学習内容や授業時数はあらかじめ定められている」といったように，その違いを改めて整理している（酒井・横井 2011：31-34）。

酒井らは，まず双方それぞれが「育てたい子どもの力とは何かを共有することが，文化の隔たりを超えて連携を可能にしていくための必要条件」であり，「幼児教育と小学校教育双方の質の向上を図ること」こそが，幼保小連携の目的であるとしている（酒井・横井 2011：45-72）。さらに，近年の幼保小連携や5歳児の義務教育化などの議論が，発達段階論に基づいてなされていることに疑問を投げかけている。つまり，年齢によって区分される発達段階論は専門家の間でもその妥当性が疑問視されており，「発達の早期化・前傾化」といった観点を用いた議論それ自体が，上位の学校段階がより高度であり，下位の学校段階の教育的意義を軽視している見方につながっているという。それよりも，「教育学や保育学がそれ自身の理論や言葉で，幼児教育と小学校教育の教育方法をどのようにつなげればいいのか」について論じていくことが重要であると指摘し，①子どもが経験する学習の総体を見据えたカリキュラム編成，②幼児期・学童期など学校段階で区切るのではなく，"子ども"として統一的に捉える視点，③「環境を通して行う教育」と授業や学習のデザインに関する議論との接続，を提案している（酒井 2014：391-392）。

## （3）円滑な接続（＝アーティキュレーション）がめざすもの

　保幼小連携に関する議論は，解決／改善されないまま継続して行われてきた。この議論の落としどころのヒントを得るために，酒井も触れている，教育における接続（＝アーティキュレーション）の概念に着目したい。

　接続（＝アーティキュレーション）とは，もともとは「関節をつなぐ」「音節に分けてはっきり明瞭に話す」といった意味をもっており，その語源から高大連携を促進するために誕生した言葉として用いられるようになった。清水一彦によれば，「あるものとあるものをつなぐと同時に区別するという二側面，すなわち連続面と不連続面（非連続面：筆者加筆）の両者を有する」ものとし，「教育の上では，『すべての子どもが学校生活において，あらゆる地点で最大限の進歩をもたらすような学校単位間及び学校単位内部の調整と関連性を意味する』」というアメリカにおける定義を採用している。さらに，「教育単位としての学校一つひとつの分離・独立を容認する」必要があると述べ，それぞれのもつ役割の共通性・差異性を明確にする作業を行うことにより，同質なものは結び，異質なものを区別することを可能にすると指摘する（清水2016：3-7）。

　このような意味をもつ接続（＝アーティキュレーション）を，なぜ幼保小連携に結び付けて考えていく必要があるのかについて，梨子千代美は発達観の変化が大きな影響を及ぼしていると指摘する。つまり，これまでは子どもの発達とは，「一人ひとりの人間が身近な環境とのやり取りの中で，未分化・未発達の状態から，様々な能力を獲得して，より有能になっていく過程」と捉えられてきた。しかし1989年の幼稚園教育要領改正や1990年の保育所保育指針改正に共通して見られた子どもの発達観は「子どもを未熟な存在としてみるのではなく，主体性を持つ有能な存在」であり，「子ども自身が自分から周りの環境に働きかけ，やり取りを通して，様々なものを身につけながら，自分の世界を広げていく」ということであった。そこには発達の基準や標準があるのではなく，今，目の前の子どもが直面し，乗り越えようとしているそれぞれの子どもの発達のプロセスを重視する考えにシフトすることによって，その延長線上にある小学校段階において，「就学前期から抱えてきた，それぞれの子どもの自己課題に対して，どのように理解していくのか，乗り越える機会をどのように提供

第8章　切れ目のない発達保障と学校福祉

し，援助していくのかといった課題をも含んでいる」とし，その意味において，「どのように，それぞれの子どもの発達の連続性を保障するのか」が重要であるとしている（梨子 2004：62-64）。

　この議論は，2005年中教審答申において，「子どもの発達や学びの連続性を確保する観点から，連携・接続を通じた幼児教育と小学校教育双方の質の向上を図る（第2章第1節）」においても展開されている。酒井の解説によれば，ここで言う「発達の連続性」とは，「子どもに本来的に備わっている発達の連続性に即して彼らをいかになめらかに移行させるか」といった議論であり，「学びの連続性」とは，「幼児教育と小学校教育との間にある学びの非連続性を解消し，どのようにしてより連続的な学びを達成するか」といった議論であるとし，それぞれの方向性の違いを指摘している（酒井 2011：69）。「学習の主体である子ども」の全体性と固有性を認め（酒井 2014），「生きる主体としての子ども」の発達の連続性を保障する視点（清水 2016）をもつことにより，校種を超えて接続していくことが可能となるのではないだろうか。

　このように考えると，100年以上もの間，幼保小連携をとりまく議論がなされ続けてきた要因が見えてくるように思える。つまり，発達の連続性も学びの連続性も，その根底に"子どもの生活環境"があるという視点が，結果として等閑視されてきたということではないだろうか。当然のことながら子どもの発達や学びは，保育所・幼稚園，学校でのみ行われるものではない。家庭や地域をも含めた，生活すべてが子どもの発達の場であり学びの場である。家庭や地域の延長線上として存在するからこそ，幼児教育（保育）の意義，学校教育の意義が見出せる。確かに近年，関連法のなかにはどこにおいても，「家庭・地域との連携・協力」が謳われるようになり，その重要性が強調されている。しかし現実には，相互の機能や役割を十分に理解し，尊重した適切な接続になっていない場合も残念ながら散見される。

### （4）適切な接続になっていない（ようにみえる）2つの理由

　では，なぜ適切な接続になっていない（ようにみえる）のだろうか。

　その要因として1つは，家庭との接続の脆弱さである。学校等において子ど

*161*

もを取り巻く課題や問題を解決していくために，子どもの生活の基盤である家庭との連携は欠かせない。保幼小連携が進む中で，子ども自身の発達や学びの接続については関心が高まり，さまざまな取り組みがなされている。しかし，その取り組みは家庭を十分に巻き込めているだろうか。幼児教育と学校教育の段差は，決して子どものみの段差ではない。家庭，特に保護者にとっても大きな段差となる。その一例が「小1の壁」だろう。小学校に上がると，親が就労している子どもの多くは放課後児童クラブに通うようになる。しかし就学前の保育所の開設時間よりも放課後児童クラブの開設時間が短くなり，結果として親は仕事との両立が難しくなるといった状況に陥る。これが「小1の壁」であるとされている。この事態を重く見た文部科学省と厚生労働省は，放課後子ども総合プランを策定し放課後児童クラブと放課後子ども教室を各自治体において計画的に整備することが示された。しかし，保護者にとって「壁」となるのは単に放課後の過ごし方だけの話ではない。放課後児童クラブを利用していない家庭であっても，小学校に上がったとたんにさまざまな問題が発生する。ここでその一部を思いつくまま列記してみたい。

　日ごとに異なる時間割の教科ごとの教科書やノート，体操着や図画工作の材料，鉛筆や消しゴムにいたるまで，忘れ物をさせないようサポートが必要になる。PTAの仕事や授業参観などの各種行事が増える。毎日，日によっては複数教科の宿題が出され，家庭できちんとやらせることが期待される。保育所などに通っていたころには担任保育士等から送迎時に直接収集していたような子どもの様子や重要な情報が，就学後は大量に，それも発行元が異なる（校長，担任，学年主任，養護教諭など）プリントや子どもの連絡帳から取捨選択し把握しなければならなくなる。さらに，子どもの成長とともに子どもの姿が見えにくくなり，子どもの人間関係も複雑化していく。それは子どもの成長に伴うものであるから嬉しい反面，良いことも悪いことも，ちょっとしたことも把握できていた就学前とは異なり，大半のことは知らされなくなり，知らされる時には事態が悪化している，ということも多い。

　このように，現状を少し垣間見るだけでも，保護者が対応しなければならない「宿題」が山積していることが見て取れる。これらは就学後に保護者がぶつ

かる壁のほんの一部であるが，このような壁の出現はもちろん今に始まった現象ではない。しかし，親の働き方が変化（フルタイムや不規則な仕事の増加）し，家庭環境が変化（核家族やひとり親の増加）し，子どものおかれている環境が変化（少子化や近隣住民との関係）していると指摘される中で，これらの宿題を親たちは「致し方ないもの」として我慢して受け入れるしかないのだろうか。さらに経済的に困窮している家庭や特別な配慮を要する子どもやその兄弟がいる家庭，また，親や家族にサポートを要する家庭などには，より丁寧な接続が要求されることは明白であるが，そのサポートは誰が担うとされているだろうか。サポートが必要な家庭であっても誰もそこに責任をもって関わらないのであるから，いわゆる「一般家庭」にはなおのことサポートは皆無である。子どもの生活環境の「円滑な接続」ができない結果として「学校不信」「学校疎遠」となってしまう家庭や保護者がいることも見逃してはいけないだろう。

　もちろん，これまでの習慣や慣例などをすぐになくすことは難しいし，なくす必要がないこともある。しかし，すでに想定されうる課題を事前に保護者と共有し整理しながら，どのような準備が必要になってくるのかを，双方向で事前に考えておくこと，心構えしておくこと，整備しておくことは大切である。この作業を丁寧に行うことによって，保護者への「宿題」自体は減らないとしても，見通しをもてることで安心と余裕をもって子どもたちを就学させることができるかもしれない。

　また，適切な接続に至っていない（ようにみえる）もう一つの要因は，地域との接続の複雑さである。本章では十分に触れられていないが，子育て支援，さらには児童（子ども家庭）福祉，地域保健などの多くの視点は，残念ながら学齢期の子どもがその対象としてすっぽりと抜けている。確かに地域保健のうち母子保健の対象は妊産婦，保護者および乳幼児であることから，学齢期がその範囲でないことはかろうじて理解できる。しかし，それでも地域福祉は住民を対象にしているのであって，その中には当然，学齢期の子どもたちも含まれるはずである。しかし，縦割り行政の影響もあり，学齢期の子どもたちについて保健福祉領域の専門職はほとんど関わりをもてずにきたか，学校外の事象への対応へと矮小化されてきた。つまり，子どもの成長にとって重要な「福祉

ニーズ」と「発達ニーズ」とを分断し，学校と地域はここでもおとなの都合の良いように役割分担してしまったのである。その結果「子どもの生活環境」までも分断することにつながってしまった。

　地続きでつながっているはずの「子どもの生活環境」が十分に理解されないまま推し進められた施策は，「小1プロブレム」といった形で子どもたち自身からSOSが発信され，子ども前期の円滑な接続の必要性として認識されるに至った。保幼小連携の今日的課題は，繰り返しになるが，保育学や教育学で議論がなされている子どもの発達と学びの連続性とともに，学校福祉の視点から，その根底となる「子どもの生活環境の連続性」をいかに保障していくかといった課題に通じているといえる。

## 3　子ども前期の学校福祉論

　子どもの生活環境の連続性に焦点を当てると，必然的に家庭・学校（保育所や幼稚園を含む，以下同じ）・地域の協働の在り方を再考することになる。それは，単に「（関係者が）一緒に何かをやる」といった以上の，まさに円滑な接続（＝アーティキュレーション）としての関係性を考えていくことに通じる。それぞれに求められる機能や役割を尊重し合うと同時に，切磋琢磨できる関係性を築くことで，よりその機能や役割は強化される。

　では，就学前後を含む子ども前期の子どもたちを取り巻くさまざまなおとなは，どのような機能や役割が求められるのだろうか。本節では，筆者のスクールソーシャルワーカー（以下，SSWer）としての経験を基に，学校福祉の中でも，特に子ども前期に関わる多様な担い手に着目し，学校を始め保育所や幼稚園といった場が真にソーシャルセンターとして機能するために培っておきたい視点について検討していきたい。

### （1）問題解決志向から予防的介入志向へ

　学校とともに多様な視点をもって物事を立体的に見るということがSSWerの役割であると考えるならば，就学前後の時期において果たす役割はどのよう

なものがあるだろうか。

　特別な配慮を要する子どもの就学相談を例に考えてみる。ミクロレベルでは，まず，個別対応を要する子どもや家庭，特に漠然とした不安を抱えている保護者に対して，子どもも保護者も安心して就学準備ができるように，保健師や保育士等とサポート体制を整えていく。その際，悩む必要があるのであればしっかりと悩むことを保障できる時間と選択肢を提示することが重要となろう。当然のことながら当事者からすれば実際には就学時健診（就学前の秋ごろ）で突然言われたのでは遅い。具体的には，就学年度の前年度後半ころから，少しずつ就学に向けた環境整備や心理的物理的な受け入れ態勢を整えていくために，就学相談や学校等の見学などを行い，具体的なイメージをもって検討していくことが重要である。メゾ・マクロレベルの視点では，子ども前期の発達そのものの普遍的な営み，保育や保護者の就労形態等の多様化に伴う子どもの育ちの違い，そこから生じる課題や強みなどを想定しながら，学校内や自治体規模の包括的な就学支援システムの構築への参画も重要な役割である。このように，介入レベルに応じて SSWer のもつ役割や機能を効果的に活用することは，「子どもの生活環境の連続性」を保障していくことにもつながっていく（表8-3）。

　これらは SSWer として取り組んできたほんの一例ではあるが，多様な子どもたちが就学に伴う段差に大きな負担を感じることなく，家族とともに乗り越えられるようなサポート体制の構築に努めてきた。もちろんこれらの取り組みが短期間の中でその効果を感じられるほど十分に成し遂げられたとは言い難い。

　しかし，対子どものみならず，おとな同士がいかに日常的にポジティブにつながっていくことができるかによって，これまでの慣例やおとなの都合を横に置き，子どもを中心に考える志向を醸成することで，子どもの生活環境を面として支える基盤を整えられるよう，試行錯誤してきたと考えている。

　これらの実践は，事後対応に陥りがちな問題解決型アプローチから，リスク要因を見極め，不要なストレスを最小限に減らし，保護者と協働しながら見通しをもった予防的かつ積極的なアプローチとしての"予防的介入"の有効性を示唆している。

表 8-3　レベル別予防的介入例

| | 予防的介入の内容例 | 主な協働先 |
|---|---|---|
| ミクロ | 必要に応じて，学校等（通常学級，支援学級，支援学校，放課後児童クラブ，放課後児童デイサービスなど）の見学に同行や，それぞれの得意・不得意の摺り合わせ | 保護者・学校等 |
| | 要支援児童とその家族に対して，小学校に通うきょうだいへの相談を入り口として年少児の就学相談につながる。学校や他機関とのつなぎ役となる | 保護者・学校・相談事業所 |
| メソ | 民間事業者の依頼で，保護者向けに当該自治体の就学相談システムの説明会の開催 | 保護者・放課後等児童デイサービス事業者 |
| | 保健師と保育所・幼稚園を有機的につなげていくことで，現状の保育や就学支援について，適切で前向きな情報交換ができるようになる | 保健師・保育所／幼稚園 |
| マクロ | 自治体の就学支援システム（いわゆる教育支援委員会，旧就学指導審議会）の再構築 | 指導主事，関係者，教育委員会事務局 |
| | 就学前の段階から，就学に不安を抱えている保護者や子どもを所属単位で掬い上げていく仕組みの検討 | 各担当課，公立の保育所／幼稚園 |

（出所）　筆者作成。

　この"予防的介入"の語は，予防精神医学を提唱したカプランの危機介入アプローチにおける第一次予防（発生予防），第二次予防（早期発見），第三次予防（再発防止，リハビリテーション）といった観点にも通じる。ここで"介入"という語句に違和感をもつ読者がいるかもしれない。しかしあえてこの語句を用いているのは，1つはソーシャルワークが本来的に備えている予防的機能を強調することにある。岩間伸之は「予防的アプローチ」は，「その重要性が従前から指摘されてきたにも関わらず，これまで十分に取り組まれてきたわけでなかった」とし，あらためて「各種ライフイベントの動きを視野に入れつつ，本人の意向や内面の変化を把握しながら，いわば先手を打ちながら対応すること」の重要性を述べている（岩間 2014：147-149）。予防的介入には，対象者・当事者に対する個別的な支援と同時に，環境や従来のシステムに対する積極的な働きかけの双方向へのベクトルが含まれる。前者はこれまでにも実践者によって数多く取り組まれてきた一方で，後者への働きかけは十分とは言えない。

第8章　切れ目のない発達保障と学校福祉

　そのためこの語句を用いる2つめの理由として，環境や社会システムに対してこれまで以上に意図的かつ積極的に切り込んでいく立場を指し示すためである。ソーシャルワーク機能の一つには，「クライエントをめぐる交互作用に介入することで，クライエントの生活や人生の流れに合わせながらシステム間の関係を発展させ，次の変化を引き起こそうとする」という側面が本来備わっているのであり，決してクライエントの置かれた状況をコントロールすることを意図するものではない（岩間 2015：181）。対象者が年少の子どもであれば，支援者はなおさらに個と環境の双方向へのベクトルに対して自覚的でなければならない。このような理由から本章では“予防的介入”という語句を用いている。

## （2）子どもの生活の連続性を保障する3つの「つくる」

　就学前の子どもたちは，保育所・幼稚園・自宅保育のほか，認定こども園や家庭福祉員／家庭的保育者（保育ママ）等，保育所不足の解消や親の就労形態に合わせた柔軟な保育の場が模索され，展開されている。このような多様な保育の場において，子ども一人ひとりの発達を保障しつつ，タテ軸にある施設（保育所・幼稚園等，以下同じ）と小学校がいかにつながっていくのか。施設間のヨコのつながりをいかに築いていくか。さらには，地域のさまざまな関連団体やサービスとどのようにナナメにつながっていくのか。このようなタテ・ヨコ・ナナメの関係性に課題が山積している。また，この関係性の中に子どもの“第一の専門家”であり“第一義的責任”を有する保護者をどのように内包していくのかについてもあわせて検討していく必要がある。本章の最後に，これらの課題解決に向けて学校福祉の視点で3つの「つくる」について考えていきたい。

① 円滑な接続（＝アーティキュレーション）をつくる（タテの関係性）

　子ども前期の段階について，現在，特に重要視されている事柄として，特別支援教育の枠組みの見直しやスタートカリキュラムの推進があげられるだろう。ここではこの2つの事業をもとに考えていきたい。

　前者は，「障害者の権利に関する条約」批准に向けた法整備の一環として，

*167*

2013年に学校教育法施行令の一部改正が行われた。それにより、市町村教育委員会に設置されている就学指導委員会を「教育支援委員会」(仮称)として機能を拡大し、就学先決定のみならず、早期把握、本人や保護者のニーズの聴取、合理的配慮の提供および妥当性の評価、さらには就学先への適切な情報提供など、特別な配慮を有する子どもの生活と学びを保障する観点へと移行している。一方、後者は子ども自身がスムーズに学校生活に慣れ、「学びの芽生えから自覚的な学びへ」(文部科学省 2015)をキーワードに、生活科を核として子どもたちが主体的・意欲的に学習に取り組めるよう、各地で工夫した取り組みが始まっている。年長児と小学1年生の子どもたち同士が交流を図ったり、積極的に保育士・教員同士の情報交換を行なったり、相互のカリキュラムを学ぶ機会を設けるなど、試行錯誤しながら相互における「学び」を確認し発展させている。

　現在すでに取り組まれ始めているこれらの実践に、学校福祉の視点は何ができるだろうか。ここでは2つの視点を提起したい。

　1点目は、子どもの発達・成長に即して、就学前教育と学校教育の実践を橋渡しするということである。前述してきたように就学前教育は、「保護と養育」や「遊びと生活」といった言葉にも示されるように、本来、子ども自身が自らの力を発揮して成長・発達していくことを後押しし、家庭とともにサポートしてきた歴史をもつ。子ども自身の育ちを支え、家庭や地域とともに子育てを行う、その延長線上に学校教育があるといった視点をつなげていくことは、特別支援教育の充実や「学びをつなぐ」といった観点に加え、これらの基盤となる子どもの教育権や well-being を保障していく上で重要であると考える。

　2点目は、各自治体におけるこれらの取り組みが適切に機能するようソーシャルアクションを起こしていくことである。国の SSWer 活用事業が始まって10年が経つが、そもそも不登校やいじめなどといったいわゆる「生徒指導上の問題」が生じなければ、子どもや学校にアクセスできない SSWer がいまだに多くいる。しかし、それではソーシャルワークのもつ予防的機能を発揮することは困難である。まずは SSWer 自身が自らの役割を自覚し、所属自治体において「なぜいま、ソーシャルワークが求められているのか」を指導主事や教

職員等とともに検討していくことにある。エンパワメント機能，アドボカシー機能，マネジメント機能，リエゾン機能，アウトリーチ機能といったソーシャルワークの諸機能を発揮していくことによって，就学前教育と学校教育の重なりと違いを共有することが可能となる。それぞれが，各自の持ち場でできることを全うできる環境をつくること，その一連の中で，SSWer の存在意義を見出すこともできるだろう。

② 多様なウチをつくる（ヨコの関係性）

　現在，社会的養護（養育）の在り方も大きく変わろうとしている。ここで詳細を述べる紙幅はないが，2017年8月に新たな社会的養育の在り方に関する検討会が報告した「新しい社会的養育ビジョン」（以下，ビジョン）では，2016年の児童福祉法等改正に伴い，社会的養護の抜本的見直しに踏み込んで議論がなされている。すべての子どもを社会で育てていくことを念頭に，実家庭や代替家庭などを含めた多様な家庭への在宅支援体制の整備，保育所等の質の充実などに早急に対応すること，さらには「就学前の子どもは原則として施設への新規措置入所を停止」とし，全年齢で里親委託率を5年〜10年の間に，50%〜75%に引き上げることなどの具体的な数値目標を掲げている。

　今回のビジョンを待つまでもなく，これまでにも社会的養護の領域では児童養護施設の小規模化やファミリーホーム，里親の推進，さらに自治体レベルでは児童家庭支援センターや母子健康包括支援センター（子育て世代包括支援センター）の設置などが進められてきたが，今後はさらに踏み込んでより地域にひかれた「家庭的養育」（＝ウチ）が模索されることが明文化された。課題は山積しているものの，本節ではこの流れの中で，市区町村子ども家庭総合支援拠点におけるソーシャルワークを中心とした支援体制構築や保育所等へのソーシャルワーカーの配置に言及されていることに着目したい。

　ビジョンを読む限り，ソーシャルワーカーに期待されていることは，個別的な支援ニーズを把握し適切な支援を構築すること，児童虐待のみならず貧困家庭や障がいを抱えるなどさまざまな環境にある子どもの状態に合わせた多様なケアに寄与すること，さらには広く子ども家庭支援の充実を図るなど，多岐に

わたる。これまで，子ども家庭福祉の領域においてソーシャルワーカーを十分に配置してきたとは言い難い歴史から考えると，好ましい動きであることは間違いない。しかしその一方で，ここまで見てきた通り，保育士等も家庭支援や生活指導を主軸として子どもや家庭と関わってきている歴史がある。また，保育士養成課程の中においても「相談援助」を学び，保育ソーシャルワーカーとしての実践も積み重ねている。その中であえてソーシャルワーカーを配置することの意義については残念ながら言及されてはいないが，その理由の１つとして，多様な家庭＝ウチの在り方を尊重するとともに，子ども同士・おとな同士の育ち合う場をつくっていくという観点がみてとれる。櫻井慶一が指摘するように，保育等の就学前教育の現場において目指されるべきは，「『インクルーシブ』な保育の場の身近で地域での確保・拡大」であり，「『家庭支援』の視点を強く持つ『ソーシャルワーク』機能の強化」である（櫻井 2017：63-64）。

　今後，児童相談所の相談援助業務，児童養護施設等における里親支援，保育所等訪問支援事業など，一定のニーズに対する個別支援体制を活用しつつも，それらを含めた「すべての子ども」に対応する現場において，保育所等の施設レベルや自治体レベルにおいて，より予防的取り組みが求められることは必須である。そのためには，多様なウチ（＝家庭）で育つ子どもたちや彼／彼女らを養育する家族が，他児や他の家庭とどう関係性を築いていくことができるのか，そこにどのような仕掛けをつくっていけることができるかがカギとなる。そしてこのような視点は，学校福祉の領域とも重なり合う今後のテーマにもなるだろう。

③ マチをつくる（ナナメの関係性）

　最後に，地域＝マチをつくる視点について考えていきたい。

　子どもの生活はどこで営まれているのか。当然のことながらその基盤は，家庭や学校等を含む地域にある。地域といっても，フォーマル（公的）・インフォーマル（私的・民間）な社会資源としてヒト・モノ・コトをすべて含み，幅広く存在している。それらは当然のことながら，誰が・何に着目するかによって独自性が生まれる。多様な社会資源（制度やサービスを含む）と等間隔

でつながることのできる自治体のもつ可能性は無限大である。

たとえば，福島県本宮市では2007年市制施行以来，教育委員会において保育所を管轄し，「同じ年齢層の児童には，同じように充実した保育，幼児教育を提供していく」という趣旨のもと，独自の「幼保共通カリキュラム」を実施している（本宮市教育委員会 2014）。また神奈川県相模原市では，2017年度より「こども・若者未来局」を新設し，母子保健から学齢期，青少年期支援，就労対策まで一貫した対応を模索し始めた。本市では保健・福祉担当の統合のみならず，教育委員会との人事交流なども積極的に行なっていくという（相模原市 2017）。

このような取り組みは全国各地で広がっており，従来の縦割り行政の打開が模索されている。また，民間レベルでも地域ベースで学習支援事業や子ども食堂などの取り組みが拡大していることは周知のとおりである。子どもを中心に置いたとき，地域の凝集性が高まることは身近に感じることができるだろう。

これらの取り組みに学校福祉の視点として“子どもの生活の連続性”という観点から地域＝マチのあらゆる社会資源をさらに有効活用することで，ミクロ（個別）レベル・メゾ（学校）レベルでは解決しえない地域課題に目を向けるきっかけや予防的介入のヒントがあるのではないだろうか。地域＝マチをつくることは，「人びとがその環境と相互に影響しあう接点に介入する」というこれまでのソーシャルワークの定義にも，また「ソーシャルワークは社会変革と社会開発，社会的結束，および人々のエンパワメントと解放を促進する」というグローバル定義にも通じる実践である。この実践が当事者の想いやニーズとかけ離れていない限り，学校とともにソーシャルワークを実践する意義がみえてくるのではないだろうか。

このようにみていくと，学校福祉の立ち位置は，子どもを中心に置きつつも子ども自身を直接的に育てることに力点を置いていない点が，保育士や教員と異なることに気づかされる。もちろん，子ども自身の力を発揮するために直接支援を行う場面も少なくないし，重要な役割の１つでもある。しかし，同じくらいに力点を置くべきはその環境にあり，そこに専門性が発揮される。すべて

の子どもが自らの発達・成長を促進できるように環境を整えていくことこそが，専門職としてソーシャルワーカーが学校に立脚する意義なのではないだろうか。

鈴木庸裕は「学校の福祉的機能」について，これまでの教育学の整理から，「① 学校教育の基盤として，子どもの就学条件や教育環境条件を整備すること，② 学校や教師の教育活動の全ての過程において，子どものみならず教師や保護者の権利を保障すること，③ 子どもを福祉の対象であるだけでなく，福祉を権利として要求し行使する主体として育てていくこと」を挙げている（鈴木 2017：153）。2016年の児童福祉法改正により，子どもは保護される"対象"ではなく，"権利主体"であることが明記されたことにも通じる。前項で述べた予防的介入も，単にストレッサーを取り除くのではなく，権利主体として自身の人生を歩み，さまざまな場面で直面するストレスに対して，安心して失敗し，安全に悩み，選択していくことができることを保障する立場にある。

子どもの切れ目のない支援の構築とは，おとな同士の日常的なつながりの構築そのものである。そのつながりの中で"ソーシャルセンターとしての学校"として真に機能するために，SSWer がどのように位置づいていくことができるか，今後も検討が必要である。


**参考文献**

秋田喜代美（2016）「現代日本の保育——人が育つ場としての保育」秋田喜代美監修，山邉昭則・多賀厳太郎編『あらゆる学問は保育につながる——発達保育実践政策学の挑戦』東京大学出版会，17-44。

秋田喜代美監修，山邉昭則・多賀厳太郎編（2016）『あらゆる学問は保育につながる——発達保育実践政策学の挑戦』東京大学出版会。

池田祥子（2012）「戦後日本の幼児教育・保育の理論課題——多様な形態を許容できる「幼保一元化」を求めて」『こども教育宝仙大学紀要』3：1-9。

岩間伸之（2014）『支援困難事例と向き合う18事例から学ぶ援助の視点と方法』中央法規。

岩間伸之（2015）「総合的かつ包括的な相談援助を支える理論」『新・社会福祉士養成講座 6　相談援助の基盤と専門職　第 3 版』中央法規，176-187。

遠藤利彦（2016）「アタッチメントとレジリエンスのあわい」『子ども虐待とネグレク

ト』17(3)：329-345。

喜多明人（1993）「子どもの権利条約と子ども参加の理論」『立正大学文学部論叢』
　　98：73-97。

厚生労働省（2016）「子ども虐待による死亡事例等の検証結果等について」（第12次報
　　告）厚生労働省。

厚生労働省（2016）「平成27年度児童相談所における児童虐待相談対応件数〈速報
　　値〉」厚生労働省。

厚生労働省（2016）「要支援児童等（特定妊婦を含む）の情報提供に係る保健・医
　　療・福祉・教育等の連携の一層の推進について」厚生労働省雇用均等・児童家庭
　　局

許斐有（1991）児童福祉における「子どもの権利」再考――子どもの権利条約の視点
　　から」『社会福祉研究』（52）：49-55。

西郷泰之（2014）「子ども虐待の「防止」に向けて――「健全育成・子育て支援系」
　　と「要保護・要支援系」の間のクレバスを埋める」『世界の児童と母性』76：
　　66-69。

酒井朗（2014）「教育方法から見た幼児教育と小学校教育の連携の課題――発達段階
　　論の批判的検討に基づく考察」『教育学研究』81(4)：384-395。

酒井朗・横井紘子（2011）『保幼小連携の原理と実践――移行期の子どもへの支援』
　　ミネルヴァ書房。

相模原市発表資料（2017）「平成29年度の組織改編について」。

櫻井慶一（2015）「保育所での「気になる子」の現状と「子ども・子育て支援新制度」
　　の課題――近年における障がい児政策の動向と関連して」『生活科学研究』37：
　　53-65。

庄司順一（2009＝2016）「リジリエンスについて」『人間福祉学研究』2(1)：35-47＝
　　『子どもの虐待とネグレクト』17(3)：360-371。

清水一彦（2016）「教育における接続論と教育制度改革の原理」『教育学研究』83
　　(4)：384-397。

新保真紀子（2001）「「小1プロブレム」「学級崩壊」をともに超えるため」『解放教
　　育』（385）：65-77。

新保真紀子（2010）『就学前教育と学校教育の学びをつなぐ小1プロブレムの予防と
　　スタートカリキュラム』明治図書。

新保真紀子ほか（2011）「特集＝小1プロブレムの予防と保幼小連携」『解放教育』
　　（521）： 7 -64。

鈴木香代子・Eija Paaviainen（2016）「フィンランドにおける子ども虐待防止活動」

『小児科臨床』69(12)：2843-2847。

鈴木庸裕（2017）『学校福祉のデザイン──すべての子どものために多職種協働の世界をつくる』かもがわ出版。

田澤薫（2014）「保育所における「育ち」の支援-戦前期における託児所の基準を手掛かりとして」『聖学院大学論叢』26(2)：189-200。

田澤薫（2015）「「すべて児童」の保育──子ども・子育て支援新制度から考える」『聖学院大学論叢』28(1)：95-104。

田中まさ子（2017）「保育における養護と教育-戦後の保育所形成期に注目して」『名古屋学院大学論集人文・自然科学篇』53(2)：13-32。

垂見直樹（2012）「保幼小のつながりをめぐる動向と論点」『近畿大学九州短期大学研究紀要』42：31-49。

辻浩（2013）「子ども・若者のウェルビーイングと教育福祉」『日本社会福祉事業大学研究紀要』59：117-124。

辻村泰男（1969）「保育所と幼稚園──その同一性と相違性について」『幼児の教育』68(3)：2-9。

東京学芸大学「小1プロブレム研究推進プロジェクト」（2010）「小1プロブレム研究推進プロジェクト報告書：平成19年度から平成21年度」東京学芸大学。

長沼洋一（2016）「キャンパスソーシャルワーカーの業務と効果の実践的評価方法の開発に関する研究」文部科学省科学研究費補助金事業基盤研究（C）報告書。

中野真志・清水聖（2005）「デューイ実験学校における幼稚部の実践についての研究」『愛知県教育大学実践総合センター紀要』(8)：1-8。

梨子千代美（2004）「我が国における就学前教育と小学校教育とのアーティキュレーションの必要性に関する再考」『教育研究所紀要』(13)：57-65。

福田公教・山縣文治編著（2017）『児童家庭福祉　第5版』ミネルヴァ書房。

福富昌城（2011）「ソーシャルワークにおけるアウトリーチの展開」『ソーシャルワーク研究』37(1)：34-39。

福元真由美（2014）「幼小接続カリキュラムの動向と課題──教育政策における2つのアプローチ『教育学研究』81(4)：396-407。

藤井穂高（2014）「イギリスにおける5歳児就学の課題」『教育学研究』81(4)：484-495。

細井勇（2015）「ソーシャル・ペタゴジーと児童養護施設──福祉レジームの観点からの国際比較研究」『福岡県立大学人間社会学部紀要』24(2)：1-21。

細井勇（2016）「ドイツの児童福祉と日本の児童福祉──ドイツ児童・青少年援助法と児童福祉施設」『福岡県立大学人間社会学部紀要』25(1)：1-21。

松川恵子（2013）「今，改めて「保育」について考える——戦後の『幼児教育』誌上における倉橋惣三の論考をもとに」『仁愛女子短期大学研究紀要』（46）：83-89。

文部省（1981）『学制百年史』株式会社帝国地方行政学会。

文部省（1992）『学制百二十年史株式会社』ぎょうせい。

文部科学省国立教育政策研究所（2015）「スタートカリキュラムスタートブック」教育課程研究センター。

本宮市教育委員会（2014）「本宮市教育振興基本計画」平成26年度～平成30年度。

吉川徹・植田俊幸・高沢彰（2016）「ニュージーランドにおける精神保健システムの新たな変革——早期かつ予防的介入を視野に入れた展開へ」『臨床精神医学』45（2）：229-233。

# 第 9 章

## Sozialpädagogik／社会的教育学から
## 学校福祉論を再考する

宮地さつき

　近年，さまざまな形態で家庭でも学校でもない，子どもの第三の居場
所づくり活動が全国各地で実践されている。旧来の適応指導教室やフ
リースクールをはじめ，放課後児童クラブや放課後子ども教室の総合的
な展開，放課後等デイサービスなど療育の場の充実，子どもの貧困対策
の一環としての子ども食堂や学習支援の場の拡大など，地域や子どもの
実情やニーズに合わせた多様な取り組みが展開されている。これらに共
通している側面は，どの居場所も学校外における教育的機能を持ち合わ
せながら学校教育と密接にかかわり発展していくことが求められるとい
う点にあるだろう。
　そこで本章では，ドイツや世界の Sozialpädagogik（social peda-
gogy／社会的教育学）の歴史や概念にふれ（第 1 節），日本における社
会教育と教育福祉論の変遷をたどり（第 2 節），近年の子どもの第三の
居場所づくり活動の動向を整理する（第 3 節）。その上で，SSWer の
実践の一例を通して，社会的教育学の観点から今後の学校福祉論の立ち
位置について考察していきたい（第 4 節）。

## 1　Sozialpädagogik の歴史と理論

### （1）Sozialpädagogik の誕生

　Sozialpädagogik（ゾツィアールペタゴギーグ：social pedagogy／社会的教育学）は，
1844年にドイツで生まれた教育学用語である。教育者マーガー（1810-1858）の
系譜と教育哲学者のディステルベーク（1790-1866）の系譜からなるとされてい
る。前者は，「教育の社会的側面を強調する教育学」を主張し，「教育・人間形
成に対する共同体あるいは社会の規定力を問題にする立場」である。その一方，

*176*

後者は「社会問題に対する教育的助力として，それぞれの時代の社会的窮迫に向かうもの」として，「教育を軸にしながらその他の物質的援助をも含んで，『社会問題の解決』のための社会形成を図ろうとする立場」である（吉岡 1998）。立ち位置は異なるものの，両者は，「教育は社会的使命を持つべきであり，その使命とは，個々人の知識の習得を超えて，社会的文化の習得に焦点を当て，地域の利益のための志向性を持った活動に焦点をあるべき」という信念を共有していた（Schugurensky et al. 2013）。

　彼らの考えは，スイスの教育実践家であるペスタロッチ（1746-1827）の影響を受けており，さらに遡れば，ルソー（1712-1778）をはじめ，カント（1724-1804），オーエン（1771-1858）などの18世紀の啓蒙思想家の流れを汲んでいる。

　その後，デンマークのフォルケホイスコーレ（成人教育機関）の創業者グルントヴィ（1783-1872），「Sozialpädagogik の領域は教育の社会的側面と社会的生活の教育的側面の両方に関わっているべきである」と訴えたドイツの哲学者であり教育者であるナトルプ（1854-1924），ゲゼルシャフト（利益社会）とゲマインシャフト（共同社会）を提唱したドイツの社会学者テンニース（1855-1936）などがその理念を受け継いだ。第一次世界大戦後には，「Sozialpädagogik の主たる目的は対象者のすべての幸福を養成することであり，この目的を効果的に追求するためには，特異な社会教育的活動のみならず，対象者のより良い生活に影響を及ぼす社会状況の変革にも貢献する必要がある」と訴えたノール（1879-1960）などに継承されていった。ノールは，「Sozialpädagogik の介入の場は，家庭や学校の外である“第3の場”にある」とし，脆弱な子どもや若者の保護に特に焦点を当てた考えとして，子ども若者サービスの理論と実践として理解されている（Schugurensky et al. 2013）。

## （2）Sozialpädagogik の発展

　世界に目を向けると，集団主義教育の体系化を行い，日本の学級集団づくりにも影響を与えたロシアの教育学者マカレンコ（1888-1939），プラグマティズム（実用主義）を代表し，世界的に影響力のある哲学者であり教育者の一人であるアメリカのデューイ（1859-1952），デューイの協力を得てセツルメント活

動に従事した社会活動家のアダムズ（1860-1935）にまで幅広く広がっていった
とされる。またピッキン（1901-1986）は，Sozialpädagogik の中心的テーマで
ある"地域の中の教育機関"という発想に共感し，1938年に公的支援としてひ
とり親家庭を受け入れている全寮制プログラムを提案する初の大学を創設した。
さらには，ブラジルの教育者でありスラムの識字教育を推進し，その教育実践
から"エンパワメント"という言葉が生まれたと言われるフレイレ（1921-
1997）は，グループワーク，対話，思慮深い活動，意識覚醒，地元認識，さら
には人間化・解放・社会変革のプロジェクトに基づく地域の建物などを含めて，
Sozialpädagogik の中核であるという考えを強調したという（Schugurensky et
al. 2013）。
　第2次世界大戦後，特に1960年代から1970年代，新しい世代によって
Sozialpädagogik へ再び注目が集まった。その中心的存在が，モレンハウアー
（1928-1998）やギーゼッケ（1932-），ティールシュ（1935-）である。後述するよ
うに彼らの主張はそれぞれ異なるが，彼らの活躍によって，20世紀の間にヨー
ロッパの国々は Sozialpädagogik を採用してきた。
　このように Sozialpädagogik の考え方は，教育科学のみならず，社会福祉学，
心理学，社会学など学際的に大きな影響を与え，今日に至るまでに世界的な広
がりを見せながら，その地に根差した理論と実践が積み上げられてきた。

## （3）Sozialpädagogik の議論
　一方でいまだ学問としてのアイデンティティが確立されていないという見方
も色濃く残っており，現在進行形で議論がなされている。
　現代日本を代表する社会教育学者の1人である大串は Sozialpädagogik を
「社会問題を抱えた人が，社会権を獲得することを助けることと結びつきなが
ら，社会福祉援助活動の受け手にとどまっているのではなく，自ら社会問題を
克服する力を獲得する主体形成を助ける活動」（大串 2011）と定義した上で，
社会教育制度の外側で，社会福祉や社会政策によって行われている青年事業へ
社会教育が関わることによって「社会教育の先祖返り」ができると述べている。
なぜなら，「社会教育は社会事業や社会政策において貧困を予防し，貧困から

抜け出るための教育事業から生まれたから」であると断言している（大串2014）。

また，吉岡は1970年以降大きな影響力をもっていた3人の論者について紹介し，その議論を考察している（吉岡 2007，2011）。

すなわち，第一にモレンハウアーは Sozialpädagogik の「積極的な（positiv）」あり方を強調するとともに，教育活動を家庭教育（「世話」「養育」「援助」「習慣化」「練習」など）・学校教育（「教授」「伝達」「指導」など）・社会教育（「保護」「育成」「相談・助言」など）の3つの概念に分類している。

第二にギーゼッケは，それまでの「防御的」で「社会的消防署の役割」を担ってきた Sozialpädagogik を批判し，火が広がってから消火活動をするのではなく，火が起こらないように働きかけていくことこそが，Sozialpädagogik のあるべき姿として主張している。

第三にティールシュは，「社会の周辺層及び貧困層の人々に対する伝統的な援助を拡大するとともに，すべての人々に対する援助をも行う必要性が生じている」と主張する。さらに，「インフォーマルな日常的な住民の社会的援助と，フォーマルで専門職的な独自の援助可能性との新たな関係」を希求するものであると述べている。

このように三者の主張は少しずつ異なってはいるものの，社会変革，予防的な関わり，日常生活における教育と福祉の重なりに着目している点で興味深い。

### （4）Sozialpädagogik に基づく実践

では，Sozialpädagogik の実践の場ではどのような展開がなされているだろうか。ここではその代表的なものとして，セツルメント活動に触れておきたい。

セツルメントとは，19世紀末より世界的に展開されていった民間有志の運動である。失業，疾病，犯罪等と深い関係性をもつ貧困問題が集約された地域であるスラム街に支援者が住み込んで，貧困者との隣人関係を通して人格的接触を図り，問題の解決を目指した運動のことをいう。Sozialpädagogik の影響を受けたとされる，アメリカの哲学者であり教育者であるデューイと社会運動家であるアダムズが実践したハル・ハウスでの活動もその1つである。アダムズ

にとってセツルメント活動は，単に社会問題（移民問題，貧困問題，児童労働問題，非行問題等）を抱えた人々を慈善事業として"救う"といったことではなく，さまざまな活動や学びを通し，まさに彼らをエンパワメントし，社会変革を促し，"社会を生きる主体"となるよう人間形成に携わった。そこには子どもはもちろん，その家族や多くの成人も共に過ごし，共に学び，共に社会変革を成し遂げている。デューイはこれらの活動に加わることで，その後の彼の学校観・教育観にも多大なる影響を受けている（宮地 2008）。

　一方ドイツで最も有名なセツルメント活動にはシュルツ（1885-1969）らが設立した Soziale Arbeitsgemeinschaft Berlin-Ost（SAG Berlin Ost）がある。SAG Berlin Ost の運営に関わった仲間がハル・ハウスの実践から多くのことを学び持ち帰ったことを参考に，シュルツがその基盤を作ったとされる。またシュルツはこの活動を通して，Sozialpädagogik の機能を「地域の中における個々人に教育すること」，「地域のグループの振る舞いに対して教育すること」，そして「地域の異なるグループを一緒に教育すること」であるとも説明している（Koengeter et al. 2013）。

　このように世界で広がりをみせたセツルメント活動は，まさに教育と福祉の接触面で展開していったといえる。社会情勢や子どもたちを取り巻く環境が変わっても，このような実践が大事にしてきた，子ども同士の遊びや学びを通した人間形成や，家族や地域住民などのおとな関わりあいの中でエンパワメントし，まさに"社会的なるもの"による教育の考え方は，現代にも通じるものがあるだろう。むしろ当時より，人間関係が希薄になっているといわれる現代だからこそ，より必要なことかもしれない。

## 2　日本における社会教育と教育福祉論

　ここまで，Sozialpädagogik を取り巻く歴史・理論・実践について概観してきた。では，日本における教育と福祉を統合するような概念は，どのように整理がなされてきているのであろうか。本節では，日本の Sozialpädagogik にあたるとされている社会教育の変遷と，そこから派生した教育福祉論についてみ

ていきたい。

## （1）日本における社会教育の変遷

　戦前日本において Sozialpädagogik が「社会的教育学」ないし「社会教育学」と翻訳された経緯もあり，「教育と福祉をめぐる問題は古くて新しい歴史的課題」と言われている（小川・高橋 2001）。松田（2015）は，1903年には熊谷五郎（1869-去年不明）が紹介したことを受け，「社会的教育学が児童保護という社会問題の教育的解決の意義を担うものとして捉えられているとともに，おとなの教育としての社会教育へと論を展開している」と指摘している。また，川本宇之介（1888-1960）が1931年に「教育の社会化と社会の教育化」を提唱した背景にも，Sozialpädagogik が大きく影響を及ぼしたことに触れ，これらの歴史的背景からも，「教育の持つ社会的文脈を強調する教育学の立場を示しているのみならず，社会問題の解決，とりわけ青少年保護の教育福祉事業を担う学問」などと整理し，20世紀初頭にはすでに教育・福祉両側面を担うものとして着目されていたとされている。

　さらに松田（2000）は，日本の文部省（現：文部科学省）の社会教育に関する主務課である普通学務局第四課長に就任した乗杉嘉壽（1878-1947）の教育論について整理している。それによると，乗杉はアメリカ等の視察後，学校教育に傾斜しすぎている日本の教育実態に危機感を覚え，特に，そこで出会ったデューイの児童中心主義の影響を受けて，社会教育主事の設置や図書館司書の育成に尽力したといわれる。また，社会教育行政の社会政策的・社会事業的機能として生活保護の取り扱いや授産事業なども組み込んだ公民館構想や，勤労福祉的側面をもった青年学級などを展開していったという。

　しかし日本の社会教育は，「その後の公民館の普及過程において，教育機関としての性格が強調され，福祉機関の整備とも相まって，公民館の福祉的要素が次第に消滅していった」とされ，結果として「公民館において教育と福祉が分断していった」（松田 2015）といい，ドイツの Sozialpädagogik にその起源をもつ日本の社会教育は今日，社会教育法第二条で謳われている「学校教育法に基づき学校の教育課程として行われる教育活動を除き，主として青少年及び

成人に対して行われる組織的な教育活動（体育及びレクリエーションの活動を含む。）」へと集約していった。その後はその一端のみを踏襲し，本来的な意味での「社会的なるもの」は，影をひそめていったといわざるを得ない。

### （2）教育福祉の現代的意義

　このような中，日本を代表する社会教育学者である小川利夫（1926-2007）は，教育福祉を「今日の社会福祉とりわけ福祉サービスの中に，実態的には極めてあいまいなままに放置され，結果的には軽視され剥奪されている子ども・青年さらに成人の学習・教育権保障の体系化を目指す概念」（小川・高橋 2001：2）と定義し，この観点から Sozialpädagogik という用語が，「伝統的な『社会的教育学』という意味ではなく，新しく『教育福祉学』的な意味でも用いられている」と指摘している（小川・高橋 2001）。

　高橋（2001）は教育福祉における教育と福祉の関連について，次のように3つの側面から論じている。1つは"教育における福祉的機能と課題"の側面として，「教育を受ける権利――より積極的には，教育に対する権利＝学習権――の保障が生存権保障にとって極めて重要な中核的な位置にあるという，基本的人権保障に対する認識の深まりが求められている」という点である。2つめは"福祉における教育的機能と課題"の側面から，権利の主体としての生存権を保障するということが，単に「物質的経済的な保障だけ」にとどまらず，福祉がもつ「人間の生存にふさわしい健康で文化的な生活を営むためには，あるべき方向に向かって目的意識的にその生活を変えていく」努力を国民が自ら主体的に行えるよう，「人間形成に対して意図的に働きかける」という教育的機能を意識的に発揮していくべきとしている。そして3つめにこれらを包摂する側面として，「教育と福祉は，それぞれ本来的な機能をさらに発展させることによって，教育は福祉的機能を，福祉は教育的機能をより豊かにせざるを得ない。（中略）それぞれの本来的な独自の課題を発展させ曖昧にすることなく，両者を統一的に保障していくためのあり方を実践的制度的に明らかにしていくことが求められる」とし，その両者を切り離して考えるのではなく，その接触面に立脚して，「教育と福祉が現実社会の中で置かれている構造的位置とそれ

ゆえに抱える矛盾」に焦点を当てるべきと論じている（小川・高橋 2001）。

　また高橋は，「生活困難で自主的な学習要求を持ちにくいが学習活動を必要としている人びとの教育保障の問題」が生じていることに触れ，「今日，社会教育は，住民の必要とする諸活動を糾合し学びあいの条件を創造すること（環境醸成）を求められている。生活課題は，教育では解決することができず，福祉や医療や労働や経済活動などに関わる場合が多い」として，「さまざまな専門領域の人々をつなぎ合わせる役割を果たすことが求められている」と指摘している（高橋 2015）。

　日本の社会教育の概念に福祉的要素がそぎ落とされていった今日，教育福祉の領域において，子どもの教育権を脅かす生活課題は，教育のみでなく福祉や労働との関係の中で解決を模索していくことの重要性が再認識されてきたことに現代的意義を見出すことができるだろう。しかし一方，教育福祉の領域において議論される事柄は，学校外で行われる教育活動がメインとなっており，それらの活動は子どもが家庭の次に多くの時間を過ごす学校現場とどのような協働がなされているのか，またはできるのかについては，今後の課題としてさらなる議論が求められている。

## 3　日本における子どもの第三の居場所づくり活動の動向

　このような中で，学校福祉論はいかなる立ち位置を見出すことができるのだろうか。本節では，Sozialpädagogik や教育福祉の領域でも重要視されてきている，子どもの第三の居場所づくり活動に焦点を当て考えていきたい。

　子どもの居場所づくりについて，現在，どのような取り組みがなされているのだろうか。NII 学術情報ナビゲータ CiNii で「“子ども”，“居場所”」と検索すると，2017年6月末現在，1985年以降990件の論文が該当し，特に2001年以降は867件を占め，21世紀に入って国内において関心が急増していることがわかる。さらに興味深いことは，教育関連や児童福祉，児童心理といった子どもに関する領域のほかに，建築関係やまちづくりといった一見すると子どもとは関連のなさそうな領域においても議論がなされていることである。

このように幅広い領域において活発に議論がなされてきていることを踏まえつつ，これらの場でどのような取り組みが展開されているのか。またこのような場と学校・家庭の三者においていかなる協働を行うことができるのかについて考えていきたい。

## （1）"第三の居場所" とは何か

そもそも "第三の居場所" とはどのような場を指すのだろうか。

1989年にアメリカの社会学者オルデンバーグ（1932-）が提唱した「サードプレイス＝第三の居場所」は，家庭（第一の場）でも職場や学校（第二の場）でもない，第三のインフォーマルな公共生活の場，すなわち "とびきり居心地よい場所" を意味するとされる。サードプレイスの特徴は，① 中立領域，② 平等主義，③ 会話が主たる活動，④ アクセスしやすさ，⑤ 常連・会員の存在，⑥ 目立たない存在，⑦ 雰囲気に遊び心がある，⑧ もう一つのわが家，といった8つにあるという。そしてそこは，「安息の場所」と「避難所」の機能を持ち合わせているとも称されている。このような考えは，精神科医のボウルビィ（1907-1990）によるアタッチメント（愛着）理論に基づく "安心感の輪"の考え方にも隣接する。つまり人が自立してより広い社会に向かうためには，子どももおとなも "とびきり居心地よい場所" を増やしていく必要性が心理学的にも社会学的にも言われ続けているということである。

日本における第三の居場所は，これらの要素を兼ね備えながら独自に展開してきたことが指摘されている。他者との交流を主な目的とする「交流型」と，他者を気にせずに個人で居心地良く過ごす「マイプレイス型」に分類され，さらに交流型は社交的な交流を目的とする「社会的交流型」と，社交以外の何らかの明確な目的がある「目的交流型」とに区分することができるとされている（小林・山田 2015；片岡・石山 2017）。また支援困難事例への予防的アプローチとして，「仕組みづくり」の重要性が指摘されており，場づくり・ネットワークづくり・拠点づくりが早期発見には欠かせないともいわれる（岩間 2014）。

このように第三の居場所とは，本人にとって "とびきり居心地よい場所" であると同時に，支援を要する人々にとっては事態が深刻な状況になる前に他者

第9章 Sozialpädagogik／社会的教育学から学校福祉論を再考する

から手を差し伸べることのできる予防的介入の場にもなりうることを示唆していると言えるのではないだろうか。

では，子どもの第三の居場所とは，どのような意味を兼ね備えているのか。以下，「子どもの第三の居場所」と称されることの多い4つの支援現場から考えていこう。


### （2）4つの支援現場の現在

#### ① 長期欠席児童生徒への支援

なんらかの理由により学校に通えない子どもたちの学ぶ権利を保障するため，1980年代以降，民間団体が運営しているフリースクールや区市町村教育委員会（以下，地教委）が運営している教育支援センター（適応指導教室）が各地で整備されている。2017年2月にフリースクール等に関する検討会議によってまとめられた「不登校児童生徒による学校以外の場での学習等に対する支援の充実～個々の児童生徒の状況に応じた環境作り～報告」（以下，検討会議報告書）のデータを参照してそれぞれの特徴をまとめたものが表9-1である。

両者は運営母体が異なるため，その機能や役割が大きく異なっているようにも見えるが，その一方，子どもや保護者の立場に立ってそれぞれの良さを活かした運営を行うことも可能である。

両者が併設されている自治体では，ややもすると子どもの取り合いのような構図ができやすいと考えられるが，しかしどちらも「子どもたちの学習権をいかに保障していくか」「社会的自立をいかにして支援していくか」といった観点から設置されていることに立ち戻ると，スタッフや立地面，開室時間や活動内容等，それぞれの機能や役割を活かしつつ，むしろ共存することで子どもや保護者の選択肢を広げ，より安定した場づくりを目指していくことができる。

近年，長期欠席児童生徒の増加や問題・課題の複雑さや深刻さ，それに伴う多様な居場所づくりの必要性を鑑み，検討会議報告書では各地教委に対してフリースクール等民間団体との連携の充実を図るとともに訪問型支援やICTの活用，支援計画の作成といったさらなる支援の在り方が提案されている。同時に2017年2月に施行された「義務教育の段階における普通教育に相当する教育

表 9-1　教育支援センター（適応指導教室）とフリースクールの支援状況

| | 教育支援センター<br>（適応指導教室） | フリースクール |
|---|---|---|
| 対象児 | 何らかの理由により，学校へ通えない児童・生徒 | |
| 運営母体 | 区市町村教育委員会 | NPO 法人などの民間団体 |
| 目的 | 不登校児童生徒の集団生活への適応，情緒の安定，基礎学力の補充，基本的生活習慣の改善など | 不登校児童生徒の状況に応じて，学習活動や体験活動，人と関わる機会や安心して過ごせる場所の提供など |
| 設置数 | 約1,300か所 | 未把握 |
| 学費 | 基本的には無償 | 有償 |
| 申込窓口 | 地教委や学校 | 団体に直接 |
| 通室審査 | 本人や保護者の意向のほか，地教委や学校が通室を要すると判断した者 | 本人や保護者の意向 |
| 出席の取り扱い | 指導要録上は出席扱い | 学校長による |
| 開室日 | 学校の授業日に準じる | 学校の授業日のほか，長期休業期間中にもイベント等の開催もある |
| 学校との連携 | 密に行いやすい | 学校長による |
| スタッフ | 主に元教員や教員免許取得者 | 教育関係者のほか，心理職や福祉職など多職種で運営 |
| 主な活動 | 学習支援，生活指導 | 学習支援，エンパワメント活動 |

（出所）　筆者作成。

の機会の確保等に関する法律」により，子どもの状況に応じたより適切な支援の重要性が明文化された。

② 子どもの放課後支援

　学校が終わってから家庭に帰るまでの“放課後”と称される時間は，子どもにとっては楽しい時間であり，家族にとっては心配な時間でもある。

　放課後児童クラブや学童保育と呼ばれる「放課後児童健全育成事業」は児童福祉法第6条の3第2項「小学校に就学している児童であつて，その保護者が労働等により昼間家庭にいないものに，授業の終了後に児童厚生施設（児童遊園や児童館：筆者加筆）等の施設を利用して適切な遊び及び生活の場を与えて，その健全な育成を図る事業」を根拠とし，社会福祉法上の第二種社会福祉事業

第**9**章　Sozialpädagogik／社会的教育学から学校福祉論を再考する

として規定されている。さらに，子ども・子育て支援法第59条第1項第5号には，地域子ども・子育て支援事業の1つとしても掲げられており，市町村において計画的に事業推進を図っていくべき事業として掲げられている。2012年の児童福祉法改正によって，本事業の対象児童が「小学校に就学しているおおむね10歳未満」から「小学校に就学している児童」に変更がなされたことからも，そのニーズの高さをうかがい知ることができる。

　一方，2004年度から「地域子ども教室推進事業」（2007年度以降は放課後子ども教室推進事業）が開始している。本事業は，「青少年の問題行動の深刻化や地域や家庭の教育力の低下等の緊急的課題に対応」するため，「地域のおとなの協力を得て，学校等を活用し，緊急かつ計画的に子どもたちの活動拠点（居場所）を確保し，放課後や週末等における様々な体験活動や地域住民との交流活動等」を行う場を支援するものとしている（文部科学省HP）。ここでは，対象児童を特定せずにすべての子どもへの学習や体験の機会提供を行なっており，現在では「学校・家庭・地域の連携協力推進事業」の一環として展開されている。

　両事業は，「共働き家庭等の『小1の壁』を打破するとともに，次世代を担う人材を育成するため，すべての児童が放課後等を安全・安心に過ごし，多様な体験・活動を行うことができる」ことを目的に，2014年に「放課後子ども総合プラン」として各自治体において計画的な整備を進める方向性が示された。つまり，管轄も対象児も異なっていた2つの事業を，一体型を中心とした「子どもの放課後の居場所」へと集約していこうという流れになったのである。確かに両者には子どもの放課後の居場所という共通点はあるものの，本当に一体型として運用が可能なのだろうか。

　放課後児童クラブは，昭和30年代初頭から母親の就労増加に伴い，子どもの豊かで安全・安心な生活保障を行うための「学童保育」として，保護者等の自主運営や自治体の単独補助事業など，地域の実情に応じてさまざまな運営がなされ，また，利用児童数や社会情勢の変化に伴い，法改正や基準の見直しがなされてきた。2015年に示された「放課後児童健全育成事業の設備及び運営に関する基準」（以下，基準）第5条には，一般原則として「放課後児童健全育成事

*187*

業における支援は，小学校に就学している児童であって，その保護者が労働等により昼間家庭にいないものにつき，家庭，地域等との連携の下，発達段階に応じた主体的な遊びや生活が可能となるよう，当該児童の自主性，社会性及び創造性の向上，基本的な生活習慣の確立等を図り，もって当該児童の健全育成を図ることを目的として行われなければならない」とし，放課後児童支援員の設置義務を設けた（基準第10条）。また，同年には「放課後児童クラブ運営指針」（以下，運営指針）が策定され，子どもの最善の利益を考慮して育成支援を推進する場であることや，家庭・学校・地域と連携して子育て支援の役割を担っていることを改めて言及している。さらにこれらを踏まえて2017年に示された「放課後児童クラブ運営指針解説書」には，子どもの発達過程に即した育成支援の重要性が指摘されている。また序章では，運営指針を策定した実践的な目的と意義として「放課後子供教室等他の事業と一体的に実施する場合の留意点」を示すものとしている。つまり，放課後児童クラブが単なる「託児」の場ではなく，生活の場として一人ひとりの成長発達を促す場となっている点を強調するとともに，一貫して「保護者の就労支援」と「子どもの生活保障」という側面を担い続けてきたことを改めて確認している。

③ 障がい児支援

　日本では2006年に国連で採択された「障害者の権利に関する条約」（以下，権利条約）への締結に向け，2011年に障害者基本法改正，2012年に障害者総合支援法制定，2013年に障害者差別解消法制定，同年には障害者雇用促進法改正が相次いで行われ，2014年に権利条約批准に至った。障がい児をとりまく領域においては，2013年に学校教育法施行令が改正され，就学に関わる仕組みが大きく変わることとなったが，特別支援教育の議論については第7章に委ね，ここでは，この流れの中で2012年の児童福祉法改正に伴って新設された放課後等児童デイサービスについてみていく。

　放課後等児童デイサービスは，それまで障がい種別で取り組まれていた支援サービスをその種別や手帳取得の有無にかかわらず，主に6歳から18歳までの児童を対象に学校の授業終了後や長期休業中に行われている。利用開始するた

第**9**章　Sozialpädagogik／社会的教育学から学校福祉論を再考する

めには自治体へ利用申請を行った上で，認可されれば利用が可能となる。利用時間は放課後や長期休業中であり，「障がい児の学童保育」とも呼ばれている。実際に放課後児童クラブにおいても，障がい児への支援については2015年に取りまとめられたガイドラインを参考に展開するよう通達がなされている。その基本的役割は，① 子どもの最善の利益の保障，② 共生社会の実現に向けた後方支援，③ 保護者支援として明記されている。

　さらに2017年4月より「児童福祉法に基づく指定通所支援の事業所等の人員，設備及び運営に関する基準」が施行され，その中で放課後等児童デイサービスは児童指導員又は保育士を半数以上置くものと規定され，ガイドラインの遵守及び自己評価結果公表の義務付けを行なった。このような動きは，2012年の制度創設時2,540か所であった事業所数が，2016年4月現在8,352か所と急速に拡大した反面，その適切な支援の提供と支援の質が十分に担保されていない事業所が少なからずみられる現状を鑑みたものと言われている。

### ④ 子どもの貧困対策

　子どもの貧困がまず注目を浴びたのは，2006年に OECD（経済協力開発機構）が「対日経済審査報告」において，日本が先進諸国の中でアメリカに次いで相対的貧困率が高いこと，特に子どもの相対的貧困率の高さへの指摘が契機となったとされている。それまでにも指摘する声はあったものの，日本の貧困問題は一部の関係者を除いてどこか他人事であり，身近な課題として取り上げられることは極めて少なかった。しかしその後，急激に機運が高まり，2008年には「なくそう！子どもの貧困」全国ネットワークが結成され，2009年には『子どもの貧困白書』（明石書店）の出版などが相次いだ。その後も多くの研究が蓄積されるとともに，政府が国民生活基礎調査をもとに相対的貧困率や子どもの貧困率等を公表するようになり，実態が少しずつ明らかとなっていった。

　相対的貧困率とは，簡単に言えば「それぞれの社会で標準的となっている生活スタイルがどれくらい剥奪された状態にあるか（相対的剥奪）といった観点」（武川 2017）からうまれた貧困の基準＝貧困線以下の者の割合であり，そのような世帯で生活する子どもの割合を子どもの貧困率としている。

2014年に報告された「平成25年国民生活基礎調査」（2012年所得）では，相対的貧困率（16.1％）を初めて子どもの貧困率（16.3％）が上回った。この割合は子どもの約6人に1人が相対的貧困の状態にあるという，極めて深刻な実態が明らかになったのである。

　このような流れの中で，2013年には「生活困窮者自立支援法」と「子どもの貧困対策の推進に関する法律」（以下，子どもの貧困対策法）が相次いで施行され，さらに子どもの貧困対策法に基づき2014年には「子供の貧困対策に関する大綱」が定められた。法整備以前から生活保護受給世帯の子どもを対象とした学習支援や非行に走る子どもたちに食事提供などを行なってきた実践など，数多く紹介され，法整備後には，類似した学習支援や子ども食堂と言われる場が急速に拡大してきた。

　これらはどこに向かって展開されているのだろうか。その1つの目的が「地域づくり」にあるとされている（湯浅 2017）。生活困窮の状況にある子どもたちにとって，学習支援や食事の提供それ自体も直接的に大きな意味をもつことは疑いない。しかし，子どもたちは支援されるだけの存在としてその場にいるわけではない。ましてや「かわいそうな子」として施しを受ける存在でもない。子ども同士やおとなとの関わり（同じ場で時を過ごすだけといった意味も含めて）によって存在を認めてくれる他者に出逢うことで，またはおとな同士（家族とスタッフ，スタッフ間，スタッフと地域住民など）の関わりに触れることを通じて，子どもたち自身が「ここに居ていいのだ」と肌で感じる。そのことによって子どもたちが学びや食を通してエンパワメントされると同時に，そこに携わるおとな自身の居場所ともなりえる。

　このような取り組みは始まったばかりであり，課題も多く山積しているが，早くも成果が見えつつある。2017年に報告された「平成28年国民生活基礎調査」（2015年所得）の結果は図9-1に見るように相対的貧困率が15.6％，子どもの貧困率は13.9％と，どちらもポイントを下げることに成功した。もちろん安心できる数字ではなく，いまだ7人に1人の子どもが相対的貧困の状態にあることを考えれば油断はできない。それでも子どもたちのSOSによって，社会が変わり始めていることもまた事実である。

第 9 章　Sozialpädagogik／社会的教育学から学校福祉論を再考する

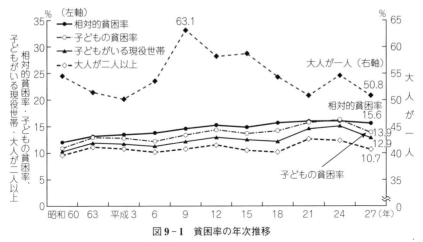

図 9-1　貧困率の年次推移

（出所）「平成28年国民生活基礎調査結果」。

　ここまで，"子どもの第三の居場所"として地域において運営されている，家庭や学校以外の場としてのさまざまな支援現場の一端を見てきた。これらは各地域によって多様な展開をみせているが，共通して考えていかなければならないことは，① これらの場が単なる託児の場（＝一定時間をただ費やすという意味において）ではなく，何らかの支援を目的としている場である以上，"適切な"支援が行なわれているのかという点，そして，② 生活の場の延長線上としての"サードプレイス＝とびきり居心地よい場所"になり得ているのかという点である。これらの検討課題は，家庭，学校に次ぐ地域という意味において"第三"の居場所というだけではなく，まさに本章第 1 節において参照してきた Sozialpädagogik の実践の場として，社会変革，予防的な関わり，日常生活における教育と福祉の重なりに着目した実践を展開していくことによって達成しうると考えられる。

　そのように考えたとき，このような場にいるおとなはどのような人材が望ましいのだろうか。すべて専門家でなければならない，ということはない。専門家だからこそ適切なアセスメント（見立て）やアプローチができることがある一方，非専門家だからこそ子どもや家族と良好な関係を築いたり，"隣人"として気負いしすぎずに関わることができる場合もある。"適切な"支援が展開

されうるのであれば，むしろ多様なおとなの存在こそが子どもやその家族にさ
まざまな効果をもたらしてくれるだろう。

## 4　社会的教育学の観点から学校福祉を問い直す

　ここまで見てきたように，日本は社会教育や教育福祉の概念の発展によって，
地域においてさまざまな“子どもの第三の居場所”を創出してきた。では，学
校福祉の視点から改めてみたとき，どのような接触面が見いだせるのだろうか。
筆者がスクールソーシャルワーカー（以下，SSWer）として取り組んできた
実践を例に考えていきたい。

### （1）長期休業中の子どもの居場所づくり活動

　筆者は東北地方のある自治体において2008年から約7年間，SSWer として
の実践を積んだ。例にもれず，配置当初は「SSWer とは何者か」「スクールカ
ウンセラーと何が違うのか」と問われ，学校現場ではもちろんのこと，行政や
地域の中においても試行錯誤している状態にあった。筆者は，言葉で丁寧に説
明することを大事にしつつも，行動で示していくことのほうがより伝わりやす
いと考え，教職員，関係機関，地域住民と共にさまざまな取り組みを行なった。
その一つが長期休業中の子どもの居場所づくり活動であった。

　当初，教育委員会によって組まれていた勤務日程には，夏休みや冬休みと
いった長期休業中の勤務は想定されていなかった。それはスクールカウンセ
ラーの就業週である30週を目安に SSWer も30週×3日＝年間90日の勤務日が
計上されていたことによる。しかし筆者は，長期休業中の過ごし方こそが重要
であり，この期間をどのように過ごすかによって，その後の子ども自身の家庭
や学校での生活にも影響を及ぼすのではないかと考えていた。その考えの根底
には，他の子どもたちが家族や友達と出かけるなどといった，いつもはできな
い“当たり前にできる特別な経験”を含めて長期休業を有意義に過ごす権利が，
どの子どもたちにもあるはずであると感じていたことによるのかもしれない。
この考えに当時の担当指導主事や所属教育委員会が理解を示してくれ，勤務日

第 9 章　Sozialpädagogik／社会的教育学から学校福祉論を再考する

の調整を行い，わずかな日数ではあったが長期休業中にも勤務することが可能
となった。そして当時の担当中学校の教職員とも連携を図りながら，学校や家
庭，地域において試行的に居場所づくりを行うことができたのである。

　この初年度の経験から，次年度以降はさらに支援対象を広げ，他の SSWer
とも協力をしながら本格的に長期休業中の居場所づくり活動に着手した。活動
を重ねるごとに，地域住民，近隣の大学生などスタッフ人材もバラエティに富
み，支援の場は公民館や市営体育館，市内の NPO 団体の拠点を活用できるよ
う協力を仰ぐなど，地域の社会資源の活用へと拡がっていった。プログラムの
内容は，学習支援やスポーツ活動，工作，調理実習，さらに親子プログラムや
おもてなしパーティ（子どもたちが保護者や教職員を招き，子どもたちが作っ
たランチを食しながら一緒に夏休みを振り返る機会）などを実施するなど，改
善・拡大をしていった。

　子どもたちは学校の行事（プールや合唱の練習など）や他の居場所（放課後
児童クラブや放課後等デイサービス，習い事など）と併用しながら，保護者と
スケジュールを調整したり，生活リズムを整えながら参加していた。それまで，
与えられたものに参加するといった受動的な過ごし方をしていた子どもたちが，
参加の有無を自身で決め，プログラム自体にも主体的に参加していくように
なっていった。もちろん子ども同士の些細なケンカが発生することもあるが，
気づけば仲直りをし，再び一緒に駆け回る様子を目にすることも少なくなかっ
た。この活動は子ども自身の成長発達を促すことができたと共に，ここでは大
きく以下の 3 点の効果について考察したい。

　まず保護者への効果である。この活動に子どもが参加することで，レスパイ
ト機能を提供するとともに，SSWer や地域住民との自然で肯定的なつながり
をもつことができる。また，子どもの表情や言動の変化について，SSWer を
始め，ボランティアスタッフとして参加している主任児童委員や様子を見に来
た教職員とともに共有することができる機会は，保護者へのエンパワメントに
つなげていくことができたとも考えられる。

　次に教職員への効果である。この活動は教職員に周知しており，いつでも自
由に見学・参加することができる体制を整えているため，担任や管理職が様子

を見に来ることも度々あった。子どもたちが日ごろ学校では見せない顔をして，他校の子どもと楽しく過ごしていたり，学習に意欲的に向き合っていたり，年少児の子どもの面倒を見ていたりする姿を目の当たりにしていくことで，以後の教職員の子どもへのまなざしが大きく変わることもある。また，教職員は子どもが他の支援者と関わっている姿を観察する機会がほとんどないため，客観的に子どもを見ることができ，新鮮な発見があったりもする。教職員が翌学期に子どもに関わる際のヒントを摑んでいくこともあるだろう。

　そして地域住民への効果である。地域には多様な活動を行なっている方々が多く住んでいる。筆者の勤務していた地域にも，ALT（外国語指導助手）を始め，よさこいチームや絵手紙づくりのサークル，米粉をつかった調理活動を推進する食育の団体，またラジオ作りを通した電波教室の推進団体，ニュースポーツの啓発活動の中心人物など幅広い人材がいた。このような地域の方々が子どもの居場所づくりに関わってもらう仕掛けは必要不可欠である。子どもを通して家族にも存在を再認識してもらうチャンスでもある。さらに主任児童委員を中心とした地域住民は，さまざまな支援を要する子どもやその家族が身近に暮らしていることを把握し，日頃から心配しつつも，どのように関わってよいかわからずに過ごしている者も多い。そのような方々をスタッフや講師として巻き込んでいくことにより，自然な形で子どもやその家族と関わる機会を増やし，子ども理解・家族理解にもつなげていくことが大切であると考える。

### （2）"子どもの第三の居場所"の学校福祉的意義とは

　家庭や学校以外の子どもの居場所は，学校福祉の視点に立つとどのような意義があるのだろうか。

　1つには，第一，第二の居場所があって，初めて第三の居場所が存在する，ということである。第三の居場所は家庭や学校の代わりにはなりえないし，なる必要もない。第三の居場所に携わる支援者たちは，つい家庭や学校の肩代わりをしようとしてしまうきらいがある。しかし，フォーマルでもインフォーマルでもない場があることそのものに意義があると同時に，第三の場であるからこそ，ホッと一息つけたり，ストレスを発散できたり，気持ちの整理ができた

第 9 章　Sozialpädagogik／社会的教育学から学校福祉論を再考する

りする。そしてそこでエネルギーを溜めることができることによって，第一，第二の場をより充実させていくことができるのではないだろうか。

　そしてもう 1 つは，彼ら彼女らの"生活"の延長にあるということである。確かに，第一，第二，第三の場で，子どもたちは見せる顔が違う。しかし，どの場も子どもたちの生活の一部である，という観点をもてるかどうかが重要ではないだろうか。この観点をもつためには，他の場での子どもの様子を知ること，そしてそこで携わる人をお互いに知ることである。おとな同士がいかにつながっているかは，思いの外，子どもたちはよく見ている。相互の専門性や非専門性，そして役割を認識しつつ，その段差をより滑らかにしていくことによって，子どもたちは自由に行き来しながら，社会に飛び出していくことができるだろう。

　鈴木（2015）は，学校ソーシャルワークの概念を「social work for school」でも「social work in school」でもなく，「social work with school」と紹介している。つまり，「学校のためのソーシャルワーク」や「学校の中で福祉的アプローチを行う」といった立場ではなく，「学校と共に社会福祉援助活動を行なっていく」立場であるという（下線：筆者）。それはいわゆる"特別な"子どもたちのみを対象にしてはいない。すべての子どもたちにとって，学校や教師が狭義の教育にとどまらず，家庭や地域と共に生活に根差した子どもの成長・発達に教育活動が実践できるように，学校福祉の担い手は多様なものの橋渡しを行いつつ，相互の段差を滑らかにする役割が，今，改めて求められている。

注

1)　ここで「長期欠席児童生徒」とあえて表現するのは，学校に通うことのできないすべての子どもたちを対象とするためである。文部科学省の不登校の定義では「連続または断続し年間30日以上欠席し，何らかの心理的，情緒的，身体的あるいは社会的要因・背景により，児童生徒が登校しないあるいはしたくともできない状況（ただし，病気や経済的な理由によるものを除く）」（下線は筆者）とされており，「病気」や「経済的理由」の児童生徒，さらには教育ネグレクトやヤングケアラー（慢性的な病気や障害，精神的な問題などを抱える家族の世話をしている

子ども）といった家庭的要因を含む「その他」に計上されている児童生徒が、「不
登校対応」では支援対象から抜け落ちる危険性があることを懸念し，本章ではこ
れらをすべて含みこむため「長期欠席児童生徒」と表記することとする。

**参考文献**

生田周二・大串隆吉・吉岡真佐樹（2011）『青少年育成・援助と教育——ドイツ社会
　　教育の歴史，活動，専門性に学ぶ』有信堂。

岩間伸之（2014）『支援困難事例と向き合う——18事例から学ぶ援助の視点と方法』
　　中央法規。

小川利夫・高橋正教共編（2001）『教育福祉論入門』光生館。

小川利夫（2001）「乗杉嘉壽『社会教育の研究』の今日的再評価」『月刊社会教育』45
　　（1）：66-71。

榎沢良彦（2016）「「遊びを通した子どもの協同性の育ち——他者といかに生きている
　　か」佐藤学・秋田喜代美・志水宏吉・小玉重夫・北村友人編『岩波講座　教育変
　　革への展望3　変容する子どもの関係』岩波書店，43-70。

大串隆吉（2011）「子ども・若者育成支援からドイツ社会教育へ」生田周二・大串隆
　　吉・吉岡真佐樹『青少年育成・援助と教育——ドイツ社会教育の歴史，活動，専
　　門性に学ぶ』有信堂，132-169。

大串隆吉（2014）「【特集】社会教育の意義——社会教育入門　社会教育をもう一度定
　　義してみよう」『月刊社会教育』2014年4月号：13-21。

太田政男（2008）「セツルメントから社会教育への接近」『月刊社会教育』2008年1月
　　号：89-92。

片岡亜紀子・石山恒貴（2017）「〈事例研究〉地域コミュニティにおけるサードプレイ
　　スの役割と効果」『地域イノベーション』9：73-86。

國本真吾（2003）「『教育福祉』研究に関する一考察——特別なニーズ教育の視点か
　　ら」『鳥取短期大学研究紀要』（47）：73-80。

倉石一郎（2014）『アメリカ教育福祉社会史序説——ビジティング・ティーチャーと
　　その時代』春風社。

小林重人・山田広明（2015）「サードプレイスにおける経験がもたらす地域愛着と協
　　力以降の形成」『地域活性研究』6：1-10。

鈴木庸裕・佐々木千里・高良麻子編著（2014）『子どもが笑顔になるスクールソー
　　シャルワーク——教師のためのワークブック』かもがわ出版。

鈴木庸裕（2015）『スクールソーシャルワーカーの学校理解——子ども福祉の発展を
　　目指して』ミネルヴァ書房。

## 第 9 章　Sozialpädagogik／社会的教育学から学校福祉論を再考する

鈴木庸裕・佐々木千里・住友剛編著（2016）『子どもへの気づきがつなぐ『チーム学校』スクールソーシャルワークの視点から』かもがわ出版。

高橋政教（2015）「教育福祉の視座としての社会教育」『月刊社会教育』2015年8月号：4-10。

武川正吾（2017）「いまなぜ，子どもの貧困か（特集　子どもの貧困：解決のために）」『世界』（891）：56-65。

谷川至孝（2015）「『子どもの貧困』対策から『子どもの社会的包摂』へ——家族主義＝自己責任論を乗り越える」『佛教大学総合研究所共同研究成果報告論文集』：29-44。

中西さやか（2011）「ドイツの保育システムに関する研究——システムの位置づけに着目して」『広島大学大学院教育学研究科紀要第三部』60：267-273。

中西さやか（2014）「ドイツにおける保育の教育的課題の概念化をめぐる議論」『教育学研究』81(4)：473-483。

原伸子・法政大学大原社会問題研究所編著（2012）『福祉国家と家族』法政大学出版局。

広田照幸・橋本伸也・岩下誠編著（2013）『福祉国家と教育——比較教育社会史の新たな展開に向けて』昭和堂。

フランツ・ハンブルガー（大串隆吉訳）（2013）『社会福祉国家の中の社会教育——ドイツ社会教育入門』有信堂。

フランツ・ハンブルガー，大串隆吉訳（2015）「ドイツにおける社会教育学——教育科学的伝統の観点からの提唱」松田武雄編著『社会教育福祉の諸相と課題——欧米とアジアの比較研究』大学教育出版。

細井勇（2016）「ソーシャル・ペタゴジーと児童養護施設——福祉レジームの観点からの国際比較研究」『福岡県立大学人間社会学部紀要』24(2)：1-21。

松田武雄（2000）「乗杉嘉壽の教育改革論の検討」『九州大学大学院教育学研究紀要』(3)：1-21。

松田武雄（2015）「社会教育福祉の諸相と課題——欧米とアジアの比較研究」松田武雄編著『社会教育福祉の諸相と課題——欧米とアジアの比較研究』大学教育出版，1-20。

松田弥花（2016）「スウェーデンの Socialpedagogik 概念にみる教育・福祉・コミュニティの関係性に関する考察」『社会教育学研究』52(1)：23-32。

宮地さつき（2008）「子どもの生活の場としての教育と福祉の interface —— J. デューイの『ソーシャル・センターとしての学校』論より」『学校ソーシャルワーク研究』(3)：54-66。

山下英三郎監修 (2016)『子どもに選ばれるためのスクールソーシャルワーク』学苑社。

湯浅誠 (2017)「混ざり合ってみれば何かが生まれる：「関わり合いの作法」をいきわたらせる地域づくりを（特集　混ざる　混ぜる　混在する）」『學鐙』114(2)：6-9。

吉岡真佐樹 (1996)「ドイツにおける教育福祉専門職養成の歴史と現状（1）──ゾツィアル・ペタゴーゲ養成の現状を中心に」『京都府立大学学術報告「人文」』(48)：101-130。

吉岡真佐樹 (1998)「ドイツにおける教育福祉専門職の拡大と分化」『京都府立大学学術報告「人文・社会」』(50)：97-119。

吉岡真佐樹 (2007)「教育福祉専門職の養成と教育学教育──ドイツにおける教育福祉専門職養成制度の発展と現状」『教育学研究』74(2)：88-101。

吉岡真佐樹 (2011)「青少年援助職の養成と活動」生田周二・大串隆吉・吉岡真佐樹『青少年育成・援助と教育──ドイツ社会教育の歴史，活動，専門性に学ぶ』有信堂，84-130。

レイ・オルデンバーグ，忠平美幸訳 (2013)『サードプレイス-コミュニティの核になる「とびきり居心地よい場所」』みすず書房。

和田上貴昭 (2015)「代替的養護の国際比較の指標作成に向けた基礎的研究──ドイツの取り組みから」『目白大学総合科学研究』(11)：81-90。

Daniel Schugurensky & Michel Silver (2013) "Social pedagogy: Hiistorical traditions and transnationalconnections," *Education Policy Analysis Archves*: 21(35).

Niels Rosendal Jensen (2013) "Social pedagogy in modern times," *Education Policy Analysis Archves*, 21(43).

Stefan Koengeter & Wolfgang Schroeer (2013) "Variations of Social Pedagogy-Explorations of the Transnational Settlement Movement," *Education Policy Analysis Archves*, 21(42).

Xavier Úcar (2013) "Exploring different perspectives of Social Pedagoogy: towards a complex and intergrated approach," *Education Policy Analysis Archves*, 21(36).

# 補論 1

# 青年期の課題と学校福祉
—— ユースソーシャルワークの今後

土屋佳子

## 1 「活用」の主体は誰なのか

　加速度的に進む少子高齢化や家族の在り方の多様化などを背景に，日本の社会は劇的な変化の只中にある。長きにわたる不況，東日本大震災を経て，個人の力ではどうすることもできない格差が表面化および固定化し，当然のことながら，子どもや若者に大きな影響を与え続けている。

　こうした社会問題を解消・軽減すべく，近年，分野横断的な政策動向調査や研究が進み，「子ども・若者育成支援法」(2009年) や，「子どもの貧困対策の推進に関する法律」(2013年) が制定されるに至っている。法律上，「すべての」子ども・若者の健やかな成長への支援がうたわれるとともに，「困難を有する」子ども・若者（とその家族）にも目が向けられることとなり，相談支援体制の充実の一環として，「スクールソーシャルワーカー（以下 SSWer）の活用」が明記されるなど，学齢期における福祉的支援の必要性が示されることとなった。

　子ども・若者支援の制度化がようやく緒に就いたことについての意義は大きい一方で，「活用」という言葉については，看過できない課題が併存する。それは，「活用」が「指導の手段」になってはいないか，という点である。学校（教員）が困った課題に直面したときに，対象者のニーズを聞くことなしにSSWer を活用することは避けなければならない。福祉的な支援は，それが対象者にとって，どれほど実際に「助かっている」のかという省察的態度が不可欠であり，それは学校においても同様である。本来「活用」するのは，対象者である子ども・若者であることを忘れてはいけないだろう。

　また，その際，SSWer だけが対症療法的な支援，たとえば福祉サービスへのつなぎや情報の提供といった一方的・直線的な支援を行うのではない，とい

*199*

うことにも留意したい。青年期の課題を理解・整理しつつ，SSWer と教員とが協働し，ネットワーク・社会資源を積極的に活用しながら，対象者の主体性を重視し引き出していく道筋，過程に着目した教育的支援活動へと発展させることが求められる。

## 2　青年期を取り巻く根本的な課題への理解

　福間（2013）は，一般に思春期・青年期の中でも，中学校と高等学校の時期では取り巻く制度が大きく変化し，以下の二つの面で明確な違いがみられると指摘する。性別による該当年齢に差はあるものの「婚姻」が認められ，社会的な自立の方法として選択可能になるということ，そして「中途退学」が制度的に認められていることの 2 点である。

　中途退学については，本人の思いにかかわらず「単位が取得できなければ」必ず生じる課題となる。また，婚姻に隣接する問題として，若年妊娠・出産がある。在学中に妊娠をしたら退学や転学という進路の変更を余儀なくされるといった例が散見される。いずれも最終的に何らかの形で選択を迫られることになり，自己決定・自己選択が自己責任に内包されていく。

　また，自己決定・自己選択（≒自己責任）という一連の過程において，その背景に，生活困窮や障害，虐待や DV といった，本人のみではどうすることもできない家庭環境，生活基盤に関わる課題が，複合的に存在していることがままある。他方で，高等学校の段階になると，本人自身の合理化（あきらめや否認，「深く考えない」ことや，アルバイトや非行行為等に没頭し，「考える時間をつくらない」ことなど）によって，「何とかしてきた」という事実にも遭遇する（そしてその行為が教員の誤解を生んでいるケースもある）。そうした本人の合理化を頭ごなしに否定することは禁忌であり，いかに本人を尊重しながら，少しでも根本的な課題に手を伸ばせるかが問われる。

　また，福間は，「学校や教員が保護的・指導的に関わるなかで，自分自身や自分と社会との接点を模索することができる最後の時期という意味で，高校は子どもでいられる最後の時期である」とも述べている（福間 2013）。これに倣っていえば，青年期中期（高等学校の時期）は，保護的対応から自立支援へ

の移行期であり，彼らのニーズをキャッチアップできる最後のチャンスの時期ということもできる。ここを安易な自己決定・自己選択，そして自己責任に収斂させずに，その声を丹念に拾い上げる作業が関わる者（SSWerだけではなく，教員など関係する者それぞれ）において望まれる。しかしそれは，前述の「合理化」への理解とともにたやすいことではない。

## 3　ユースソーシャルワーカーの創出

　ところで筆者は，東京都教育庁による，「都立学校『自立支援チーム』派遣事業」の統括スーパーバイザー，並びに研修プログラム検討委員として，事業開始当初（2016年）より携わることとなった。本事業は，都立学校（主に都立高校）生徒への福祉的支援と，就労支援の両面に対応する専門職を派遣し自立支援を行うというスキームとなっており，その主管課が社会教育部門（地域教育支援部生涯学習課）であるということに大きな特徴がある。また，この事業を担う「ユースソーシャルワーカー」（以下YSWer）と呼ばれる専門職の創出には興味深い点が多い。そこで本稿では，青年期への援助を行う「自立支援チーム」の成り立ちと，その職務内容や意義について紹介したい。

　ちなみに，本事業がスタートした2016年の4月から8月までの3か月で，1000ケース超の相談，支援人数（生徒数）も同等の数値となったが，これには中途退学者への支援も含まれるという。1年後の2017年3月の段階で，さらに倍以上の事例が掘り起こされることになった。なかには，中途退学してから2年以上経過していても，自らが所属していた学校へ相談に来るケースが確認された。この事例は進路決定（再決定）をするにあたって，学校がハブ（中心・つなぎ），あるいはあらたなポータル（入り口・拠点）になることを示しており，高等学校でのスクールソーシャルワーク（以下SSW）に多くの示唆を与えるものと考えられる。

## 4　「自立支援チーム」の施策化

　東京都教育庁が本事業を立ち上げることになったのは，2013年度に実施した「都立高校中途退学者等追跡調査」（以下，「中退者調査」）がきっかけである（東

京都教育委員会 2013）。調査は，本人（当事者）から中途退学の原因等を聞き取り，中途退学の未然防止及び退学後の支援を検討することを目的として，都立高校中途退学者と都立高校進路未決定卒業者に対して行われた（調査期間：2012年 7 月～11月。中途退学者回答率20.4%： n ＝988／進路未決定卒業者回答率23.3%： n ＝327）。

　調査の分析から見えてきたのは，① フリーター，ニート層は中学からのつまずきがある，② 基本的な生活習慣の未確立，③ 学習層，ニート層ではメンタル面での課題がある④既存の就労・就学支援サービスが当事者に届いていない，ということであった。

　調査研究を行った古賀は，さらに対象者の中から51名を抽出（実施は48名）し，インタビュー調査を実施した（古賀 2014a, 2014b, 2015）。その調査から得られた知見として「退学後から調査時点まで，学習も就労も何もしないインターバル期間の常態化が認められる」と述べている。古賀はこの空白・空洞化を「探索期」として，従来の行政施策では看過されてきた課題とも指摘している。

　これらの結果を受け誕生した自立支援チームは，① 中途退学の未然防止，② 進路未決定生徒への在学中の進路決定支援，③ 不登校生徒への支援，④ 生徒及びその家族が抱える課題への福祉的支援を行うとともに，⑤ 都立高校を中途退学した生徒への再就学・就労支援（高校中退後， 2 年を目安とする）に取り組むことになった。その他関連する取り組みとして，都内 3 か所において「中途退学者等への『学び直し』支援事業」が2016年 9 月よりスタートした。これは，中途退学を余儀なくされた生徒が再び高校への「再入学」や「高卒資格取得」するために，若者支援機関（NPO）に都が委託し，学び直し（学習支援）の機会を提供するものである。

## 5　ユースソーシャルワーカーの職務パターン

　YSWer の職務は，継続派遣，要請派遣によって異なり，基本的に，以下（図 1 ）のような職務パターンとなる。要請派遣については，当初は間接支援が中心のアプローチ（「パターン I 」）を想定していたが，実際の学校からのニーズ

補論1　青年期の課題と学校福祉

【パターンⅠ】〈要請派遣型〉
いわゆる「派遣型」SSW
（コンサルテーション中心）
1）教員，管理職からの相談に応じる
2）クライアントに直接関わるのは，教員
3）教員，管理職とは対等な関係で，
　専門的情報の提供

【パターンⅡ】〈継続／要請派遣〉
学校と連携し，要支援生徒に
直接アプローチする。
1）学校の依頼により，面談を行う
2）教員とともに家庭訪問等を行う
3）関係機関とネットワークを構築する
⇒適切なアセスメントによる支援

【パターンⅢ】〈継続派遣〉
校内ユースワーク
（生徒との関係づくりを重視）
課題解決モデル＜未然防止モデル
（例）校内カフェ（「交流相談」）
　　　学習支援（通信制スクーリング）
⇒学校改革への展望

【パターンⅣ】〈学校外〉
ユースワーク
（若者の自立支援）
当事者のエンパワーメント（主体形成）
（例）交流・体験，インターンシップ
　　　プロジェクトの企画（SL，PBL 等）
⇒主権者になるための教育

**図1　ユースソーシャルワーカーの職務パターン**

（出所）　梶野（2016）より，筆者一部改変。

は「パターンⅡ」が多くみられる。パターンⅠ，Ⅱは，現在わが国で展開されている SSW とほぼ同じ方法であると考えてよいだろう。一方，パターンⅢ，Ⅳでは「ユースワーク」の要素を取り入れていることに着目したい。

　日本におけるユースワークは，戦後の「青少年指導」及び「青少年団体指導」（YMCA やボーイスカウトなどの活動），その後に続く高度成長期の「勤労青年教育」にその源流をみることができるが，いずれにせよ，主として10〜20歳代の青少年を対象とする「学校外での支援活動」のことをさす。柴野は「ユースワークはグループ・ワークを青少年活動に適用することにおいて展開される人間発達と集団運営の方法である」（柴野 2009）とし，青少年自身の自己形成をうながす方法として，学校，地域，企業，大学，街頭など，いつでも，どこでも利用可能なグループ活動であるとも述べている（同）。しかしながら，柴野は，「いつ，どこでも行われる支援活動であるとは言うものの，たとえば学校の教育活動とは微妙な違いがある」とし（同），教員とユースワーカーの違いについて言及している。ユースワーカーは，青少年との間のボランタリーな関係性を重視し，「純粋な，ありのままの彼ら・彼女ら」として接す

*203*

るという。

パターンⅣにおける YSWer の職務は，学校外の活動となる。前述の「学び直し支援事業」や，「地域若者サポートステーション」への橋渡し等，青少年・若者を支援する各社会資源と協働し，グループ活動を通じて社会的成長と包摂を促していく。

パターンⅢでは，生徒との関係づくりを重視する。YSWer と生徒との相互理解を進めていく中で，生徒自らが自己成長を遂げていくことをサポートする。まさにユースワークを学校内で行う「校内ユースワーク」である。たとえば，ある YSWer は，通信制高校のスクーリング時を活用している。また，別の YSWer は，部活動に参加しているという。彼らは，さまざまな場面で生徒らと交流する中から，自然発生的な望み（ニーズ）をくみ取り，必要に応じて，教員や外部機関とつなげていく役割を担っている。


## 6 「校内ユースワーク」の実践事例

通信制高校で活動する YSWer によると，初めて学校を訪れた日，一人で行動する生徒の多さに驚いたという。自習によるレポート作成やコミュニケーションに不安を抱えているという生徒が少なくないという実態に直面した YSWer は，管理職や担当教員の協力を得て，オープンスペースでの「交流相談」を始めた。YSWer が，いつ，どんな相談に乗れるのかを示す「宣伝用の看板」を生徒とともに作成する中で，「この学校に来て初めて人と話した」「勉強を教えてもらえる仲間ができた」との生徒の声が聞かれるようになった。また，YSWer とのやりとりの中から，普段打ち明けられずにいた話をする生徒もおり，必要な福祉的支援に結びつくケースもあった。オープンスペースは「安心して過ごせる居場所」として生徒だけでなく，教員にも認知され定着するに至り，その後生徒の自主的な活動（料理，体験旅行等）にも発展している。

学校，教育行政側は，卒業生の増加と中途退学率の大幅減（いずれも前年度比）の要因の一つとして，YSWer の取り組みを挙げている。本格的な検証を待つ必要はあるが，「探索期」を包摂し生徒の居場所を生み出した，YSWer の校内における学習支援・活動（学校行事や課外活動）支援の意義は大きい。

## 7 「主権者形成」と「探索期」——ユースソーシャルワーカーのめざすもの

「自立支援チーム」の特徴は，第一に「ユースワーカー＝若者の個人的及び社会的成長と社会的包摂を促す者」と「ソーシャルワーカー＝若者を取り巻く生活，家庭等の様々な問題の解決と軽減に寄与する者」を併せ持つ「ユースソーシャルワーカー」が，就労支援と福祉的支援の両方を提供すること，第二に，「校内ユースワーク」の職務にあるように，自立（自律）に不可欠な，多彩な社会体験活動を，学校教育の中のごく日常的な場面において，いわば「地続きに，埋め込んでいく」ことを意図していることにある。実際，前項で取り上げた事例以外にも，教員がカリキュラムを工夫し，ブラックバイトなどの労働・就労問題を扱いつつ，YSWer が具体的な面接指導を行ったり，家庭的な課題を抱える生徒への福祉的支援を行う YSWer が，教員との適切な情報共有により本人に沿った進路指導を下支えするなど，生徒を中心にした，教員・YSWer 間での持続的な応答や協働が生まれている。単発・イベント的ではないこうした相互作用は，生徒の人間的成長を促す技術（アビリティ）として，学校教育の範疇で再認識される必要がある。

さらに本事業は，「高等学校の中途退学の防止」が表向きのミッションではあるが，義務教育で展開されている SSW を「15歳の壁（義務教育の終わり）」あるいは「18歳の壁（児童福祉対象の終わり）」で途切れさせず，「自立支援（自己教育）」へとつなげる方向性をも示唆している。「18歳」は，「選挙権」が具現するまでもなく，その両価性も含め主権者形成の契機として，改めて考えなければならない時機といえる。

筆者は，YSWer の支援のあり方として，「生徒（青少年）の本来持っている力を引き出す」「内発性に着目し，セルフケアを促す」といったエンパワメントをベースに，「支援する／される」という関係性を転換させ，「生徒（青少年）自身の参加」や「援助者との共同実践」を射程に入れた働きかけを目指したいと考えている。それには，これまでうやむやにされてきた「探索期」を保障することも含まれる。探索期こそが，青年期の課題を社会的な課題として浮かび上がらせ，主体性を培うベースとなるのかもしれない。その意味でも福祉的支援とユースワークを融合させた学校福祉とも言うべきこの取り組みと，そ

れを可能にしているのが社会教育であるという点に，大きな手掛かりを感じているのである。


**参考文献**

生田周二・大串隆吉・吉岡真佐樹（2011）『青少年育成・援助と教育——ドイツ社会教育の歴史，活動，専門性に学ぶ』有信堂。

生田周二（2016）「子ども・若者支援専門職に関わる本研修プロジェクトの経緯と到達点——"第三の領域"の検討と関連して」日本社会教育学会第63回研究大会プロジェクト研究資料（平成28年9月18日：弘前大学）。

梶野光信・土屋佳子（2016）「都立学校『自立支援チーム』派遣事業—施策化の経緯と展開」日本学校ソーシャルワーク学会口頭発表資料（平成28年8月28日：法政大学多摩キャンパス）。

梶野光信（2016）「都立学校『自立支援チーム』派遣事業の取り組みについて」日本学校ソーシャルワーク学会関東甲信越ブロック研修会資料（平成28年12月4日：電気通信大学）。

古賀正義（2014a）「液状化するライフコース——都立高校中退者調査からみた中退問題と支援」早稲田大学社会学会『社会学年報』第55号。

古賀正義（2014b）「液状化するライフコースの実証的分析——都立高校調査からみた中退大学者の意識と行動」中央大学『教育学論集』第56集。

古賀正義（2015）「高校中退者の排除と包摂——中退後の進路選択とその要因に関する調査から」『教育社会学研究』96集。

柴野昌山編（2009）『青少年・若者の自立支援——ユースワークによる学校・地域の再生』世界思想社。

東京都教育委員会（2013）「都立高校中退者等追跡調査　報告書」（平成25年3月）。

東京都生涯学習審議会（2016）「今後の教育環境の変化に対応した地域教育の推進方策について——地域教育プラットフォーム構想の新たな展開-建議」（平成28年2月）。

東京都西部学校経営支援センターだより「西〜にし〜GoodNews 特別号」第13号，平成29年5月29日発行。

福間麻紀（2013）「高校におけるソーシャルワーカーの役割——取り組みの視点に関する考察」北海道大学『教育福祉研究』第19号。

松井祐次郎（2009）「ユースワークと若者自立支援——青少年総合対策推進法案と今後の課題」（国立国会図書館 ISSUE BRIEF）『調査と情報』第642号。

水野篤夫・遠藤保子（2007）「ユースサービスの方法とユースワーカー養成のプログラム開発——ユースワーカー養成に関する研究会の議論から」『立命館人間科学研究』14号。

村田翼夫・上田学・岩槻知也編著（2016）『日本の教育をどうデザインするか』東信堂。

## 補論 2

# 包摂でデザインする平和な社会
　　──ノルウェーからの学びを通じて

沢田安代

　人や環境を包摂（インクルージョン）することの目的は，平和な社会をつく
るためである。現代には貧困，差別，排除などさまざまな孤立が原因の困難が
ある。私たち支援職には，すでに誰かの身に起こしてしまった困難を戦術とし
ての個別支援で支えることと並行して，戦略としてのマクロの支援，つまり包
摂の思想をもとに平和な社会をデザインすることが求められている。

　社会福祉国家ノルウェーでは，包摂による社会づくりという目的を，学校教
育に関わる人はもちろん国民一人ひとりが共有し，それぞれが個性を生かして
社会参加することで社会の発展に寄与している。彼らが考える幸せとはトリー
ヴセル（trivsel），すなわち一人ひとりが地球市民としての責任を認識した上で，
自分らしく満足して暮らすことを指している。そのような国で育つ子どもの姿
を，教育法およびカリキュラム，また子ども新聞を通じて紹介する。私たちの
個別支援の前提となる国や地域のありようを，具体的に議論して共有するため
の一歩になればと考える。

## 1　子どもがつくる今日という日

　子どもたちの考えと行動を，ノルウェー最大の全国紙 *Aftenposten* が発行す
る週刊子ども新聞，*Aftenposten Junior* の記事から紹介する。[1]

【2017年 1 月17日】　新しい土地へ引っ越すとはどういうことだろう。マレリウ
　ス（11歳）の，前の学校での最終日と，新しい学校での初日を取材した。
【1 月24日】　だれが新しいサッカーノルウェー代表監督になるべきか，ボルテ
　レッカ小で聞いた。希望する人に監督になってもらうためには，「たぶん給

補論 2　包摂でデザインする平和な社会

料を上げればいい」。

【3月22日】　研究者が，ソートラ島のクジラのおなかからビニール袋30枚を発見した。編集部は，海岸にプラスチックの片づけに向かうテラヴォーグ小の児童であるヨアキムたちに同行した。

【3月24日】　スティーナ（10歳）とマーリン（12歳）は，自身もプレーするアイスホッケーのルールが，男子にはタックルが許可されるのに女子には禁止されている点が不公平だと考えて，アイスホッケー会長に面会しルール変更を願い出た。しかし会長は「あなた方以外のそれほど多くの女子がタックルを望むとは思わない」と理解しなかった。

【3月24日】　知識大臣（日本の文科大臣に相当）は，児童・生徒は最低20分の昼食休憩を取るべきだと発言したが，児童・生徒自身はどう思うのか。ヘレナ（9歳）いわく「30分必要」。他の子どもたちからは20分でいい，40分必要との声も。

【3月29日】　オーディン（11歳）は，台所のブレンダーから火が出ているのを見つけた。消火器で消そうとしたがもう遅いと気づき，走って外に助けを求めて消し止められた。本人による再現動画の最後は「すべてよし！」と笑顔で締めくくられる。

【4月15日】　13歳のジュニア記者4名が，1週間SNS（ソーシャル・ネットワーキング・サービス）なしで暮らすことを実験した。

【4月18日】　労働党（野党第一党）党首にインタビューしたエッバ（9歳）は，政治家にインタビューしたいと自分で編集部に連絡して，質問事項も考えた。「秋の国会議員選挙で首相になれなかったらどうしますか」。「そうなるとは考えないけれど，引き続き党首でいたいです」。「でも，腹が立ちますか」。「うん，腹が立つだろうね」。

【5月2日】　リッリ（10歳）が開発した2メートルも伸びるスライムが，周囲から人気を集めている。開発に時間がかかったため作り方は秘密だが，スライムを売ったお金を小児がん協会に寄付している。

【6月1日】　グロー（10歳）は，国内の15歳の双子による人気歌手デュオの新曲のミュージックビデオを見てショックを受けた。女の子はお飾りで，おも

*209*

しろいことができるのは男の子だけというふうにみえたという。グローなど
の指摘により，ソニー・ミュージック・ノルウェーはいくつかのシーンを削
除した。

　編集部には，毎日多くの子どもたちからメールで企画が届く。採用された子
どもは子ども記者として取材をする。子どもが市民として自分の立場で考え
て，日常的に社会参加する姿が伝わる。同時に，大人が子どもの気づきや個性
を後押しし，子どもの意見から積極的に学んで実社会に生かそうとする姿も見
えてくる。この新聞は，2017年に『Frankfurter Allgemeine』（ドイツ）や
『Berlingske Tidende』（デンマーク）といった大手日刊紙を退けて，国際新聞
オブ・ザ・イヤーおよび国際印刷イノベーション・オブ・ザ・イヤーを受賞し
ている[2]。

## 2　福祉（しあわせ）に基づく「形成」の保障

　ノルウェーの子どものこのような行動の背景にある環境について，学校教育
の根拠となる法やカリキュラムに着目すると次のことが指摘できる。

### ①　教育法にみる「支援」としての教育

　初等・中等教育の根拠法は，教育法（原語では「トレーニング法」
Opplæringslova）である。教育は全員を対象にした福祉サービスあるいは支
援だと位置づけられ，学習指導の内容と教育福祉のサービスに当たるものが包
括的に定められている。特に，教育目的観，学習指導の方法，学校教育の規定
における権利擁護について，次のことが言える。

- 全体が自己実現のために必要な，考える力や行動する力を養うためのト
  レーニングであること。
- 多様性社会の発展を主体的に担う市民を育てるために必要な，相互理解
  のための情報やコミュニケーションの訓練をすること。
- 前述のような教育目的の達成のために，学習指導の目標が個々の子ども
  に合わせて設定されていること。

補論 2　包摂でデザインする平和な社会

- 特別ニーズがある子どもにはさらに専門家がつき，本人・両親の同意の もとで，子どもを中心において指導されていること。
- 子どもの権利擁護が，具体的な手続きとともに法にしっかり整備されて いること。

　具体的にみると，まず学校や訓練施設での教育と訓練は，家庭との連携・協定の中で行うものとされている。これにより家庭と学校の対等な立場を示すとともに，学校教育は人としての学び全体の一部であることを示している。また，教育は公平性の担保，人権尊重，共生思想の実現のためのものであることが明記されている。それらをふまえた上で，学校教育の広義の目的を，職業生活や社会に参加することができるように知識，技能，態度を発達させることだと示している。換言すれば，教育を Vocational Guidance（もって生まれた使命を見出すための手引き）だと定義している。

　そして，学校は生徒が創造的で，専心し，好奇心旺盛になれる教育を提供するよう定めている。つまり，教育とは個々の生徒に向けてカスタマイズして提供するものであって，それを子どもの見立てと科目に関する高い専門知識によって実現するのが教師の専門性であることが読み取れる。生徒が主体的に参加できるための方策として，参加する権利の保障や差別の除去にも重きを置いている。さらに，学習指導（つまり Vocational Guidance と同義）は個々の子どもを中心におき，得意・不得意や立場・事情に合わせてカスタマイズして提供することが定められている。全体として，初等・中等教育は，すべての人の包摂と個別化した教育のために設計されていることがわかる。

　まとめると，教育とは，福祉という語の本来の意味である「幸せ」に基づいて行われるものであり，教育と福祉サービスは同源であると位置づけられている。その上で，教育は各人の資質・能力を十分発達させ，持続可能な開発（発展）のための実践的な生活や職業の技術に触れる経験を積むことを指している。このことから，教育は移ろいやすい現代社会において，変化に対応しつつ自分らしく生きられる一人ひとりを「形成」すべく「支援」として行われていると指摘できる。

② 地球市民を育てるコア・カリキュラム

コア・カリキュラムとはノルウェーの教育全体の思想や目的を具体的に示した法的文書で，カリキュラムの一部である。初等教育，中等教育，高等教育，職業教育，成人教育を一貫する内容になっている。

冒頭で「教育の目的は，子ども，若者，成人に人生の課題に立ち向かうために必要な道具を提供し，他の人と一緒にその挑戦を乗り越えること」だと明言している。つまり教育とは個人の理解する，参加する，経験する，共感する，卓越するための力を拡大することで，教育がこれらの目的を推進するときには基本的な価値観，人間観，育成作業を慎重に検討する必要があると言っている。

具体的には次のように示されている。

- 教育は，学習者に，自分自身とその人生の責任を果たす能力だけでなく，他人の力と意志を援助する能力を提供しなければならない。
- 教育は，人々に今日の労働力に生産的に参加するため資格を与え，まだ想定していない職業に今後移行するための基礎を提供しなければならない。教育は，専門的な課題のために必要な技術を発達させ，今後の人生での再専門化のための十分広い能力の一般的なレベルを提供しなければならない。
- 教育は，今日の仕事や地域生活へ入ることと，人生の変容に対処する多才さと未知の未来の要求を満たすための多才さの両方を保証しなければならない。それゆえ，教育は一生使える態度と知識を授け，急速に変化する社会に必要な新しいスキルの基礎を築く必要がある。
- 教育は若者に先を見させ，また健全な選択をするための能力を訓練するよう教えなければならない。教育は，責任を取ることに彼らを慣らす必要がある——責任を取ることとは，自らの行動が他者に与える影響を評価し，倫理的原則の観点から評価することである。
- 教育システムは，成人に今日の若者と同じ機会を提供するように設計されなければならない。基礎教育は，もはや生涯の職業において十分ではない。知識の更新に付随する再調整は，人生の標準的な特徴になるだろう。『学習する大人』は学校でもたらされ，したがって，維持され，更

補論 2　包摂でデザインする平和な社会

新される必要がある。すべての職業から形式的な障壁なしに再教育に繰り返し戻ることができるよう，教育制度は開かれていなければならない。社会は教育機会の平等が実現することを保証し，不平等が進まないようにする責任がある。

- 教育は，共通の目標を遂行するために，学生に勤勉さと協力関係を促す必要がある。教育は，学生が目指す結果の達成を容易にするための，態度やマナーを育成しなければならない。教育は民主主義，国家のアイデンティティ，国際的な意識を促進しなければならない。私たちの国が変わらず国際社会の創造的な一員であるために，教育は他の人々との連帯，および人類の共通の生活環境との連帯を促進するものでなければならない。

- 教育は，学習者の創造的な衝動に場所を空けると同時に，他人の成果に対する学習者の喜びを目覚めさせなければならない。学習者は，音楽や言葉，絵や図を通して，芸術の想像力と鑑賞力を養うために刺激されなければならない。

- 学校教育の出発点は，個人の考え，社会的背景，生徒自身の出身地である。教育は個人のニーズに適合させなければならない。個々の学習者に対して向けた努力の差異によって，より優れた結果の平等が達成される。スキルの幅は，学習者のユニークな興味と才能を刺激することによって実現される。個人の独自性が社会的多様性を生み出す——等しく参加できることは，社会を豊かにする。

　まとめると，教育機会の公平性の確保，教育の目的は資質・能力の形成であること，包摂した社会の実現，複雑化する社会においてより主体的に生きるために必要な能力を育てることが定められていることが指摘できる。

## 3　支援職としての教師

　教育は支援として行われる。つまり，学校で生徒や保護者を第一に支援するのは，教科担当やコンタクト・ティーチャーと呼ばれる担任の教師である。

それ以外に、校内で相談援助や外部機関との連携支援を担当するアドバイザー（原語では「助言を与える人」rådgiver）がいる。専任だが資格要件はなく、ほとんどはベテランの教師が務めている。助言サービスは1959年以来小学校で、1969年以来高等学校で行われている。監督は知識省（日本の文科省に相当）が行う。[3]

教育法には、アドバイザーの配置は、学校図書館の設置と並んで書かれている。このことから、生徒が情報と支援を得るための一リソースとして位置付けられていることが読み取れる。

「教育法の規則」から細則を整理すると、アドバイザーの職務は大きく分けて、社会教育相談（特別支援教育）と教育・職業相談（キャリアガイダンス）である。目的は、社会的不平等の解消、ドロップアウトの防止、少数民族の統合とある。また、学校は生徒の全体像を把握して支援する旨が書かれている。つまり、相談者の苦手なことや困りごと、心理面、学校での生活面のみに留まらず、相談者のよいところ、環境面、学校外の生活面も含めて全体をみて支援することが定められている。このことから、アドバイザーは専門性としては多くが教師でありながらも、ほとんど日本のSSWerと同じ視野をもっているといえる。背景には、やはり教育が一人ひとりの市民性の発展のために支援として行われることがあるだろう。

また、ノルウェーアドバイザー協会の倫理ガイドライン[4]では、全体を通じて生徒の決定を尊重することが強調されている。アドバイスは常に時、場所、アドバイザーの能力と経験、社会的機運、立法条件、経済状況などに依存するという事実を認識していることが重要であると明記され、支援の限界を伝えている。時にはアドバイスが生徒の苦悩を引き起こす場合もあると言っている。つまり、アドバイザーは科学的な根拠に基づいて客観的な立場から支援するため、生徒の願いと時に対立する可能性があることを先に告げている。

なお、ソーシャルワーカーは学校外にいて、SSWerは法的には位置付けられていない。まずは教師をはじめとする学校にいる人が、職務として当然に、学校教育全体を通じて個別の支援を行っているといえる。

アドバイザーの課題については、シンクタンクが知識省の依頼で行った歴

史・現状・課題に関する調査の報告書[5]によれば，LGBT への対応，高校をド
ロップアウトすることはいけないことなのかという議論，また，そもそもアド
バイザーの助言は生徒にどの程度影響を与えているのか，という議論などがあ
る。ドロップアウトの是非の議論は，希望者は全員高校まで入れるため中退も
進路だととらえる向きがあることが，背景としてうかがえる。

## 4　市民参加のカリキュラム改訂で社会問題を予防・改善

　知識省は2014年にコア・カリキュラムの更新計画を打ち出し，2017年に新コ
ア・カリキュラムの草案を発表してヒアリングを開始した[6]。知識省によれば，
改訂する理由は，20年前に発行されたコア・カリキュラムを現在の子ども・若
者の課題に合わせるためである。また知識省によれば，現在のカリキュラムは，
コア・カリキュラムが示す教育の目的と各教科のカリキュラムが示す知識との
間に一貫性が欠如しているので改善が必要だという。新コア・カリキュラムの
草案には，サーメ人の初等・中等教育カリキュラムとの共通化や，能力開発の
ための具体的な方策なども盛り込まれている。

　知識省は草案とともに，すべての学校にヒアリングをすることや，子どもに
関わる機関に政府からヒアリングを依頼することと依頼先の一覧，またそれ以
外の機関もヒアリングへの参加に大歓迎であることなどをアナウンスした。依
頼先の一覧をみると，各省庁，各自治体，各学校はもとより，子どもオンブズ
マン，就労・参加支援機関，研究者組織，労働組合，アムネスティやセーブ・
ザ・チルドレンなどの人権団体，ベビーシッター，生徒会組織，国連，シュタ
イナー学校協会，モンテッソーリ協会，初等・中等教育の親委員会，障害者組
合，移民協会，ホロコーストの調査研究や宗教的少数派のための研究センター，
成人教育協会，中央職業組合，音楽家組合など，子どもに関わるあらゆる市民
団体が計109個挙げられている。なお，各学校には学習者も含む。このように，
教育のガイドラインを決める段階から人権，教育，労働などに関わる機関に諮
問する手続きをとることで，学校を舞台に社会問題が起きないようにすること
はもちろん，教育で人権と民主主義の発展に貢献しようとしている。

　教科のカリキュラムの改訂は，草案の議論からは独立して，2020年に発効す

る予定で議論が進められている。教科ごとにすでに第1回会議が開催され，すべて動画で記録して知識省のウェブサイトで公開されている[7]。動画にはまず知識省職員が現状と課題を論理的に示す様子があり，知識省は論点整理により専門家や市民に対話を促す役割を果たしていることがわかる。内容としては，ビッグ・アイデアという語を使って各教科で目的を定める必要性を説明し，これに照らして優先して習得すべき能力を選出することが提案されている。

## 5　共通項を見出し，違いから学び合う「包摂」の学校

　以上でみたように，ノルウェーにおいて福祉（幸せ）は哲学でありデザインである。教育は，幸せに基づき，幸せを目的とした支援である。そして支援は，子どもを含む市民同士で，互いに日常的に行われている。

　国家の成長戦略も人と環境を包摂することをキーワードに変革が進められ，政府はこれをグリーン・イノベーションと呼んでいる[8]。価格競争によって斜陽となった石油産業から持続可能な開発に転換して雇用を生むという発想で，本業で社会貢献しながら利益を上げる CSV（creating shared value：共通価値の創造）を目指しているともいえる。実際に，真冬には最高気温が0度を下回るトロンヘイム市でゼロ・エミッションの家の実証実験が終了していたり[9]，首都オスロから自然豊かで人口が少ない地方の町に公官庁を移転させる，などの行動がみられる[10]。

　以上に紹介したことから考えると，包摂とは，対話によってお互いの共通項を見出すことと，違いから学び合うことで社会をよりよく豊かにすることだといえるだろう。翻って，障害という概念は機能低下そのもののみを指し，障害のある人の社会的な排除については，それを障害あるいは障害者と呼ぶ人の側こそがもつ課題だと位置付けて，一貫して改善の努力を続けていることがわかる。この努力が，平和をデザインすることにつながっていく。

　今という状態は偶然の結果であるが，今をどう生きるか，扱うかによって，次の偶然の結果たる未来は変えられるという視点をもつことが大事ではないだろうか。特に，子ども・若者に対しては，大人がアンテナの種類と方向性を子ども・若者が参加する社会という価値に根差したものに転換すること，また子

どもも・若者からの信号をキャッチしたら改善のために行動することが重要である。これからどのような社会になるかは，大人が，包摂された社会の強さや幸せを，どれだけ信じられるかにかかっていると言えるだろう。


注

1) Aftenposten Junior Facebook
   https://nb-no.facebook.com/AftenpostenJunior/

2) "Aftenposten Junior kåret til «International newspaper of the Year» i London", Aftenposten Junior, 2017/April/6.
   https://www.aftenposten.no/kultur/i/XmP3B/Aftenposten-Junior-karet-til-International-newspaper-of-the-Year-i-London

3) "Rapport; På vei mot framtida – men i ulik fart?" P. 33, SINTEF, 2011.
   https://www.udir.no/Upload/Rapporter/2011/5/Sluttrapport_radgiving.pdf?epslanguage=no

4) "Etiske retningslinjer for veiledere", Rådgiverforum – Norge
   http://rf-n.no/index.php?pageID=120

5) "Rapport; På vei mot framtida – men i ulik fart?" P. 242, SINTEF, 2011.
   https://www.udir.no/Upload/Rapporter/2011/5/Sluttrapport_radgiving.pdf?epslanguage=no

6) "Høring om forslag til ny generell del av læreplanverket for grunnopplæringen 13.03.2017", Kunnskapsdepartementet, 2017/March/13.
   https://www.regjeringen.no/no/dokumenter/horing-om-forslag-til-ny-generell-del-av-lareplanverket-for-grunnopplaringen-som-skal-erstatte-gjeldende-generell-del-og-prinsipper-for-opplaringen/id2542076/

7) "Filmer fra 1. samling for kjerneelementgruppene", Utdanningsdirektoratet, 2017/June/16.
   https://www.udir.no/laring-og-trivsel/lareplanverket/fagfornyelsen/filmer-om-fagfornyelsen/

8) "Kunnskap skal gi nye, grønne arbeidsplasser", Statsministerens kontor/Kunnskapsdepartementet, 2017/March/1.
   https://www.regjeringen.no/no/aktuelt/kunnskap-skal-gi-nye-gronne-arbeidsplasser/id2540961/

9) "Vil du bo i et laboratorium?", SINTEF, 2015/August/25.

http://www.sintef.no/siste-nytt/vil-du-bo-i-et-laboratorium/

10) "Leikanger har landets største tetthet av byråkrater", Aftenposten, 2017/July/23.

https://www.aftenposten.no/norge/i/2WbGq/Leikanger-har-landets-storste-tetthet-av-byrakrater

**参考文献**

沢田安代（2017）「持続可能な開発のための教育に関する一考察——『福祉<sup>しあわせ</sup>』に基づくノルウェーの初等・中等教育——」福島大学大学院人間発達文化研究科学校臨床心理専攻学校福祉臨床領域修士論文。

鈴木庸裕・沢田安代（2015）「スクールソーシャルワークのマクロレベルの発展——ノルウェーの教育法における『持続可能な開発のための教育』の視点より——」福島大学人間発達文化学類論集，第21号（教育・心理学部門），p. 15-p. 30。

# 人 名 索 引

**ア行**
アダムズ，J. *178*
一番ケ瀬康子 *24,66*
大橋謙策 *25,66*
小川太郎 *49*
小川利夫 *63*
小倉学 *85*
オルデンバーグ，R. *184*

**カ行**
川本宇之介 *181*
ギーゼッケ，H. *178*
熊谷五郎 *181*
倉橋惣三 *153-156*

**夕行**
ティールシュ，H. *178*

ディステルベーク，F. A. *176*
デューイ，J. *178*

**ナ・ハ行**
ナトルプ，P. *177*
乗杉嘉壽 *181*
ノール，H. *177*
平岡国市 *27*
藤田和也 *86*
ペスタロッチ，J. H. *177*

**マ・ラ行**
マーガー，K. *176*
モレンハウアー，K. *178*
リッチモンド，M. E. *45*

# 事 項 索 引

**A-Z**
ACE 研究 *123,126*
LGBT *9*
OECD *7*
PFA *121,122,125*
PISA *7*
PTSD 症状 *117*
SEL *125*
SWPBS *125*
TIC *123,124,125*
Trauma-Informed Schools（TIS） *124,125,126*
well-being *151,168*
WHO *97*

**ア行**
アウトソーシング *2*
アクティブ・ラーニング *3,137*

アセスメント *81,117,119,120,125*
アタッチメント *124,134*
安心感 *110,120*
安全感 *110,120*
安全教育 *91*
いじめ対策委員会 *21*
いじめ防止対策推進法 *21*
一時的援助サービス *119*
一次予防 *113,126*
居場所 *140*
異文化理解 *20*
インクルーシブ教育 *132*
インクルージョン *208*
援助資源 *120,127*
エンパワメント *59,60*
エンパワメントアプローチ *81*
応急手当 *99*

## カ行

外国籍　9
介護支援専門員（ケアマネージャー）　39
介護職員初任者研修　30
介護福祉士　28
介入　116
学習支援・無料塾　22
学習指導要領　27
学習指導要領　改訂　1
学習到達度調査　→PISA
学童・生徒のボランティア活動普及事業　27
学校安全計画　108,109
学校援助技術　79
学校危機　109
学校教育と社会福祉の結節点　19
学校教育法　31,88
学校教育法施行規則　13
学校社会福祉士　40
学校週5日制　29
学校常駐型　40
学校心理学　14
学校精神保健　127
学校適応　120
学校の組織文化　12
学校福祉　1
学校保健　88
学校保健安全法　87,109
学校保健計画　102
カリキュラム・マネジメント　3
感化　63
環境調整教育　14
関係機関　100
韓国学校社会福祉士協会　41
危機管理　91
危機管理体制　112
危機等発生時対処要領　109
危険因子　113,115
基礎力　4
技能　5
基本的人権　92
逆境体験　123,126
キャリア発達　20

教育革命　54
教育課程　4
教育課程審議会　36
教育機会　213
教育基本法（旧）　25
教育基本法（新）　92
教育再生実行会議　34
教育支援　10
教育支援センター（適応指導教室）　185
教育勅語　34
教育の機会均等　64,131
教育福祉サービス　134
教育福祉論　6,64
教員の多忙化　12
教訓　111
教職経験　17
共生　211
共生社会　82
くぐらせ期　158
クライシス・マネジメント　112
グループワーク　120
経済的貧困　131
健康格差　85,106
健康課題　103
健康教育　102
健康相談　98
権利の保護　211
権利擁護　210
高大連携　22
交通安全　108
幸福（well-being）　94
公平性　211,213
校務分掌　42
合理的配慮　9,130,168
国際社会　213
心のバリアフリー　33
子ども食堂　22,190
子どもの意見表明・参加　47
子どもの最善の利益　47
子どもの貧困　9,78,189-191
子供の貧困対策に関する大綱　78
子どもの貧困対策の推進に関する法律　78

事項索引

子どもの要求の組織化　51,52
子ども民生委員　26
個別の教育支援計画　132
個別の指導計画　132
コンピテンシー　7

サ行
サードプレイス　184
災害安全　108
サイコロジカル・ファーストエイド　→PFA
裁判員制度　17
差別　211
参加　80
三次的援助サービス　119
三次予防　119,126
支援経験　111
支援職　13
自願奉仕　41
思考力　4,5
自己肯定感　67
自己効力感　77
資質　211
自助資源　120
持続可能な開発　211
持続可能な開発のための教育　7
シチズンシップ　20
市町村社協当面の振興方策　26
実践コミュニティ　71
実践力　4
児童虐待　133
児童虐待防止法　13
シミュレーション訓練　114
市民　210
社会・情動的発達　134
社会教育　66
社会参加　210
社会事業教育実施校　26
社会的立場の自覚　59
社会的養護（養育）　169
社会に開かれた教育課程　1,3
社会福祉教育　14
社会福祉士　31

社会福祉士及び介護福祉士法　35
社会福祉事務所　15
就学援助　64
修身　34
集団主義　51
小1の壁　162,187
小1プロブレム　157,158
障害者基本法　130
障害者権利条約　130
障害者差別解消法　130
自力救済　21
人権　211
人権教育　45
心理教育　14,110,115,117,121,125
スキル　212,213
スクールカウンセラー　12
スクールソーシャルワーカー（SSWer）　35
スクールソーシャルワーク　66
ストレス反応　121
すべての子ども　15
生活安全　108
生活的概念　135
生活と教育の結合　49,50,52
生活の質（QOL）　97
世界保健機関　→WHO
接続（アーティキュレーション）　160,167
セツルメント活動　179-180
ゼロ・トレランス　124
専門職　10
専門性　211
総合教育　131
総合的な学習の時間　29
相談援助　214
ソーシャルサポート　119
ソーシャルワーク専門職のグローバル定義　44
ソロ・アプローチ　13

タ行
第三の居場所　184
多職種　106
多職種協働　1,21
脱ゆとり教育　30

221

多文化社会　*10*
保幼小連携　*155*
地域子ども教室推進事業　*187*
地域資源　*74,82*
地域と共にある学校　*71*
地域福祉　*66*
地域包括支援センター　*15*
地域保健委員会　*106*
知識　*5*
知識基盤社会　*37*
チームアプローチ　*12*
チーム学校　*1,12*
中央教育審議会　*91*
中・長期対応　*119*
道徳　*27*
道徳教育　*31*
道徳教育推進教師　*34*
同和教育運動　*47,48,53,54,58*
特別活動　*27*
特別教育活動　*27*
特別支援学校教諭免許　*39*
特別の教科　道徳　*30*
トラウマインフォームド　*122*
トラウマインフォームドケア　→TIC
トラウマ反応　*121*
ドロップアウト　*214,215*

**ナ行**
二次的援助サービス　*119*
二次被害　*117,125*
21世紀型能力　*1*
二次予防　*116,126,127*
ニーズ　*213*
日本国憲法　*25*
能力　*211,212*
ノーマライゼーション　*33*

**ハ行**
発達課題　*98*
発達障害　*133*
発達の連続性　*158*
ハル・ハウス　*180*

判断力　*5*
万人のための教育世界会議　*7*
反福祉的状況　*24*
被差別部落　*47,48,54*
批判的思考　*4*
表現力　*5*
貧困　*136*
福祉科教諭　*35*
福祉科指導法　*39*
福祉教育　*24,66,75,79*
福祉教育・ボランティア学習　*29*
福祉系高校ルート　*28*
福祉の教育的機能　*20*
福祉八法の改正　*28*
フリースクール　*185-186*
放課後児童健全育成事業　*187*
放課後等児童デイサービス　*188*
法教育　*16*
防災教育　*125*
奉仕的な活動　*29*
包摂　*208,213*
包摂的な支援　*79*
保健室　*89*
保健室登校　*89*
保健主事　*104*
保健体育審議会答申　*86*
母子健康包括支援センター（子育て世代包括支
　　援センター）　*169*
ボランティア活動　*29*

**マ行**
マイノリティ化　*7*
マクロ　*208*
学びの連続性　*158*
民主主義　*213,215*
無料塾　*141*
模擬裁判　*17*
問題発見・問題解決能力　*4*
文部省体育局長通知　*102*

**ヤ行**
ヤングケアラー　*195*

事項索引

ユースソーシャルワーカー　*201*
ユースソーシャルワーク　*199*
ユースワーカー　*203*
ユースワーカー事業　*22*
ユースワーク　*203*
ゆらぎ　*10*
養護訓導　*87*
予防　*113*
予防的介入　*165-167, 171, 172*

**ラ・ワ行**

リスク・マネジメント　*112*
リメディアル教育　*131*
臨床心理士　*14*
連帯　*213*
論理的思考　*4*
若者・ひきこもり支援　*22*

〈**執筆者紹介**〉（執筆順，執筆担当，現職，資格，主著・主論文）

**鈴 木 庸 裕**（すずき・のぶひろ）　はじめに，第1章

　編者紹介参照。

**大 門 俊 樹**（だいもん・としき）　第2章

　東京福祉大学社会福祉学部専任講師

　社会福祉士・精神保健福祉士

　「学校ソーシャルワーカーの資格認定システムに関する一考察——韓国における学校
社会福祉士資格制度を通して」『学校ソーシャルワーク研究』第3号，2008年。

　門田光司・鈴木庸裕編著『学校ソーシャルワーカー養成テキスト』（共著）中央法規，
2008年。

　「韓国における学校社会福祉（学校ソーシャルワーク）」京都国際社会福祉協力会『国
際社会福祉情報　第35号　スクールソーシャルワークの今』2013年，ほか。

**渡 邊 充 佳**（わたなべ・みつよし）　第3章

　和歌山信愛女子短期大学専任講師

　社会福祉士

　「スクールソーシャルワークにおける『子どもの生活』への視座——一番ヶ瀬康子の
児童福祉研究からの示唆をふまえて」『学校ソーシャルワーク研究』第12号（単著）
2017年

　「自閉症児の就学をめぐる母親の葛藤の構造」『社会福祉学』第57巻第2号（単著）
2016年

　『子どもからえらばれるためのスクールソーシャルワーク』（共著）学苑社，2016年，
ほか。

**野 尻 紀 恵**（のじり・きえ）　第4章

　日本福祉大学社会福祉学部准教授

　社会福祉士

　愛知県教育委員会高等学校教育課スクールソーシャルワーカー・スーパーバイザー，
茨木市，春日井市，半田市，等スクールソーシャルワーカー・スーパーバイザー

　『児童福祉の地域ネットワーク』（共著）相川書房，2009年。

　『児童家庭福祉の成立と課題』（共著）勁草書房，2011年。

　『ソーシャルワーク演習ケースブック』（共著）みらい，2012年。

　『スクールソーシャルワーカー実務テキスト』（共編著）学事出版，2016年。

　『子どもの貧困ガイドブック』（共著）かもがわ出版，2016年，ほか。

鈴木ひろ子（すずき・ひろこ）　第5章

　　福島大学大学院人間発達文化研究科特任教授
　　養護教諭／学校心理士／特別支援教育士／ガイダンスカウンセラー／看護師／保健師
　　／助産師
　　「『通常学級にいる軽度発達障害のある児童生徒』の困難・ニーズ」『福島大学総合教
　　育研究センター紀要』（共著）2006年。
　　「学級担任が同僚の教員と協働する特別支援教育の仕組みづくり」『福島大学総合教育
　　研究センター紀要』（単著）2015年。

瀧 野 揚 三（たきの・ようぞう）　第6章

　　大阪教育大学学校危機メンタルサポートセンター教授
　　学校心理士スーパーバイザー
　　「危機介入に関するコーディネーション」松村茂雄ほか編『学校心理士の実践　幼稚
　　園・小学校編』（単著）北大路書房，2004年。
　　「学校危機への対応——予防と介入」『教育心理学年報』45（単著）2006年。
　　「学校危機管理と学校心理士」『日本学校心理士会年報』5（単著）2013年，ほか。

新 井 英 靖（あらい・ひでやす）　第7章

　　茨城大学教育学部准教授　博士（教育学）
　　『英国における学習困難児に対する教育的アプローチに関する研究』風間書房，2011
　　年。
　　『アクションリサーチで作るインクルーシブ授業』ミネルヴァ書房，2016年。
　　『アクティブ・ラーニング時代の看護教育』ミネルヴァ書房，2017年，ほか。

宮地さつき（みやち・さつき）　第8章・第9章

　　法政大学現代福祉学部助教
　　社会福祉士
　　「子どもの生活の場としての教育と福祉の interface——J. デューイの『ソーシャル・
　　センターとしての学校』論より」『学校ソーシャルワーク研究』第3号，2008年。
　　「スクールソーシャルワーカーの役割と必要性——福島県における実践から」日本社
　　会福祉士会ほか編『社会保障制度改革とソーシャルワーク——躍進するソーシャル
　　ワーク活動Ⅱ』中央法規，2015年。
　　「勤務場所の拠点と専門職としての軸足——アプローチの多様性を考える」鈴木庸裕
　　編著『スクールソーシャルワーカーの学校理解——子ども福祉の発展を目指して』ミ
　　ネルヴァ書房，2015年，ほか。

土 屋 佳 子 (つちや・よしこ) 補論1

　　東京都 都立学校自立支援チーム・統括スーパーバイザー，福島県等スクールソー
　　シャルワーカー・スーパーバイザー，立教大学，早稲田大学，和光大学，宇都宮短期
　　大学非常勤講師
　　京都大学大学院人間・環境学研究科博士後期課程
　　社会福祉士
　　『スクールソーシャルワーク実践技術』（共著）北大路書房，2015年。
　　『子どもへの気づきがつなぐ「チーム学校」──スクールソーシャルワーカーの視点
　　から』（共著），かもがわ出版，2016年。
　　『シングルマザー365日サポートブック』（共著）しんぐるまざーふぉーらむ，2016年，
　　ほか。

沢 田 安 代 (さわだ・やすよ) 補論2

　　社会福祉士・教育学修士
　　元文部科学省緊急スクールカウンセラー等派遣事業スクールソーシャルワーカー（福
　　島県）。コミュニティ・カフェ EMANON ユースアドバイザー他，福島県にてボラン
　　タリーで若者支援・調査研究活動を行う。
　　「スクールソーシャルワークのマクロレベルの発展──ノルウェーの教育法における
　　『持続可能な開発のための教育』の視点より」（共著）福島大学人間発達文化学類論集，
　　第21号（教育・心理学部門），2015年。
　　「いまの福島県を見せ，共に福島の未来を考える団体向け視察プログラム『エスカ
　　レーション』の開発と普及に向けた取組み」（共著）『まちと暮らし研究』第23号，
　　2016年。
　　「インタビュー調査における震災後の福島が抱える社会課題の抽出とWEBサイト動画
　　配信とアーカイブによる，解決可能化の取り組み」（共著）電気通信普及財団研究調
　　査報告書，No. 31, 2016年。

〈編著者紹介〉

鈴 木 庸 裕 (すずき・のぶひろ)

1961年　大阪府生まれ。愛知教育大学大学院教育学研究科修了
現　在　福島大学大学院人間発達文化研究科（学校福祉臨床領域）教授。
　　　　日本学校ソーシャルワーク学会，日本生活指導学会，日本社会福祉学
　　　　会，日本特別ニーズ教育学会，日本教師教育学会，福島県教育委員会
　　　　スクールソーシャルワーカー・スーパーバイザー，学校心理士スー
　　　　パーバイザー，ほか
主　著　『ハンドブック　学校ソーシャルワーク演習──実践のための手引』
　　　　（共編）ミネルヴァ書房，2010年。『スクールソーシャルワーカー養成
　　　　テキスト』（共著），中央法規出版，2008年。『「ふくしま」の子どもた
　　　　ちとともに歩むスクールソーシャルワーカー──学校・家庭・地域を
　　　　つなぐ』（編著）ミネルヴァ書房，2012年。『震災復興が問いかける子
　　　　どもたちのしあわせ──地域の再生と学校ソーシャルワーク』（編著）
　　　　ミネルヴァ書房，2013年。『スクールソーシャルワーカーの学校理解
　　　　──子ども福祉の発展を目指して』（編著）ミネルヴァ書房，2015年。

新・MINERVA 福祉ライブラリー㉗
学校福祉とは何か

2018年3月20日　初版第1刷発行　　　　　　　　〈検印省略〉

定価はカバーに
表示しています

編 著 者　　鈴　木　庸　裕
発 行 者　　杉　田　啓　三
印 刷 者　　坂　本　喜　杏

発行所　株式会社　ミネルヴァ書房
607-8494　京都市山科区日ノ岡堤谷町1
電話代表　(075)581-5191
振替口座　01020-0-8076

©鈴木庸裕ほか，2018　　　冨山房インターナショナル・清水製本

ISBN 978-4-623-08123-3
Printed in Japan

# よくわかるスクールソーシャルワーク［第2版］

――――――山野則子・野田正人・半羽利美佳編著　B5判 260頁　本体2800円

学校における現代的課題，現代の子どもとその家庭が抱える諸問題について考察。スクールソーシャルワークとはどのようなものなのか，その歴史と動向や基礎理論，具体的な実践等の各トピックを，見開きページでわかりやすく解説する。最新のデータや法制度を反映し，現状にあった理解ができる改訂版。

# スクールソーシャルワーカーの学校理解――子ども福祉の発展を目指して

――――――鈴木庸裕編著　A5判 264頁　本体2500円

●スクールソーシャルワーカー（社会福祉士など）が急増しているなかで，今日的な学校経営や教師教育・教育実践・子どもの発達論をふまえた「学校理解――職場理解」の習得が，経験則（OJT）にたよっている状況にある。「即戦力」として扱われることが多いスクールソーシャルワーカー初任者や経験者に対して，「何を支援するのか」という視点から考察する。

# すぐ実践できる情報スキル50学校図書館を活用して育む基礎力

――――――塩谷京子編著　B5判 212頁　本体2200円

●小・中学校9年間を見通した各教科等に埋め込まれている情報スキル50を考案。学校図書館を活用することを通して育成したいスキルの内容を，読んで理解し，授業のすすめ方もイメージできる。子どもが主体的に学ぶための現場ですぐに役立つ一冊。

# 事例で学ぶ学校の安全と事故防止

――――――添田久美子・石井拓児編著　B5判 156頁　本体2400円

●「事故は起こるもの」と考えるべき。授業中，登下校時，部活の最中，給食で…，児童・生徒が巻き込まれる事故が起こったとき，あなたは――。学校の内外での多様な事故について，何をどのように考えるのか，防止のためのポイントは何か，指導者が配慮すべき点は何か，を具体的にわかりやすく，裁判例も用いながら解説する。学校関係者必携の一冊。

――――――― ミネルヴァ書房 ―――――――

http://www.minervashobo.co.jp/